Arthur Sidgwick

Key to Greek Prose Composition

With Exercises

Arthur Sidgwick

Key to Greek Prose Composition
With Exercises

ISBN/EAN: 9783744692137

Printed in Europe, USA, Canada, Australia, Japan

Cover: Foto ©Thomas Meinert / pixelio.de

More available books at **www.hansebooks.com**

TO

GREEK PROSE COMPOSITION

With Exercises

By A. SIDGWICK, M.A.

ASSISTANT-MASTER AT RUGBY, LATE FELLOW OF TRINITY COLLEGE, CAMBRIDGE
AND EDITOR OF "SCENES FROM GREEK PLAYS"

RIVINGTONS

WATERLOO PLACE, LONDON

Oxford and Cambridge

MDCCCLXXVII

NOTE.

In preparing this Key, I have attempted in the earlier exercises to be as literal as possible, in order to do more good to those learners to whom the versions are given as a model. This has been the easier to do, as they were written with a view to being so translated. In the later exercises, where the English is more thoroughly idiomatic, it is plainly neither desirable nor possible to be quite literal.

I have ventured to add a very few notes at the end of the book, which perhaps may be of use to some teachers, though of course to many they will be superfluous.

I am well aware that there must be many errors and oversights in 100 pages of Greek prose, written in the scanty leisure of a somewhat engrossing profession. I can only appeal to the kindness of those who may use the book to excuse such errors; and I shall be most grateful to any one who will be kind enough to send me any criticisms that may occur to him in using it.

A. S.

EXERCISES.

PART I.

I.

Ὁ βασιλεὺς τῶν Βορμεανῶν, γνοὺς τὸν μὲν φόρον ὃν ἀπεδίδου τὸ πλῆθος μείω κατ᾽ ἐνιαυτὸν γιγνόμενον, τὸ δὲ πλῆθος αὐξανόμενον, ἐν νῷ εἶχε τοὺς ἐνοικοῦντας ἀριθμεῖν, ἵνα τοὺς ἐξαπατῶντας ἐξευρὼν κολάζοι. ἐνεθυμεῖτο δὲ ὅτι, εἰ τοὺς ἄρχοντας κελεύοι τοὺς ἐν ἑκάστῃ πόλει ἀριθμεῖν, μείω τοῦ ὄντος ἀριθμὸν ἀπαγγελοῖεν, ἵνα λάθοιεν κλέπτοντες. βουλευσάμενος οὖν ὅ,τι χρὴ δρᾶν τέλος εἶπε τὸν θεὸν ἑαυτῷ ὄναρ εἰρηκέναι ὅτι μεγάλη τις νόσος ἐπὶ τὴν νῆσον ἥξοι· φιλεῖν δὲ τοὺς Βορμεανούς, καὶ δείξειν ὅπως τὸ κακὸν ἀποτρέποιεν. δεῖν δὲ ξίφος μέγα σιδηροῦν ποιεῖσθαι, καὶ ἕκαστον μίαν βελόνην πέμπειν· ταύτας δὲ ξυνειλεγμένας ἐν πυρὶ ξυντακεῖν· ὅστις δὲ μὴ πέμψαι τὴν βελόνην, τοῦτον τῇ νόσῳ θανεῖσθαι. πάντες τοίνυν οἱ Βορμεανοὶ τὰς βελόνας τῷ βασιλεῖ ἔπεμψαν, φοβούμενοι δὴ πολὺ μή τι θυμουμένου τοῦ θεοῦ πάθοιεν· καὶ οὕτω καίπερ ἐκφυγόντες μὴ θανεῖν, ἠναγκάζοντο ὅμως πλείονα τὸν φόρον τῷ βασιλεῖ ἀποδοῦναι, ἐπεὶ ἐξεῦρε ὁπόσοι ἐν ἑκάστῃ πόλει ἐνοικοῖεν.

II.

Ὁ δὲ Τίτος εὐδόκιμος ἦν θηρευτής, ἐν μέσῃ τῇ ὕλῃ ζῶν· ὡς δὲ γηράσκων ἐνεθυμεῖτο ὡς θαυμάσια γέγονε τὰ ἔργα, δεινὸν ᾤετο ἔσεσθαι εἰ οἱ ἄνθρωποι τοῦ ὀνόματος ἑαυτοῦ ἐπιλάθοιντο. ὥστε βιβλίον ἐποιήσατο, ἐν ᾧ θαύματα παντοῖα ἐξηγεῖτο. ἀκούσαντες δὲ οἱ ἄλλοι θηρευταὶ ὅτι Τίτος ξυγγραφὴν γέγραφε, καὶ

A

εἰδότες ἀλαζόνα ὄντα, πρὸς πόλιν ἔπεμψαν ἄνδρα τινὰ ὅστις
ἀπογραφὴν ἀγοράσει, ὡς τῇ ἀναγνώσει ἡσθησόμενοι. ὁ δὲ
ἄγγελος ἀμαθέστατος δὴ ὢν οὕτως ὑπὸ τοῦ βιβλιοπώλου ἐξηπα-
τήθη, ὥστε ἀντὶ τοῦ ἀργυρίου ἐδέξατο τὴν Τίτου μὲν οὔ, ἀλλὰ
Ὁμήρου ἀπογραφὴν, οὐδὲ δραχμῆς ἀξίαν οὖσαν. ἥκων οὖν καὶ
ξυλλέξας τοὺς ἑταίρους ἔτυχε τὸ βιβλίον ἀνοίξας ὅπου περὶ
Ὀδυσσέως φησὶν ὁ ποιητὴς ὅτι ἐκεῖνος μόνος τὸ τόξον δύναται
τείνειν· τοὺς δὲ ἄλλους οὐχ οἵους τε εἶναι. οἱ δὲ θηρευταὶ ὡς
ἤκουσαν εὐθὺς ἀναπηδῶντες ἐβόων λέγοντες τοῦτο τῷ ὄντι τῷ Τίτῳ
γεγράφθαι· οὐδένα γὰρ ἄλλον ἂν τοσοῦτο τολμῆσαι ψεύδεσθαι.

III.

Νεανίας ποτὲ καὶ παρθένος τις ἐβούλευσαν συνελθεῖν εἰς καλὸν
τόπον, οὗ λίμνη ἦν ἐν μέσοις ὄρεσι κειμένη. ὁ δὲ κύνα ἔχων
μέγαν τε καὶ πιστὸν ἐξῄει σὺν αὐτῷ εἰς τὸν εἰρημένον τόπον. καὶ
οὕτως ἐπόθει τὴν παρθένον ἰδεῖν ὥστε πολὺ δὴ πρωϊαίτερον εἰς τὴν
λίμνην ἀφίκετο. ὡς δὲ μακρὸν χρόνον ἔδει μένειν, σφόδρα θερμοῦ
ὄντος τοῦ ἡλίου, ἔδοξε λούεσθαι. ἀποδυσάμενος οὖν καὶ φυλάσ-
σειν κελεύσας τὸν κύνα εἰς τὴν λίμνην ἐπήδησε. τέλος δὲ ὡς
ἅλις ἀπέλαυσε τοῦ ὕδατος, καὶ οὐ διὰ μακροῦ τὴν παρθένον προσ-
εδόκησε ἀφίξεσθαι, ἐξελθὼν τὰ ἱμάτια ἐπειρᾶτο ἀναδέξασθαι. ὁ
δὲ κύων οὐκ εἰδὼς τίς ἐστι διὰ τὸ γυμνὸν εἶναι οὐδὲ προσελθεῖν εἴα·
καὶ πολλάκις μάτην καλέσας τὸν κύνα, ῥιγῶν τε καὶ ἀπορῶν τί
ποιοῖ, τελευτῶν εἶδε μακρὰν προσιοῦσαν τὴν παρθένον. ἐπεὶ δὲ
προσιέναι ἄνευ ἐσθῆτος οὐκ ἐδύνατο, ἠναγκάσθη εἰς ὕδωρ πάλιν
ἀπιέναι καὶ πέτρας ὄπισθεν ἀποκρύπτεσθαι. ἡ δὲ ἤκουσα καὶ τὰ
ἱμάτια μόνον ἰδοῦσα ὡς ἀπολωλότα δὴ πικρῶς ὠδύρετο.

·IV.

Ἦν ποτέ τις Ἀθηναῖος (or Ἀθήνησι) Ἰωνίδης ὄνομα, οὕτω
πρᾷς ὢν τὴν διάνοιαν ὥστε μηδέποτε μηδενὶ χαλεπαίνειν. οἱ

φίλοι οὖν περὶ αὐτοῦ λέγειν εἰώθεσαν, ὅτι εἴ τις τὸν πόδα αὐτοῦ πατοίη, ξυγγνώμην ἂν αἰτοῖ ὡς ἐμποδὼν γενόμενος. ἐν δὲ τῇ αὐτῇ πόλει ἔζη ξυνήγορος, ὃν ἔδει τὸν Ἰωνίδην παρόντων τῶν δικαστῶν ἐξετάζειν· ὁ γὰρ ἀδελφὸς ἔφευγε, καὶ ὁ Ἰωνίδης ἦν μάρτυς. ὡς δὲ ἐμαρτύρει ὅτι οὐδὲν ἠδίκησε ὁ ἀδελφός, ἐξοργίζειν ἐπειράσατο λοιδορῶν αὐτὸν ὁ ξυνήγορος, ἵνα ταχέως τι λέγων πρὸς τοὺς δικαστὰς ἐξελεγχθείη ψευδομαρτυρῶν. Ἀλλὰ φύσει πραΰτατος δὴ ὢν ὠλιγώρει τῆς λοιδορίας καί, ὅ,τι ἔροιτο ἐκεῖνος, ἀληθῶς καὶ ἡσύχως ἀπεκρίνετο. ὥστε ὁ ξυνήγορος γνοὺς ὅτι μάτην πονεῖ αὐτὸς ἐχαλέπαινε, καὶ σαρδάνιον γελάσας εἶπε τῷ μαρτυροῦντι, Ἀπίοις ἂν ὦ φίλε· σοφώτατον γάρ σε ὄντα εὑρίσκω. Ὁ δὲ οὐχ ἧσσον πράως ἢ πρόσθεν ἀπιὼν ἀντεῖπε· Κἀγώγ' ἂν τὸ αὐτὸ ἔλεγον, ἔφη, περὶ σοῦ, εἰ μὴ ἀληθῆ <u>λέγειν</u> ὤμοσα.

V.

Καυφάτης τύραννος ὢν νηλεὴς τῶν Περσῶν, τοὺς πολίτας τοσοῦτον ἠδίκει ωστε συμβουλευσάμενοι καὶ βίᾳ ἑλόντες αὐτὸν ἐς τὸ δεσμωτήριον ἔβαλον. ὁ δὲ καίπερ τῶν ἄλλων φίλων λελειμμένος πιστὴν <u>μέντοι</u> εἶχε γυναῖκα, ἥτις ποθοῦσα ἰδεῖν τὸν ἄνδρα ᾔτησε τὸν φύλακα ἐᾶν εἰς τὸ δεσμωτήριον εἰσελθεῖν· ὁ δὲ οὕτως ὠμὸς ἦν ώστε οὐκ ἤθελε, λέγων οὐδεμιᾶς συγγνώμης ἄξιον εἶναι τύραννον. τελευτῶν μέντοι ἐπείσθη, ἰδὼν ὡς καλή ἐστι καὶ κακοδαίμων, ώστε μίαν ἡμέραν σὺν τῷ ἀνδρὶ μένειν εἴασε, ἐφ' ῷτε ἐκ τοῦ δεσμωτηρίου πρὸ νυκτὸς ἀπελθεῖν. ώστε ἐπιούσης τῆς νυκτός, ὁ φύλαξ ἤνοιγε τὴν θύραν ἵνα ἐξίοι· ἡ δὲ ταχέως ἐξέφυγε σιγῶσα, ώστε μέγα ἐκεῖνος ἐθαύμαζε· τῇ δὲ ὑστεραίᾳ ἐν λέχει ἔκειτο ὁ Καυφάτης, πέπλοις κεκαλιμμένος τὴν κεφαλήν, ὡς σφόδρα δὴ νοσῶν. ὁ δὲ φύλαξ, γνοὺς τοσαύτας ἡμέρας μένοντα, ἰατρὸν μετεπέμψατο· ὃς τοὺς πέπλους λύσας εὗρε Καυφάτην μὲν οὔ, ἀλλὰ τὴν γυναῖκα. Οὕτω δὲ διὰ τήν τε τέχνην αὐτῆς καὶ πιστότητα ἐξέφυγεν ὁ τύραννος.

VI.

Ὁ δὲ Τίμων ἐν ᾧ διῆγεν ἐν τοῖς Ἰνδοις ᾔσθετο κλέπτοντάς τινας τῶν οἰκετῶν· τεκμήριον δὲ οὐδὲν σαφὲς λαβὼν οὐκ ᾔδει τίνα αἰτιῷτο. καὶ ὡς πάντας ἐξήτασε καὶ οὐδὲν μᾶλλον ἐξεῦρε τὸν κλέπτην, ἐπεὶ ἀπηρνοῦντο πάντες μὴ δρᾶσαι, τοιόνδε τι ἐμηχανήσατο ἵνα μάθοι. Πάντας γὰρ τοὺς δούλους εἰς δεσμωτήριον συγλείσας καὶ χωρίσας καθ' ἕνα ἕκαστον, κλάδους ἔδωκεν, οὓς ἐπιμελῶς εἶπε τηρεῖν, ὡς διὰ τούτων ἐλεγχθησομένοις εἴ τι συνειδεῖεν. τῷ γὰρ κλέπτοντι τὸν κλάδον δακτύλῳ μείζω γενήσεσθαι τῆς νυκτός. οἱ δὲ ἀκούοντες ἀνεπαύοντο, οἱ μὲν ἄλλοι μετὰ πολλῆς ἐλπίδος καὶ χαρᾶς· ὁ δὲ κλέπτης πᾶσαν τὴν νύκτα ἐγρηγόρει τρέμων τε καὶ φυλάσσων τὸν κλάδον μὴ λάθοι αὐξανόμενος. ὡς δὲ ὑπέφαινεν ἡ ἕως, ἀπορῶν τῷ ἀγρυπνεῖν, καὶ ὑποπτεύσας μὴ μείζων δὴ γενόμενος ὁ κλάδος καταγνῷ ἑαυτοῦ, ὀδὰξ δάκτυλον ἀπέρρηξε τοῦ ξύλου. ὥστε μετρουμένων τῶν κλάδων, ·ὡς βραχύτερος ἦν ὁ τούτου, ῥᾳδίως ἠλέγχθη.

VII.

Οἱ Κρῆτες κατὰ τὴν παροιμίαν οὕτω τὸ ψεύδεσθαι φιλεῖν λέγονται ὥστε εἴ τινι Κρὴς περιτυχὼν οὔ φησι τεθνηκέναι, οὐ δεῖ πείθεσθαι.

παρῆσαν δέ ποτε ἐν συμποσίῳ Κρῆτες δύο πειρώμενοι ἑκάτερος τὸν ἕτερον νικᾶν ψευδόμενος. ὁ μὲν οὖν ἔφη ἐκ Κρήτης ποτὲ ἐς Σικελίαν ἐπὶ νεὼς πλεῖν· ἐν δὲ μέσῃ τῇ θαλάσσῃ γενόμενος, οὕτω μακρὰν ἀπὸ γῆς ὥστε μηδὲ τριῶν ἂν ἡμερῶν κατάγεσθαι, ἄνδρα ἰδεῖν ἐν κύμασι νέοντα. τοὺς δὲ συμπλέοντας ἐλεῆσαι αὐτὸν καὶ θέλειν ἐς ναῦν δέχεσθαι. τὸν δὲ οὐκ ἐθέλειν ἐξ ὕδατος ἐλθεῖν· πέντε γὰρ μόνον ἡμέρας νεῖν, καὶ τριῶν ἡμερῶν ἀφίξεσθαι ὅποι ἔρχεται. ὥστε αἰτεῖν ἔλαιόν τι δοῦναι· βεβρεγμένος γὰρ ἀλείφεσθαι θέλειν· τοὺς δὲ δόντας ἀποπλεῦσαι.

ἐνταῦθα δὲ ὁ ἕτερος ἀναστὰς χαίρειν ἐβόα ὅτι τελευτῶν εὗρε τὸν φίλον· αὐτὸς γὰρ εἶναι ᾧ ἔδοσαν τὸ ἔλαιον· τοῦτο δὲ μόνον μέμφεσθαι, ὅτι σαπρὸν εἴη τὸ ἔλαιον· ὥστε ἀλειψάμενος βδελυρώτατα δὴ ὄζειν.

VIII.

Ἐχῖνός ποτε ἐν ἀγρῷ κείμενος, ἔτυχε λαγών τινα βλάψας, ὅς
ἀφροντίστως αὐτὸν ἐπάτει. ὥστε χαλεπαίνων ὁ λαγώς, καὶ λυπεῖν
βουλόμενος τὸν ἐχῖνον, ἠρώτα εἰ θέλει δρόμου πειρᾶσθαι ἐφ'
ᾧτε τὸν κρατοῦντα σίτου χοίνικα δέχεσθαι. ὁ δὲ ἐχῖνος οἴκαδε
ἀπελθὼν καὶ τῇ ἀλόχῳ λέξας τὸ πρᾶγμα, ἧκεν ὑπισχνούμενος
πειράσεσθαι. τῇ δὲ ὑστεραίᾳ ξυνελθόντων εἰς τὸν εἰρημένον
τόπον καὶ ὁμοῦ ἀφορμωμένων, ὡς προςεδόκα ἄν τις, ὁ λαγὼς
ῥᾳδίως τὸν ἐχῖνον παρῄει. καὶ μετρίως δραμὼν φθήσεσθαι δὴ
ᾤετο ἄνευ πόνου ἐς τὸ τέρμα ἀφικόμενος· ἐλθὼν δὲ καὶ ἰδὼν τὸν
ἐχῖνον ἤδη αὐτοῦ καθήμενον σχεδὸν ἐξεπλάγη θαυμάζων. οὐ μὴν
ἀλλὰ τὸν σῖτον ἀπέδωκε· ᾔτησε δὲ τὸν ἕτερον αὖθις ἐπὶ τοῖς
αὐτοῖς πεῖραν λαβεῖν. τοῦ δὲ ἐθέλοντος, ὁ λαγὼς, ὡς ἐδύνατο
τάχιστα δραμὼν, ἀφικόμενος αὖθις καθήμενον εἶδε τὸν ἐχῖνον·
ὥστε ἀποδοὺς αὖθις καὶ αἰσχυνθεὶς δύο χοίνικας ἔφη δώσειν, ἢν
λέγῃ ὅπως νενίκηκε. ὁ δὲ πάνυ ὁμοίαν αὐτῷ ἔφη ἄλοχον ἔχειν,
καὶ ξυμβῆναι τὴν μὲν ἐφ' ἑτέρῳ τέρματι καθῆσθαι, τὸν δὲ ἐφ'
ἑτέρῳ.

IX.

Ἐκάλει ποτὲ ὁ Ἀλέξανδρος τὸν δοῦλον· ὡς δὲ ᾔσθετο ὅτι
καίπερ πολλάκις καλούμενος οὐ παρείη, ἐς τὰ πρόθυρα ἰὼν εὗρε
καθεύδοντα. μέλλων δὲ ἐγείρειν γραφήν τινα εἶδε χαμαὶ κειμένην
ἣν νεωστὶ ὁ παῖς ἀνεγίγνωσκε· βουλόμενος δὲ ἀκριβέστερον
εἰδέναι ὁποῖός τίς ἐστιν ὁ δοῦλος, ἄρας τὴν δέλτον ἀνέγνω. γνοὺς
μέντοι τῇ μητρὶ τοῦ παιδὸς γεγραμμένην, ἥτις τὸν παῖδα ἐπῄνει
ὡς ἀργύριον πέμψαντα, καὶ πάνυ πιστὸν ἐκέλευσεν εἶναι δεσπότῃ
τοσούτῳ καὶ τοιούτῳ, σφόδρα ἥσθη ὁ βασιλεύς, καὶ ἔκρυψεν ἐς
τὸν κόλπον τοῦ παιδὸς τὴν γραφὴν μετὰ πεντήκοντα χρυσῶν
δαρεικῶν. ἡσύχως δὲ ἀνελθὼν ἐς τὴν αὐλήν, καὶ μεγάλῃ τῇ
φωνῇ ἐγείρας καὶ καλέσας τὸν παῖδα, ὡς ἦλθε τρομῶν καὶ ἐκπε-

πληγμένος, δι' ὀργῆς ἤρετο διὰ τί οὐ πρότερον ὑπήκουσε· ὁ δὲ
καταδαρθεῖν ἔφη ἀναγιγνώσκων δέλτον, ὡς δὲ δηλῶσαι ἀληθῆ
λέγων ἐξεῖλε τὴν γραφήν. τὸ δὲ χρυσίον ἅμα ἐξῆλθε, ὥστε
θαυμάσαντα σιγῆσαι τὸν παῖδα· ὁ δὲ βασιλεὺς θαρσεῖν ἐκέλευσε·
πολλοὺς γὰρ εὐτυχῆσαι εὕδοντας.

X.

Ἦρχέ ποτε τῶν Κασπίων Φερεδυκής τις ὃς ἐπιθυμῶν τῶν πέλας
μάχῃ κρατεῖν καὶ τὴν χώραν ἑλεῖν, διενοήσατο ὡς ἰσχυρότατον
ποιεῖν τὸ στράτευμα. ὥστε ἐκέλευσε τοὺς λοχαγοὺς εἰς πάσας
πόλεις ἰόντας οὓς μεγίστους εὕροιεν ἄνδρας ἑλέσθαι καὶ στρατεύ-
εσθαι ἀναγκάζειν. λοχαγός τις τοίνυν ἰδών ποτε ξυλουργὸν
θαυμάσιον τῷ μεγέθει, παρ' ἐκεῖνον ἐλθὼν θήκην μεγάλην ξυλίνην
ἐκέλευσε ποιεῖν· τοῦ δὲ αἰτοῦντος ἀκριβέστερον ἐξηγεῖσθαι ὁπόσην
βούλεται ποιεῖσθαι, Τοσαύτην, φησί, ὥστε σε ἔνδον ἂν κεῖσθαι.
καὶ μετ' ὀλίγας ἥκων ἡμέρας καὶ ἕτοιμον εὑρὼν τὴν θήκην,
ἐσχετλίαζεν ἰδὼν ὅτι ἥσσων ἐστὶν ἢ ἐκέλευσε· ὁ δὲ ξυλουργὸς
'Αλλ' οὐδαμῶς, ἔφη, καὶ ὡς δηλῶ ὅση ἐστι ἔνδον κείσομαι· λέγων
δε μόγις πως ἐς θήκην κατέβαλεν ἑαυτόν· ἐπεὶ δὲ τάχιστα τοῦτο
ἐγένετο, κλείσας ὁ λοχαγὸς τὴν θήκην καὶ μοχλῷ σιδηρῷ πήξας
καὶ τοὺς ἑταίρους συγκαλέσας τὸν μέγαν τοῦτον εἰς τὸ στράτευμα
ἀπέφερεν. ἀφιγμένων δὲ καὶ ἀνοιχθείσης τῆς θήκης νεκρὸς
ἀνευρέθη ὁ ἀνήρ.

XI.

Εὐρυσθένης, δύο τάλαντα παρὰ 'Αγάθωνὸς δανεισάμενος ἧκε
τῇ ὑστεραίᾳ αἰτήσων τρία δανεῖσαι. ὡς δὲ τὰ δύο οὐκ ἀπέδωκε
ἐθαύμαζεν ὁ 'Αγάθων εἰ οὕτω ταχέως πλέον αἰτεῖ· παρόντος δὲ
τοῦ φίλου Δημαγόρου, ᾐσχύνετο αἰσχροκερδὴς φαίνεσθαι· μειδιά-
σας οὖν ἔδωκε τὸ ἀργύριον, καὶ ὥσπερ σκώπτων ἔλεγε μαρτυρήσειν
ἑαυτῷ τὸν Δημαγόραν. καὶ οὐ διὰ πολλοῦ ὡς ᾔτησε τὸν φίλον

τὰ πέντε τάλαντα, ἠρνεῖτο μὴ πλεῖον τριῶν δέξασθαι. ὁ δὲ
ἐσχετλίαζε εἰ οὕτως ὑπὸ φίλου ἐξαπατᾶται, ἀπορῶν μέντοι τί
ποιοῖ ἀπῄει ἵνα τῷ Δημαγόρᾳ συμβουλεύσαιτο· οὗτος δὲ πρὸς
Εὐρυσθένη ἐκέλευσε ἰόντα προσποιεῖσθαι ὡς ἁμαρτόντα, καὶ αἰτεῖν
τὰ τρία ἀποδοῦναι. ὁ δὲ Εὐρυσθένης ταχέως ἀπέδωκε, εἰδὼς
αὐτοὺς δίκην ληψομένους, εἰ μὴ θέλοι, ἐπεὶ παρόντος μάρτυρος
ἐδανείσθη τὸ ἀργύριον. τοῦ δὲ λαβόντος, Ἄγε δή, ἔφη ὁ Δημα-
γόρας, ὁμοῦ προσιόντες αὖθις τὰ τρία τάλαντα αἰτήσωμεν· ἢν δὲ
ἤδη ἀποδεδωκέναι φῇ, ἀρνοῦ μὴ εἰληφέναι, ὡς οὐδενὸς μάρτυρος
παρόντος.
Οὕτω δὲ οὐ μόνον τὸ δάνεισμα ἀπώλεσεν ὁ Εὐουσθένης ἀλλὰ
καὶ ἕτερον τάλαντον.

XII.

Ἦλθέ ποτε πρὸς τὴν πόλιν σοφιστής τις, ὃς προσεποιεῖτο
σοφώτερος εἶναι ἁπάντων, ἐπεὶ ὅ,τι ἔροιτό τις δύνασθαι ἀντειπεῖν.
φιλόσοφος δέ τις ἐκεῖ ζῶν, ὀνόματι Πῶλος, πρὸς ἐκεῖνον ἰὼν
ἤρετο τί ἂν ἀποδοίη εἴ τι οὕτω χαλεπὸν ἔροιτο ὥστε μὴ οἷόν τ᾽
εἶναι ἀληθῶς ἀποκρίνασθαι. ὁ δὲ μέγα δὴ φρονῶν ἐπὶ τῇ τέχνῃ
δύο τάλαντα ὑπέσχετο δώσειν. Ἄκουε τοίνυν, ἔφη ὁ Πῶλος, τί
ἔχω ἐρωτᾶν. χάρακος γὰρ ἐν τῇ γῇ πηχθέντος, μέγεθος δέκα
πήχεων, ἕλιξ δύο πήχεις τῆς ἡμέρας ἀνέρπει, ἕνα τῆς νυκτός πίπτων.
ὁ δὲ σοφιστὴς ὑπολαβών, Ἀνωτέρω ἄρα, ἔφη, ἑκάστης ἡμέρας ἑνὶ
πήχει γίγνεται ἢ τῇ προτεραίᾳ. ὁ δὲ Πῶλος ὁμολογῶν ἤρετο
πόσας ἄρα ἡμέρας δεήσοι ἀναβῆναι πρὶν ἐπ᾽ ἄκρον τὸν χάρακα
ἀφικέσθαι. ὁ δὲ σοφιστὴς τοῦ δόλου οὐκ αἰσθόμενος, θαρσῶν
εἶπε δέκα ἡμερῶν. δεήσειν ἐπειδὴ δέκα πηχέων εἴη ὁ χάραξ.
Ἁμαρτάνεις οὖν, ἔφη ὁ Πῶλος· σκόπει γάρ· ὀκτὼ ἡμερῶν ὀκτὼ
πήχεις ἀναβάς, ὡς δύο ἕρπει τῆς ἡμέρας τελευτώσης τῆς ἐνάτης
ἐπὶ τὸ ἄκρον ἀφίξεται.
ὁ δὲ σοφιστής, καίπερ ἀγανακτῶν, ἀποδοὺς μέντοι τὰ τάλαντα
πρὸς ἄλλην πόλιν ἀπεδήμησε.

XIII.

Ὁ Ἀγρίππας, ὑπὸ Τιβηρίου κατακριθεὶς, ὡς λοιδορηθεὶς αὐτῷ δεδεμένος παρὰ ταῖς πύλαις τοῦ βασιλείου κατέστη. τῷ δὲ καύματι τοῦ ἡλίου βαρυνθεὶς δεινῷ ὄντι, ἔγνω ὑπὸ δίψης ἂν θανών εἰ μὴ ὕδωρ λάβοι. ἰδὼν δὲ Θαύμαστον, δοῦλόν τινα, μετ᾽ ἀμφορέως ὕδατος παριόντα, ᾔτει ἐᾶν αὐτὸν πιεῖν. τοῦ δὲ φιλανθρώπως δόντος τὸν ἀμφορέα, ὡς ἔπιεν, Σαφῶς ἴσθι, ἔφη, ὅτι λυθήσομαί ποτε, ὦ Θαύμαστε, ἐκ δεσμῶν, καὶ τῆς εὐνοίας σου οὐκ ἐπιλήσομαι. θανόντος δὲ τοῦ Τιβηρίου, ὁ Ἀγρίππας, οὐ μόνον λυθεὶς ἐκ δεσμωτηρίου ὑπὸ Καλιγόλου, ἀλλὰ καὶ ἄρχειν αἱρεθεὶς τῆς Ἰουδαίας, ὡς ἔτυχε ταύτης τῆς τιμῆς, οὐχ οὕτω κακὸς ἦν ὥστε τοῦ Θαυμάστου ἐπιλαθέσθαι· μεταπεμψάμενος δὲ καὶ ἀποδώσειν φάσκων τὴν τιμὴν τοῦ ὕδατος ὅπερ δεδεμένος ἔπιε, ταμίαν αὐτὸν τοῦ βασιλείου οἴκου κατέστησε.

XIV.

Βέλπις ποτὲ ἦν βασιλεὺς ὃς πολλὰ ἔχων πονεῖν πρωϊαίτατα τῆς ἡμέρας εἰώθει ἐγερθῆναι. γηράσκων μέντοι ὥστε νόσῳ καὶ κόπῳ ἀσθενεῖν, οὐχ οἷός τ᾽ ἦν ἐκ τοῦ αὐτομάτου ἐγείρεσθαι· ὡς δὲ οὐκ ἤθελε παύσασθαι πονῶν τε καὶ ἐπιμελούμενος τῶν περὶ τὴν ἀρχὴν ἕως τελευτώῃ, τοὺς δούλους ἐκέλευσεν αὐτὸν ἐγεῖραι. ἐπεὶ δὲ ᾔδει οὔτε αὐτὸς ἐθελήσων ἐγερθεὶς ἀναστῆναι οὔτε ἐκείνους κινήσοντας αὐτὸν εἰ ὀργιζόμενον ἴδοιεν, ἠπείλησεν ἦ μὴν κολάσειν αὐτοὺς ἢν πέρα τοῦ τεταγμένου χρόνου καθεύδῃ. ὥστε ἐγερθεὶς ποτε ὑπὸ τοῦ δούλου, ἐδεήσατο σμικρόν τι ἔτι καθεύδειν· νοσεῖν γὰρ καὶ ἀπειρηκέναι. ὁ δὲ δοῦλος οὐκ εἴα ἐν τῷ λέχει μένειν, ἀλλὰ καὶ ἐτόλμησε τὰ βασίλεια σκέλη ἐφέλκειν. Ἀποκτενῶ σε, ἐβόα ὁ βασιλεύς, ἢν μὴ εὐθέως ἀποίχῃ.

ὁ δὲ τολμηρῶς, Ἐγείρου μόνον, ἔφη, ἵνα ῥᾷόν με ἀποκτείνῃς· Θαρσάλεος γοῦν εἶ, ἔφη ὁ ἕτερος ἀναστάς, καὶ οὕτω πιστῷ γενομένῳ τάλαντόν σοι δώσω.

XV.

Ὁ μὲν Εὔρυτος, ἐπεὶ ἐς Κόρινθον ἀφίκετο, πάντα τὸν χρυσὸν φέρων καὶ ἄργυρον περὶ οὗ ἔγνω τὸν δῆμον πυθόμενον, ἐφοβεῖτο μάλα τοὺς Κορινθίους, εἰδὼς πολλοὺς λῃστὰς ἐν τῇ πόλει ὄντας, ὥστε τοιόνδε τι ἐμηχανήσατο. πίθους τινὰς μεγάλους λαβὼν καὶ μολύβδου καὶ λίθων ἐμπλήσας παρόντων τῶν Κορινθίων καὶ χρυσὸν ἐπιθεὶς ἐς τὸν Ἀρτέμιδος νεὼν κατέστησε, ὡς τῇ ἁγιότητι τοῦ τόπου πεποιθώς. ἔφη γὰρ ἐναντίον πάντων ὅτι φοβοῖτο τοὺς λῃστάς, καὶ διὰ τοῦτο τὸν χρυσὸν παρὰ τῇ θεῷ καταθεῖτο, ἵνα μᾶλλον σώζοιτο. τὸν δὲ λοιπὸν χρυσὸν ἐς κοῖλα χαλκᾶ ἀγάλματα λάθρα ἀπέκρυπτε, ἅπερ ὡς παλαιὰ δὴ καὶ οὐδένος ἄξια ὄντα ἐφ' ἁμαξῶν ἐκέλευε κομίζεσθαι, ὡς ἄλλοσε τὸν παλαιὸν χαλκὸν πωλήσων.

ὥστε οἱ Κορίνθιοι τοὺς πίθους ἐφύλασσον, σκοπεῖν μέλλοντες εἰ αἰτίαν τινὰ εὕροιεν ὥστε ἐπισχεῖν· τὸν δὲ ἀληθῆ χρυσὸν ἀσφαλῶς οἴκαδε ἐκομίζετο.

XVI.

Ὁ Δημοφῶν, ὃς πάλαι μὲν δοῦλος ἦν, ἀποδρὰς δὲ Ἀθήναζε ἔφυγε, εἶδέ ποτε φίλου δοῦλον ἰχθὺν ἐσθίοντα, ὃν κλέψας ἀπὸ τοῦ δεσπότου ἐς τὸν ἀγρὸν ἤνεγκε. ὁ δὲ Δημοφῶν ᾔδει κεκλεμμένον· ἐπεὶ τῇ προτεραίᾳ παρὰ τῷ φίλῳ δειπνήσας ἐπὶ τῇ τραπέζῃ εἶδε. ὥστε εἶπε τῷ δούλῳ, εἰ μὴ χρυσὸν δοίη κατηγορήσειν αὐτοῦ ὅτι ἔκλεψε. Τί δέ, ἔφη ὁ δοῦλος, ἢν δηλῶ αὐτὸς μὲν οὐδὲν κλέψας, σὲ δὲ κλέψαντα; ὁ δὲ Δημοφῶν, Ἢν τοῦτο δρᾷς, ἔφη, ἐγὼ τὸν χρυσὸν σοὶ δώσω.

Πρῶτον μὲν οὖν, ἔφη ὁ δοῦλος, οὐκ ἔκλεψα ἐγώ. σκόπει γάρ· ὁ κλέπτων ἀφαιρεῖ τὸν μέν τι, ὥστε ἑτέρου κτῆμα εἶναι. ἐγὼ δὲ τοῦ ἰχθύος οὐχ ἧσσον κτῆμά εἰμι τοῦ δεσπότου· ἢν ἄρα φάγω τόνδε, κλέπτω μὲν οὔ, μεθίστημι δὲ ἐκεῖθεν δεῦρο· καὶ δὴ καὶ ἢν πεινῶ, ἀχρεῖός εἰμι· ὥστε τόνδε ἐσθίων τὰ δεσπότου φυλάττω.

ὅπερ πιστοῦ ἐστι δούλου. Σὺ δὲ σαυτὸν κλέψας φὼρ εἶ, καὶ τοσούτῳ ἀδικώτερος ὅσῳ πολλοῦ χρυσοῦ τιμιώτερόν ἐστιν ὃ ἔκλεψας.

ὁ δὲ Δημοφῶν οὐκ εἰδὼς τί ἀποκρίναιτο γελάσας ἀπέδωκε τὸν χρυσόν.

XVII.

Ὁ δὲ Δαρεῖός ποτε εἰωθὼς περὶ τὴν πόλιν ἰέναι, εἴ τις ἀδικά που πάσχει, πρὸς μέγα δεσμωτήριον ἦλθε. εἰσιὼν δὲ πάντας τοὺς δεσμώτας εἶδε πικρότατα ὀλοφυρομένους, εἴ πως ἰδὼν ὁ βασιλεὺς ἐλεῆσαι, ὥστε λυθῆναι. ὁ δὲ διεξιὼν καὶ ἅπασιν ἐξῆς διαλεξάμενος ᾔρετο διὰ τί κατακριθεῖεν ὥστε δεδέσθαι. καὶ ὁ μὲν τοὺς δικαστὰς ἔφη δωροδοκήσαντας ψευδῶς κατεγνωκέναι ἑαυτοῦ· ὁ δὲ τὸν μάρτυρα ψευδῆ μαρτιρῆσαι· ὁ δὲ ἕτερος αὐτὸς μὲν ἀναίτιος εἶναι ὅμοιος δὲ εἶναι τῇ ὄψει τῷ δράσαντι. πάντες δὲ οὐδὲν ἄξιον προσεποιοῦντο δεδρακέναι τοῦ τοσαύτην δίκην διδόναι. τέλος δὲ ὁ Δαρεῖος ἄνδρα τινὰ ἰδὼν μόνον καθήμενον σκυθρωπὸν τῇ ὄψει, ᾔρετο τί δέδεται· ὁ δὲ χρυσὸν ἔφη κλέψαι. Ἔκπιπτε οὖν τοῦ τόπου, ἔφη ὁ Δαρεῖος ὡς σχετλιάζων· πῶς γὰρ οὐ δεινόν εἰ οὗτος ὁ τοιχωρύχος μετὰ τῶν δικαίων παραμενεῖ;

ὥστε ὁ μὲν ἐλύθη, οἱ δὲ ἔμενον δεδεμένοι.

XVIII.

Ὁ Τίτος ὁ θηρευτὴς πλανώμενός ποτε ἐν τῇ ὕλῃ, ὡς ψόφον ὄπισθε δένδρου ἤκουσεν, ἀναβλέψας εἶδε ἄρκτον ἀμπέχοντα τοῖς ποσὶ τὸ δένδρον ὡς αὐτίκα ἀναβησόμενον. τὸ δὲ δένδρον μεταξὺ ἦν ὥστε μήτε Τίτον μήτε τὸν ἀδελφὸν ἰδεῖν τὸν ἄρκτον μήτε ἐκεῖνον τούτοις. ἐνταῦθα δὲ ὁ Τίτος ἡσύχως προσιὼν καὶ ἑλὼν τῶν χηλῶν τὸν θῆρα ἐκώλυε μήτε ἀναβῆναι μήτε πάνυ κινεῖσθαι. ἀλλ' οὐδὲ αὐτὸς μεθέσθαι ἐδύνατο, αἰσθόμενος ἑλόντα ἂν αὐτὸν τὸν ἄρκτον· ὥστε ἐκέλευσε τὸν ἀδελφὸν δραμόντα οἴκοθεν τὸ τόξον φέρειν. μείνας δὲ πολὺν χρόνον ὥσπερ ἐν δεσμοῖς, ὡς ἀπειρηκὼς

μεθέσθαι ἤμελλε, εἶδε προσιόντα τὸν ἀδελφόν. καὶ ἤρετο τί
τοσοῦτον ἄπεστι· ὁ δὲ τοὺς οἴκοι ἔφη δειπνοῦντας εὑρεῖν· ὥστε
μείνας δειπνῆσαι. ὁ δὲ Τίτος, Ἔχου, ἔφη, τῶν χηλῶν, ἵνα ἀπο-
κτείνω· ἐγὼ γὰρ ἐμπειρότερός εἰμι τοῦ τόξου. λαβομένου δὲ τοῦ
ἀδελφοῦ, τότε δὴ ὁ Τίτος, Κἀγώ, ἔφη, οἴκαδε ἄπειμι· δειπνήσας
δὲ ἥξω καὶ τὸν ἄρκτον ἀποκτενῶ.

XIX.

Ἐν Κορίνθῳ ἔζη πατήρ τις μετὰ υἱοῖν δυοῖν, ὅστις μωρὸς ὢν
ὅσα μὲν συνεβούλευον περὶ τῶν παίδων οἱ φρόνιμοι τῶν φίλων
οὐδὲν ἐποίει, χρησμολόγοις δὲ καὶ φέναξι παντοίοις ἅπαντα ἐπεί-
θετο. ἦλθε δέ ποτε γεραιός τις μάντις πρὸς Κόρινθον, ὃς οὐ διὰ
πολλοῦ σεισμὸν προεῖπεν ἐν πόλει γενήσεσθαι, τοὺς μὲν παῖδας
ἀπολοῦντα, τοὺς δὲ γεραιτέρους οὔ. ἀπορῶν δὲ τί ποιήσαι ὁ πατὴρ
τελευτῶν ἐβούλευσεν ἐκποδὼν ἀποπέμψαι αὐτούς τῷ κινδύνῳ ὡς
ἀσφαλὴς αὐτὸς ὤν. ὥστε Ἀθήναζε ἔπεμψε πρὸς φίλον δεόμενος
ἐπιστολῇ τρέφειν καὶ ἐπιμελεῖσθαι ἕως γένοιτο ὁ σεισμός. ἀφικό-
μενοι δὲ οἱ παῖδες πρῶτον μὲν κοσμίως ἔχοντες οὐδὲν ἄλλο ἔδρων ἢ
ὅ,τι κελεύοιντο, θαυμάζοντες μόνον τὸν οἶκον καὶ τὰ ἐκεῖ τρεφόμενα
ζῶα· τέλος δὲ πρὸς παιδιὰν τραπόμενοι τὰ ἐν τῷ οἴκῳ καὶ τὰ ζῶα
ἔβλαπτον· ἐξύρησαν γὰρ τὴν αἴλουρον, καὶ τὸν πίθηκον τῆς
κέρκου ἐκρέμασαν, καὶ τἆλλα ὡσαύτως. ὥστε τελευτῶν ἔγραψε
πρὸς τὸν Κορίνθιον ὁ Ἀθηναῖος, ὅτι τὸν παρ' ἐκείνοις σεισμὸν
ἥδιον ἂν ἔχοι ἢ παῖδας τοιούτους.

XX.

Φιλόσοφός τις ἦν Διοκλῆς, οὕτω πένης ὢν ὥστε οὐκ ἐφοβεῖτο
μή συλῷτο, καὶ διὰ τοῦτο τὸν οἶκον εἰωθὼς νυκτὸς ἀνεῳγμένον καὶ
ἀφύλακτον ἐᾶν. ἤδη γὰρ τοὺς φῶρας ἀεὶ πυνθανομένους ὅπου
χρυσὸς συνείλεκται πρὶν εἰσιέναι· οὐδὲ μωρὸν οὕτως οὐδένα ἐσό-
μενον ὥστε περὶ κεφαλῆς κινδυνεύειν πλὴν τοῦ μεγίστου κέρδους

ἕνεκα. κείμενος δὲ νυκτός ποτε ἐπὶ τοῦ λέχους εἶδε κλέπτην εἰσιόντα
καὶ πάντα περιιόντα καὶ ἐρευνῶντα, ἤν πως χρυσὸν ἢ τίμιόν τι
κτῆμα ἐξεύρῃ. σιγῶντα δὲ καὶ ἥσυχον κείμενον τὸν Διοκλέα
οὐκ ᾔσθετο ἐγρηγορότα ὁ φώρ· ἐκεῖνος δὲ τοῦτον εἶδε σαφέστατα,
οὐ δυνάμενον διὰ τὸν σκότον γνῶναι εἰ ἀνέῳκται τὰ ὄμματα.
τέλος δὲ πανταχοῦ μάτην ζητήσας δεινὰ ἤρχετο ἐπαρᾶσθαι τῷ
Διοκλεῖ, λάθρα μέντοι φθεγγόμενος, μὴ ἐγείροιτο· ἀκούσας δὲ ὁ
Διοκλῆς, Σιώπα, ἔφη, ὦ φίλε· μηδὲ χαλεπήνῃς μηδαμῶς· ἀλγῶ μὲν
γὰρ εἰ μηδένα χρυσὸν οἷός τ' εἶ εὑρεῖν. εἰ δὲ ἐγὼ ὁ ἐνταῦθα ζῶν
μηδὲν τῆς ἡμέρας δύναμαι εὑρίσκειν, πῶς ἄρα χρὴ οἴεσθαι νυκτὸς
ἂν ξένον περιτυχεῖν;

XXI.

Περιέτυχέ ποτε Βοιωτῷ Ἀθηναῖος, παρὰ τῇ ὁδῷ καθημένῳ καὶ
βάτραχόν τινα ἀθροῦντι. ἰδὼν δὲ τοῦτον προσιόντα θαυμαστὸν
ἔφη εἶναι τὸν βάτραχον· καὶ ἐπήρετο εἰ θέλοι βατράχων ἀγῶνα
παρασκευάζειν, ἐφ' ᾧ τε ἐκεῖνος, ὁποτέρῳ ἐπὶ πλεῖστον πηδῴη ὁ
βάτραχος, πολὺ λήψεται ἀργύριον. ὁ δὲ Ἀθηναῖος θέλειν ἔφη
εἰ ἐκεῖνος βάτραχον ἑαυτῷ φέροι· ἐγγὺς γὰρ εἶναι τὴν λίμνην·
συγχωρήσαντος δὲ καὶ ἀποιχομένου τοῦ ἑτέρου, λαβὼν τὸν
βάτραχον ὁ Ἀθηναῖος καὶ ἀνοίξας τὸ στόμα λίθους κατέχεεν ἐς
τὴν κοιλίαν, ὥστε φαίνεσθαι μὲν μηδὲν μείζω τοῦ πρότερον, πηδᾶν
δὲ μηκέτι οἷόν τ' εἶναι. τοῦ δὲ ἥκοντος καὶ τὸν ἕτερον βάτραχον
ἐνεγκόντος ἤρχετο ὁ ἀγών. πιεζόμενος οὖν τῇ χειρὶ ὁ δεύτερος
μετρίως ἐπήδησε· εἶτα δὲ τὸν τοῦ Βοιωτοῦ ἐπίεζον. ὁ δὲ συλλέξας
ἑαυτὸν ὡς πηδησόμενος καὶ πάσῃ τέχνῃ χρησάμενος ὅμως οὐδ'
ὁτιοῦν ἐδύνατο τὸ σῶμα κινῆσαι. ἀποιχομένου δὲ τοῦ Ἀθηναίου
μετὰ τοῦ ἀργυρίου, ὁ Βοιωτὸς θαυμάσας τί ἄρα πάσχει ὁ βάτραχος
καὶ ἐπάρας ἐξήταζε. ὁ δὲ ἀνατετραμμένος καὶ τὸ στόμα ἀνοίξας
ἐξήμεσε δὴ τοὺς λίθους.

XXII.

Ὁ Θεόδωρος οὕτω σοφὸς ἦν ὥστε ὁπότε ἐν σιμποσίῳ παρείη
οὐδενὸς ἄλλου ἠκροῶντο οἱ ἑστιῶντες, ἀλλὰ πάντες τῷ πολλῷ
λόγῳ καὶ γέλωτι ἥδοντο. ἐξηγεῖτο δέ ποτε περὶ ἑαυτοῦ καὶ φίλου
τινός, οἵπερ νυκτὸς δι' ἐρήμης χώρας ἱππεύοντες πρὸς ὄχθον τινὰ
ἀφίκοντο ἐφ' ᾧ κύφων κατέστη. παριόντων δὲ ἐβούλετο σκέψασ-
θαι ὁ Θεόδωρος εἰ νεκρός τις ἐπείη, καὶ διασκοπῶν ἐπύθετο ἔρημον
ὄντα. ὥστε ἤγγειλε τῷ φίλῳ τὸν ὕστατον ἔνοικον ἐκδεδημηκέναι,
τὸ δὲ οἴκημα κενὸν εἶναι, ἢν ξένος τις ἐθέλῃ πειρᾶσθαι. ὁ δὲ
ἐγέλασε μὲν ἀκούσας, σκώπτειν δὲ βουλόμενος τὸν Θεόδωρον,
ἀντεῖπεν ὥσπερ ἐνθυμούμενος ὡς ἄδικοι δὴ οἱ ἄνθρωποι, Ὦ φίλε,
ἔφη, εἰ δίκαιοι ἦσαν οἱ ἀνθρώπινοι νόμοι, καὶ πάντες ὧν ἄξιοί
εἰσι ἔπασχον, ποῦ σὺ νῦν ἂν ἦσθα; ὁ δὲ Ἧσσον ἂν εὐτυχής,
ἔφη, ἦν. Πάνυ μὲν οὖν, ἔφη ὁ φίλος, δείξας τὸν κύφωνα. Πῶς
γὰρ οὔ; ἔλεγεν ὁ Θεόδωρος· μόνος γὰρ ἂν ἵππευον.

XXIII.

Ὁ Φέρης ἐπεὶ ἤρξατο βασιλεύων, ὡς οὕτω πᾶσι βδελυρὸς ἦν ὁ
πατὴρ διὰ τὴν ἐπιορκίαν καὶ ἀπιστίαν διενοεῖτο αὐτὸς γοῦν σκοπεῖν
ὅπως τιμήσεται ἡ ἀλήθεια. καὶ ἐπειδὴ ποταμὸς τὴν γῆν ὥριζε,
ἐφ' ᾧ μία μόνον ἦν γεφύρα, ἥν, εἴ τις ἐκεῖσε βούλοιτο πορεύεσθαι,
ἔδει διαβῆναι, κύφωνα ἐκέλευσε πρὸς τῇ γεφύρᾳ καταστῆσαι, καὶ
ἐπεὶ διαβαίη τις, ἐρωτᾶν περὶ ἑαυτοῦ, ὅστις ἐστί, ὁπόθεν ἔρχεται
καὶ τί μέλλει ποιῆσαι· εἰ δέ τι ψειδῶς ἀποκρίνοιτο, ἐκ κύφωνος
κρεμάσαι.

Ἰοκλῆς δὲ ὁ φιλόσοφος ταύτῃ παρῄει, τοῖς φίλοις καυχησάμενος
τοιαῦτα ἀποκρινεῖσθαι ὥστε ἀπορεῖν ἐκείνους ὅ,τι χρήσωνται αὐτῷ·
συνηκολούθουν δὲ οἱ φίλοι θαυμάζοντες τι ἄρα λέξοι. ἐρωτηθεὶς
οὖν τί μέλλοι δρᾶσαι ἐν τῇ τοῦ Φέρητος, ἀποθανεῖν ἔφη μέλλειν
ἐπὶ κύφωνος. ἠπόρουν τοίνυν σφόδρα ἀκούσαντες· εἰ μὲν γὰρ
ἀποκτείναιεν, ἀληθῆ μέλλειν εἶναι τὰ ἔπη, ὥστε ἀναίτιον θανεῖν·
εἰ δὲ μή, ψευδῆ εἶναι καὶ ἄξιον τοῦ κύφωνος.

XXIV.

Ὁ δὲ Φέρης νέος ὢν ἐπεὶ ἀεὶ μετὰ κολάκων διῆγε πάντας ᾤετο τῷ κιθαρίζειν τοσοῦτον νικᾶν ὥστε μηδὲ τοὺς ἐλλογίμους Λυδοὺς ἑαυτῷ ἴσους εἶναι. πυθόμενος δέ ποτε τὸν Ἰωάχιον, ὃς πάντων ἀνθρώπων ἄριστος ἦν καθαρίζειν, πρὸς τὴν πόλιν ἐλθεῖν διανοούμενον, μεταπεμψάμενος ἠξίου τὴν τέχνην διδάσκειν. τοῦτο δὲ ἔδρασε, οὐκ οἰόμενος ἥσσων ἐκείνου εἶναι, ἀλλ᾽ ἵνα τὴν τέχνην ἐπιδεικνύοι. ὁ δὲ ἁπλῶς ξυνιέναι προσποιούμενος πειράσεσθαι ἔφη διδάσκειν. ἐπεὶ δὲ ὁ Φέρης ἐξηγουμένου ἐκείνου μῆνας οὐκ ὀλίγους ἐμελέτησε, ξυλλέξας τοὺς ξυμβούλους ὡς μουσικῷ ἀγῶνι παρεσομένους, κιθαρίζων ὑπὸ πάντων σφόδρα ἐπῃνεῖτο· γνοὺς δὲ σιγῶντα τὸν Ἰωάχιον περιστραφεὶς ἤρετο πόσον ἄρα ἐπιδέδωκε τῇ τέχνῃ. ὁ δέ, Ὦναξ, ἔφη, μουσικῶν τρία ἐστὶ γένη· οἱ μὲν γὰρ πολὺ ἐπίστανται, οἱ δὲ ὀλίγον, ἄλλοι δὲ οὐδ᾽ ὁτιοῦν· σὺ δὲ οὕτως ἐπιμελῶς ἐμελέτησας ὥστε ἐκ τρίτου γένους ἐπὶ τὸ δεύτερον ἀνέβης.

XXV.

Τοῖς δὲ Βαβυλωνίοις πολλοί τε ἄλλοι θαυμαστοί εἰσι νόμοι, μάλιστα δὲ ὁ περὶ γυναικῶν. ὁ δὲ τοιόσδε τέθειται· ἐν ἑκάστῃ κώμῃ ἑορτή ἐστιν ἅπαξ τοῦ ἐνιαυτοῦ, πρὸς ἣν ξυλλέγονται πᾶσαι αἱ γαμεῖσθαι μέλλουσαι παρθένοι· ξυνειλεγμένων δέ, ἀναστὰς ἐν μέσῳ τῷ ὄχλῳ κῆρυξ ἑκάστην ἐφεξῆς πωλεῖ· ὁ δὲ ὄχλος ἀεὶ μέγας ἐστὶν ἰδεῖν ποθῶν καὶ ἀγοράζειν τὰς γυναῖκας. πρῶτον δὲ ἡ καλλίστη πωλεῖται, ἔπειτα δὲ ἥτις μετὰ ταύτην εὐπρεπεστάτη. πᾶσαι δὲ ὡσαύτως ἕως ἐπὶ τὰς αἰσχρὰς καὶ ἀμόρφους καὶ ἐμπήρους ἀφικνοῦνται, ἃς οὐδεὶς ἔχειν βούλεται. περὶ μὲν γὰρ τῶν καλλίστων ἐρίζουσιν οἱ πλούσιοι, περὶ δὲ τῶν μεῖον κάλλος ἐχουσῶν οἱ πενέστεροι. ἐπειδὰν δὲ πωλήσωσι ξυλλεγεὶς ὁ χρυσὸς ἀριθμεῖται ὁπόσος γίγνεται. ἀπὸ δὲ τούτου δῶρα διδοῦσι ταῖς αἰσχραῖς, ἵνα καὶ αὖται γάμου τύχωσι. εἰ γάρ τις αἰσχρὰν γυναῖκα αὐτὴν ἑαυτῆς ἕνεκα μὴ θέλει ἔχειν, ὅμως δὲ μετὰ προικὸς ἡδέως ἂν λάβοι· ὥστε τέλος ἅπασαι ἄνδρας εὑρίσκουσι.

XXVI.

Ἦν δέ τις Πάδιος ὃς πᾶσιν οὕτω τῇ τε σοφίᾳ ἡδονὴν πάρεσχε, καὶ τῷ ἐρωτώμενος παράδοξα ἀποκρίνασθαι, ὥστε λέγεται περὶ αὐτοῦ πολλὰ καὶ γελοῖα.

περιτυχὼν δὲ φίλῳ ποτὲ ἐν τῇ πόλει, πρὸς τὴν καινὴν οἰκίαν ᾔτησεν ἐλθεῖν, ἣν νεωστὶ ᾠκοδόμησε, ἵνα μόνος μόνῳ συνδειπνοίη. δειπνηγτάντων δέ, ἠξίου μεθ' ἑαυτοῦ εἰς ὑπερῷον ἀναβῆναι· δείξειν γὰρ βίβλια ἃ ἔχοι πολλοῦ ὄντα ἄξια. ἀναβὰς δὲ ὁ φίλος δύσπνους μάλα ἐφαίνετο εἶναι· ὥστε θαυμάσας τί πάσχει ᾔρετο αὐτὸν ὁ Πάδιος εἰ νοσεῖ τὸ στῆθος· μόλις γὰρ οὕτως ἂν κάμνειν εἰ εὖ ἔχοι. ὁ δὲ σκώπτειν αὐτὸν οἰόμενος (παχὺς γὰρ ἦν) ἀγανακτῶν ἀπεκρίνατο ὅτι τὴν οἰκίαν δεῖ αἰτιᾶσθαι, οὕτω προσάντους ὄντος τοῦ κλίμακος ὥστε σχεδὸν ἀποθνήσκει τις ἀναβαίνων.

ὁ δὲ Πάδιος Ἀλλ' ἐπίτηδες, ἔφη, οὕτως ᾠκοδομήθη, ἵνα χαλεπὸς μὲν εἴη ἀναβῆναι, καταβῆναι δὲ ῥάδιος· παθὼν γὰρ οἶδα ὅτι ἦν ἅπαξ τῆς ἡμέρας ἀναβῶ, δεκάκις καταβαίνω.

XXVII.

Ὁ δὲ Πάδιος καίπερ ἄλλοτε ῥᾳδίως φέρων τὴν λυπήν, ὅμως θανούσης τῆς γυναικὸς ἣν σφόδρα ἐφίλει εἰς ἔσχατον δὴ ἄλγος κατέστη. οὐδὲ παραθαρσύνειν οἷός τ' ἦν οὐδεὶς τῶν γνωρίμων, ὥστε ἀπαλλάσσειν τῆς λύπης, πρὶν φίλον ἐπύθετο πρὸς τὴν πόλιν ἐρχόμενον, ὃν ἐκ παιδὸς ἐφίλει. οὗτος δὲ πολλὰ ἔτη ἀπεδεδημήκει· ἀφικόμενος δὲ πρὸς τὴν πόλιν, καὶ ἀκούσας ὅτι τέθνηκεν ἡ Παδίου γυνή, οὐκ εὐθὺς πρὸς αὐτὸν ᾤετο δεῖν ἰέναι· ἐφοβεῖτο γὰρ μὴ ξένον ἰδὼν μεῖζον ὁ τλήμων λυποῖτο. ἐπεὶ μέντοι οἱ φίλοι τοῦ Παδίου ἠξίωσαν ἰόντα ἐκεῖσε διαλέγεσθαι, πρῶτον μὲν ἄγγελον πέμψας ἤρετο εἰ βουλομένῳ αὐτῷ εἴη· ὁ δὲ ἀντεῖπε ὅτι ἡδέως ἂν δέχοιτο. ἐλθὼν δὲ καὶ ἰδὼν ὡς οἰκτρῶς ἔχει, ἠπόρει δὴ τί λέγοι· βραχὺ δὲ σιωπήσας ἄριστα ᾤετο παραθαρσύνειν μὴ περὶ ἑτέρων λαλῶν, ἀλλ' αὐτοῦ τοῦ πάθους ἁπτόμενος. ἐρομένου τοίνυν πότε τοῦτο ἔπαθε, ὁ Πάδιος πολὺ δακρύων, Εἰ μέχρι αὔριον, ἔφη, ἔζη ἡ οἰκτρά, τριάκοντα ἤδη ἂν ἡμέρας ἦν τεθνεῶσα.

XXVIII.

Ἄλλοτε δὲ ὁ Πάδιος μετὰ φίλου ὁδοιπορῶν νυκτὸς εἰς πανδο-
κεῖον ἀφίκετο· καὶ γνόντες οὐ πλῆρες ὄν, εἰσῆλθον. ἔσω δὲ
ὄντων, εἶδεν ὁ Πάδιος ἄνδρα πόρρω καθήμενον, καὶ ἐπεὶ ᾔθρησεν
ἐπιμελῶς, τῷ φίλῳ προσελθὼν λάθρα τοιάδε εἶπε· Ὁρᾷς, ὦ φίλε,
ἐκεῖνον ὃς γράφων ἐκεῖ κάθηται καὶ οἶνον πίνων; Μαώνιόν τινα
οἶμαι εἶναι ὃν πάλαι ἐν τῇ πατρίδι ζῶν ἐγίγνωσκον. ὁ δέ, Ἐπεὶ
οὖν, ἔφη, φίλον καὶ γνώριμον οἴει εἶναι, τί δῆτα λαλῶν ἐνταῦθα
μένεις, ἀλλ' οὐ προσελθὼν ἀσπάζει ὡς ἀληθεῖ φίλῳ προσήκει;
Οὐ θαυμάζω, ἀπεκρίνατο ὁ Πάδιος, εἰ ταῦτά μοι λέγεις· ἢν δὲ
ἀκούσῃς μου, ὁμολογήσεις σώφρονα εἶναι. τῷ γὰρ ὄντι οὐ σαφῶς
ἐπίσταμαι εἰ Μαώνιος οὑτός ἐστι· οὕτω δὲ φύσει φοβερός ἐστιν
ἐκεῖνος, καὶ ἀήθης τοῦ ἑτέροις ὁμιλεῖν, ὥστε ἐὰν δῆλος γένηται
ξεῖνός τις ὢν ἀλλὰ μὴ ἐκεῖνος, τὰ ἔσχατα δὴ πείσεται ὑπ' αἰσχύνης
καὶ ἀπορίας· ὥστε ἀμηχανῶ τί δεῖ ποιεῖν.

XXIX.

Ἐν δὲ τῇ αὐτῇ πόλει τῷ Παδίῳ Νέων τις ἔζη, ᾧ πείθοντος·
ἰατροῦ, ἐπεὶ ἐνόσει, ἔδοξε εἰς Σικελίαν ἰέναι· ὡς δὲ οὐκ εἴα μόνον
ἰέναι ὁ ἰατρός, φοβούμενος μὴ νοσήσειε ἀποδημῶν, μηδὲ ἔχοι
μηδένα ὅστις ἐπαρκέσειε, τοὺς φίλους ἠξίου ὁ Νέων συμπορεύεσθαι.
ἐπεὶ δὲ πάντες οὐκ ἤθελον, ὡς τὰ πράγματα ἢ τὰς γυναῖκας οὐχ
οἷοί τ' ὄντες ἀπολιπεῖν, ἢ διὰ τοιαύτην τινὰ αἰτίαν, τέλος διεπράξ-
ατο ὁ Νέων ὥστε δημοσίᾳ προκηρυχθῆναι τῇ πόλει, εἴ τις σὺν
αὐτῷ εἰς Σικελίαν θέλοι ἰέναι καὶ ἐπιμελεῖσθαι, αὐτὸς ἀργύριόν τε
ἅπαν καὶ τὰ ἐπιτήδεια ποριεῖσθαι, ὅσων δέοι ἐς πορείαν. ταῦτα δὲ
προειπὼν πολλὰς ἔμενεν ἡμέρας, εἴ τινα τὸ ἀργύριον παρασκευάζων
συγγενέσθαι πείθοι. ὡς δὲ οὐδεὶς παρῆλθε, μέλλοντος ἤδη αὐτοῦ
ἐλπίδα ἀποβαλεῖν καὶ ἄλλῃ τινὶ τέχνῃ χρῆσθαι, ἀφίκετο παρ'
αὐτὸν ὁ Πάδιος. ἰδὼν δὲ αὐτὸν ὁ Νέων καίπερ οὔπω γνώριμον
ὄντα ἥσθη, ὡς ἀγαθὸν ἐσόμενον ἑταῖρον· ὁ δὲ Σὺ δήπου εἶ, ἔφη, ὁ
προκηρύξας ἑταῖρον ζητεῖν. Πάνυ μὲν οὖν, ἔφη χαίρων ὁ Νέων.
Ἥκω τοίνυν, ἀπεκρίνατο ὁ Πάδιος, ἀπαγγελῶν ὅτι ἔγωγε συγγε-
νέσθαι οὐχ οἷός τ' εἰμί.

XXX.

Οἱ δὲ Θρᾷκες οὕτω σκληροὶ λέγονται καὶ δυσπειθεῖς εἶναι τῇ διανοίᾳ, ὥστε σχεδὸν ἀδύνατον εἶναι ὁτιοῦν πεῖσαι, κἄν τις σοφώτατά τι λέγῃ· ἦν δέ ποτε Θρᾷξ τις ὅσπερ μόνος ζῶν ἄνευ ξυγγενῶι οὕτως ἀκινήτως διῆγεν, ὥστε σκώπτοντας λέγειν τοὺς ἐν τῇ πόλει οὐδ' ἂν εἰ σεισμὸς γένοιτο οὐδὲν ἂν δρᾶσαι παρὰ τὸ εἰωθός, οὐδὲ περὶ οὐδενὸς μετανοῆσαι.

νοσῶν δέ ποτε οὐδὲ εἰδὼς τί πάσχει τὸν ἰατρὸν μετεπέμψατο. ἐλθόντος δὲ καὶ ἵνα ἄμεινον διαγνοίη τὴν νόσον ἐρομένου τί τῇ προτεραίᾳ τύχοι φαγών, Δώδεκα μυραίνας ἀπεκρίνατο. γελάσας δὲ ἐκεῖνος οὐδὲν θαῦμα ἔφη εἶναι εἰ κακῶς ἔχει τὴν γαστέρα τοσαύτας φαγών· εἰ γὰρ εἴκοσιν ἔφαγεν, ἀποθανεῖν ἄν. διισχυρίσατο δὲ ὁ Θρᾷξ ὅτι οὐ διὰ ταύτας νοσεῖ· πολλάκις γὰρ οὕτω δειπνεῖν. οἰχομένου δὲ τοῦ ἰατροῦ ἐξελθὼν εἴκοσι μυραίνας ἐωνήσατο καὶ ἑψήσας ἔφαγε· εἶτα δὲ ἐπ' ὀροφὴν ἀναβὰς καὶ καταβαλὼν ἑαυτὸν ἀπώλετο. οὕτω δὲ φανερῶς ἀπέδειξεν οἷόν τ' εἶναι εἴκοσι μυραίνας φαγόντα μὴ διὰ ταύτας ἀποθανεῖν.

XXXI.

Ἔζη δὲ ἐν τῇ πόλει ἀνήρ τις, ὄνομα Ταλιράντης, ὃς οὕτω σοφὸς ἦν ὥστε εἴ ποτε ἐν συμποσίῳ παρείη πολὺν γενέσθαι γέλωτα, καὶ πάντας τοὺς δειπνοῦντας τούτου μόνου ὡς ἐπὶ τὸ πολὺ ἀκροᾶσθαι. ἐλθὼν δέ ποτε ἐς δεῖπνον ἄνδρα τινὰ εὗρε ἀλάζονα καὶ ἄγροικον ὃς αὐτὸς μὲν μόνος ἠβούλετο ἀγορεύειν τοὺς δὲ ἑτέρους σιωπᾶν. ὁπότε δὲ πειρῷτο λέγειν ὁ Ταλιράντης ἢ ἕτερος ὁστισοῦν, οὗτος ἀεὶ ὑπολαβὼν περὶ ἑαυτοῦ τε ἐκαυχᾶτο καὶ τοῦ πλούτου καὶ τῶν προγόνων. τέλος δὲ ἀγανακτοῦντες ἅπαντες πρὸς τὸν Ταλιράντην ἔβλεπον, εἴ πως σοφόν τι εἴποι ὥστε τὸν ἀμαθῆ τοῦτον ἡσσώμενον σιωπᾶν. ὁ δὲ ἤκουε μόνον, μειδιῶν ὡς τῷ ἀνθρώπῳ ἡδόμενος. ἐκεῖνος δὲ πολὺ ἤδη ἀλαζονευόμενος ὡς εὐγενής ἐστι, τελευτῶν τὴν μητέρα ἐπήνει, ὅτι πολλῷ τῶν ἐφ' ἑαυτῆς καλλίστη εἴη. τοῦτο

B

δὲ τοσούτῳ ἀναιδέστερον ἐδόκει εἶναι τοῖς παροῦσιν, ἐπεὶ αὐτὸς
βδελυρὸς ἦν τῇ ὄψει· πάντων δὲ σιγώντων ὁ Ταλιράντης ἡδέως
μειδιάσας Ὁ πατὴρ τοίνυν, ἔφη, ἧσσόν που καλὸς ἦν.

XXXII.

Ἔτυχε δὲ ἐπιδημῶν ὁ Ταλιράντης ὅτε σοφιστής τις ἐκεῖ παρῆν,
ὄνομα Ἴων, ὅσπερ ἐπηγγέλλετο πᾶσαν φιλοσοφίαν οἷός τ' εἶναι
διδάσκειν· ὥστε πάντες οἱ πολῖται προθύμως τοὺς παῖδας ἔπεμπον
παρ' αὐτὸν ἵνα μάθοιεν, πολὺ ἀργύριον ἀσμένως ἀποδιδόντες.
ἐπεὶ δὲ δύο ἔτη ἐγένετο, οὐδὲ σοφώτεροι ἐδόκουν οἱ νεανίαι γίγνεσ-
θαι, μᾶλλον μὲν οὖν τοῦ τε σοφιστοῦ καταφρονεῖν καὶ ὀλιγωρεῖν
τῆς φιλοσοφίας, τέλος οἱ πολῖται, μεταγνόντες δὴ τὸ οὕτως ἁμαρ-
τεῖν, ἐσκόπουν ὅπως τούτου ἀπαλλαγῶσιν, ὥστε ἕτερον εὑρεῖν
σοφώτερον τοὺς παῖδας διδάσκειν. ἔφη δέ τις Σικελόν τινα
γιγνώσκειν οὗ τοσοῦτον εἴη τὸ κλέος ὥστε καὶ ἐξ Ἀσίας ἥκοντας
ἀκούειν· τοῦτον δὲ ἐς τὴν πόλιν μέλλειν παρεῖναι, ὥστε ἴσως ἄν,
εἰ πειρῷντο, ἀντὶ Ἴωνος διδάσκειν ἂν πεῖσαι. ἀφικόμενος δὲ καὶ
αἰτούμενος ἤθελε· καὶ ἔδοξε τοῖς πολίταις τοὺς πατέρας πρῶτον
ἀκούειν, ἵνα εἰδεῖεν εἰ τοὺς παῖδας δεῖ πέμπειν παρ' αὐτόν. τοσοῦ-
τος δὲ ὄχλος ξυνελέγη ὥστε μόγις εἰσιέναι· ἐπειδὴ δὲ ἔλεξεν, τότε
δὴ ὁ Ταλιράντης Τίς ἂν ᾤετο, ἔφη, οὕτω ταχέως ἡμᾶς τὸν ἀγαθὸν
Ἴωνα ἂν ποθεῖν;

XXXIII.

Ἄλλοτε δὲ ὁ Ταλιράντης ἐπὶ τὸν βασιλείον οἶκον ἐκλήθη, ἵνα
τοῖν βασιλέως θυγατέροιν ἡδονὴν παρέχοι διαλεγόμενος, ἀθυμού-
σαιν πως, ὡς τεθνηκότος κυνὸς οὗ ἐφίλουν. τῶν δὲ ἡ μὲν αἰσχρὰ
ἦν, ἡ δὲ καλλίστη. ὁ δὲ Ταλιράντης οὐδαμῶς τῇ καλῇ μόνον
διελέγετο, ἀλλὰ πάσῃ μηχανῇ ἐχρῆτο ἵνα ἀμφότεραι ἴσον ἡσθεῖεν,
ὥστε μηδένα φθόνον γενέσθαι. τέλος δὲ ἡ αἰσχρά, γνοῦσα αὐτὸν
εὐλαβούμενον ὥστε ἴσον μέρος αὐτῇ νέμειν τοῦ διαλόγου, ἵνα

σκώπτοι τι αὐτὸν μειδιῶσα ὦ Ταλιράντη, ἔφη, εἰ πέσοιμεν ἐγώ τε
καὶ ἡ ἀδελφὴ παρόντος σοῦ ἐς ποταμόν, ποτέραν ἂν σώζειν πειρῷο;
ὁ δὲ ἀπορῶν καὶ ἑκατέραν ἐφεξῆς προσβλέπων τέλος πρὸς ἐκείνην
ἀντεῖπε, Γύναι, οὐ γὰρ νεῖν ἐπίστασαι;
ἄλλοτε δὲ φίλος τις ἃ ὑπέσχετο οὐκ ἐκτελέσας ἀπελογεῖτο ὡς
ἐλλείποντος τοῦ χρόνου. ὁ δὲ Ταλιράντης οἴεσθαι ἔφη ὅσον ἔστι
πᾶν αὐτῷ ὑπάρχειν.

XXXIV.

ἄλλοτε δὲ ὡμολόγησε τῷ Ταλιράντῃ φίλος τις ὡς κέρδους ἕνεκα
τι ἁμαρτὼν τύχοι. τοῦ δὲ θαυμάζειν φάσκοντος εἰ οὕτω κακός
ἐστιν ὥστε κέρδος ἀντὶ τοῦ δίκαιος εἶναι ἑλέσθαι, ὁ φίλος ἀπεκρί-
νατο, Ἀλλ' οὖν ἀνάγκη δὴ ζῆν. ὁ δὲ Ταλιράντης οὐκ ἔφη
οἴεσθαι ἀναγκαῖον εἶναι.
ἕτερος δὲ αὖ φίλος πρότερον αἴσχιστα δὴ ζῶν, εἶτα νοσήσας
μετεπέμψατο, ὡς ποθῶν ἰδεῖν αὐτόν. ἀφικόμενος δὲ ἔγνω δεινό-
τατα πάσχοντα, καὶ ἐλεήσας ἠπίως προσεῖπε. ὁ δὲ τοσαύτην
ὀδύνην ἔφη ἔχειν ὥστε ἐν Ἅιδου δοκεῖν εἶναι, τὴν τῶν ἐν ταρτάρῳ
δίκην διδούς. ὁ δὲ παρεμυθεῖτο, οἰκτρὸν φάσκων εἶναι εἰ ἔφθασε
δὴ οἰχόμενος πρὸ τοῦ καιροῦ· πολλοὺς δὲ φίλους εὑρήσειν ἤδη
ἀφιγμένους, τούς τε ἑτέρους οὐ διὰ μακροῦ ἕψεσθαι· εἰδέναι γὰρ
ὅτι οὐδὲ θανόντες ἀπολείψουσιν ἀλλήλους οἵ γε τοιοῦτοι.

XXXV.

τοῖς δὲ τὰ μέταλλα ἐν Θράκῃ τέμνουσι πολλὴ φιλοτιμία καθέσ-
τηκε καὶ φθόνος πρὸς ἀλλήλους, ἐπεὶ οἱ μὲν χρυσὸν ζητοῦσιν οἱ
δὲ ἄργυρον, καὶ ἐς δύο στάσεις, ὡς εἰπεῖν, διεστᾶσιν, ὄνομα ἐπώ-
νυμον ἔχοντες ἑκάτεροι, οἱ μὲν Ἀργυροῖ, οἱ δὲ Χρυσοῖ. ἦλθε δέ
ποτε πρὸς Ἀργυροῦν Χρυσοῦς τις, φίλος τ' ὢν πρότερον καὶ τὸ
μέταλλον ἐπιθυμῶν ὁρᾶν εἰ ἐφεν. οἱ δὲ καὶ ἀσμένως εἴων· νεωστὶ
γὰρ μεγάλην φλέβα (ὡς λέγουσι) ἔτυχον εἰρηκότες, ἐφ' ᾗ μεγάλα

δὴ ὡς εἰκὸς ἐφρόνουν. ὡς δὲ πάντα ἔδειξεν ὁ Ἀργυροῦς, οἷός τε
καὶ ὅσος εὑρημένος εἴη ὁ ἄργυρος, μάλα σκυθρωπὸς ἐγίγνετο ὁ
Χρισοῦς. ὁ δὲ τοσούτῳ μᾶλλον περιχαρὴς ὢν καὶ ἡδόμενος, ἐπεὶ
πάντα τὸν πλοῦτον ἐπέδειξεν, ἤρετο ὅπως ἔχοιεν ἄρα οἱ Χρισοί.
ὁ δὲ σεμνῶς τὴν κεφαλὴν τινάξας μάλα ἀθυμεῖν ἔφη τοῖς ἐκεῖ.
τότε δὴ ὁ Ἀργυροῦς, Διὰ τί; ἔφη, λάθρα ἐλπίζων ἀποκρινεῖσθαι
ὅτι διὰ τὸ μηδένα χρυσὸν εὑρίσκειν δύνασθαι. ὁ δὲ Ἀρτίως γάρ,
ἔφη, ἔγνωμεν ὅτι τῷ χρισῷ τῷ ἐν τῷ μετάλλῳ ἐπίκειται ἐς τριῶν
ποδῶν βάθος ἄργυρος, ὃν πολλῷ πόνῳ δεήσει διακόπτειν.

XXXVI.

Ὁ δὲ Τίτος, περὶ οὗ ἤδη ἐλέξαμεν, ἐν χώρᾳ τεθραμμενος ὕλης
καὶ θηρίων παντοίων πλήρει, ἐμπειρότατος ἐγίγνετο τοῦ θηρεύειν.
ζητῶν δέ ποτε ἐν τῇ ὕλῃ ἔλαφον, ἐπιμελῶς τοῖς ἴχνεσιν ἀκολου-
θῶν, ἐξαίφνης εἶδεν ὀϊστοῦ αἰχμὴν ἐφ' ἑαυτὸν μέλλουσαν ἀφεθῆναι.
ἄνδρα δὲ οὐδένα εἶδε, διότι ὁ τὸ τόξον ἔχων δένδρου ὄπισθεν εἱστή-
κει, κλάδοις τε καὶ φύλλοις κεκρυμμένος. γνοὺς τοίνυν ἐν οἵῳ
κινδύνῳ ἐστί, οὐδὲ τὸν ὀϊστὸν οἷός τ' ὢν ἄνευ ἀσπίδος ἀμύνεσθαι,
μεγάλῃ τῇ φωνῇ βοήσας ἀπεῖπε τῷ στοχαζομένῳ μὴ ἀφεῖναι. ὁ
δὲ ἀκούσας καὶ χαλάσας τὸ τόξον ἐξῄει ἐκεῖθεν οὗπερ ἐκεκεύθει·
γνοὺς δὲ ξένον ὄντα ὁ Τίτος ἤρετο τί μαθὼν ἄρα διανοεῖται ἀπο-
κτείνειν ἑαυτόν· οὐδεπώποτε γὰρ ἰδὼν οὐδὲν δὴ ἀδικῆσαι. ὁ δὲ
οἰκτίζειν μὲν ἔφη, ἀποκτείνειν δὲ ἀνάγκην εἶναι· οἴκοθεν γὰρ ἐλθὼν
ὀμωμοκέναι ἦ μὴν τοξεύσειν εἴ τινα αἰσχίω ἴδοι ἑαυτοῦ τῇ ὄψει·
ὁ δὲ βραχύ τι σιγῇ προσβλέπων τὸ ἐκείνου πρόσωπον, ἀφεῖναι
ἐκέλευσε τὸ βέλος· βίου γὰρ οὐδὲν μέλειν εἰ ἐκείνου εἴη αἰσχίων.

XXXVII.

Ὁ Ταλιράντης ποτὲ φίλῳ τῷ περιτυχών, ὃς τὰ μὲν ἄλλα σπου-
δαῖος ἦν, ἀεὶ δὲ προσεποιεῖτο τοῖς εὐγενέσι γνώριμος εἶναι, καὶ γνοὺς
σκυθρωπὸν ὄντα, ὀνόματι καλέσας Τί πάσχεις ὦ Γεραδείων ἔφη.

ὁ δὲ ἀθυμεῖν ἔφη διότι δεινόν τι δεῖ ταύτῃ τῇ ἡμέρᾳ παθεῖν. ἐρομένου δὲ ἐκείνου τί δέοι παθεῖν, κεκλῆσθαι ἔφη πρὸς δεῖπνον παρὰ τὸν Λακεδαίμονος βασιλέα, ὃς ἐπιδημῶν τύχοι· ἐπαχθῆ δὲ τοιαῦτα εἶναι συμπόσια. γνοὺς δὲ ὁ Ταλιράντης ψευδόμενον, οὐδὲ ἄλλου ἕνεκα λέξαντα, ἢ ὅτι καυχᾶσθαι βούλεται περὶ τοῦ βασιλέως ὡς γνωρίμου ὄντος ἑαυτῷ, κεκλῆσθαι ἔφη ὁμόσε καὶ αὐτός. ἐρυθριάσας δὲ ὁ Γεραδείων ταχὺ ἀπεκρίνατο ὅτι νοσοίη οὐδὲ οἴοιτο ἐς δεῖπνον παραγενήσεσθαι. ὁ δὲ Ταλιράντης ἕτοιμος ἔφη εἶναι τῷ ἑστιῶντι ὑπὲρ αὐτοῦ ἀπολογεῖσθαι. καὶ τότε ἀπορῶν ὁ Γεραδείων ὅπως τοῦ ψεύδους ἀπαλλαγῇ οὐκ ἔφη κεκλῆσθαι, ἀλλὰ σκώπτων προσποιήσασθαι. ὁ δὲ ἕτερος Ἤδη γὰρ σαφῶς, ἔφη· οὐδὲ γὰρ ἐγώ· γελοῖον δ᾽ ᾤμην ἔσεσθαι εἰ ἀναγκάζοιμι σὲ ὁμολογεῖν ὅτι ἐψεύσω.

XXXVIII.

Ὁ Ἰωνίος, βουλόμενος οἰκίαν καὶ παράδεισον ὠνεῖσθαι, ἐπισκεψάμενος ἦλθε πρότερον, εἴ πως ἐλλιπές τι εὕροι ὥστε μεταγνῶναι τὸ πρᾶγμα. ἀφικόμενος δὲ καὶ ἐπιτυχὼν τοῦ ἀνδρὸς ὃς τῆς παραδείσου ἐπεμελεῖτο, ἤρετο εἰ περιιόντι ἔξεστι πάντα ἐπισκοπεῖν. τοῦ δὲ ἐῶντος, ὡς πάντα καλῶς ἔχειν ἐδόκει, καὶ τά τε τοῦ οἴκου καὶ τὰ ἔξω ἄριστα ἐφαίνετο διῳκημένα, τέλος ἠρώτα τὸν ταμίαν ὅπως ἔχοι περὶ θήρας τὸ χωρίον. ὁ δὲ λαγὼς ἔφη θαυμασίους ὅσους εἶναι, ὥστε ᾧοι τις βαδίζοι πηδῶντας καὶ τρέχοντας ἰδεῖν. τούτῳ δὲ ἡσθεὶς ἐπήρετο εἰ ὡσαύτως ἔχει περὶ ὀρνίθων, ὥστε τοῖς τοξεύουσιν εὐπορίαν εἶναι. τοῦ δὲ διϊσχυρισαμένου τοσούτους εἶναι ὥστε μὴ ἱκανὰ εἶναι τὰ δένδρα ἐφῆσθαι, ὑπώπτευε δὴ μὴ ψεύδεται, ἵνα μᾶλλον ἐπιθυμῇ τὴν παράδεισον ἀγοράζειν. ἤρετο τοίνυν τὸν αὐτὸν τρόπον ὅσοι ἱππαλεκτρύονες ἐκεῖ τρέφοιντο· ὁ δὲ βραχύ τι σιωπήσας οὐκ ἔφη πολλούς, ἐνίοτε δὲ νυκτὸς φανῆναι εἴ τις ἐπιμελῶς γε ζητοίη.

XXXIX.

Μαώνιος ἐν Σικελίας ὄρεσιν ὁδοιπορῶν, πᾶσαν μὲν ἡμέραν ἵππευε, νύκτα δὲ μετὰ τῶν Σικελῶν γεωργῶν διῆγε. οὗτοι δὲ σπουδαῖοι μὲν ὡς ἐπὶ τὸ πολὺ ἐδόκουν εἶναι θεραπεύοντές τε ἐπιμελῶς αὐτόν καὶ διαλεγόμενοι ὡς ἂν οἱ πάνυ ἐπιτήδειοι· τοῦτο δὲ ἐμέμφετο, ὅτι τὸν σῖτον ὃν τῷ ἵππῳ ἐδίδου ἔκλεπτον. τὴν δὲ ἀπατὴν τὸ μὲν πρῶτον οὐκ ἔγνω, οἰόμενος ὅτι ἐδήδοκε τὸν σῖτον ὁ ἵππος· ἐπεὶ δὲ ἀσθενῆ ᾔσθετο γιγνόμενον καὶ πεινῶντα, ὑποπτεύσας τὴν αἰτίαν τοιόνδε τι ἐμηχανᾶτο. ἐς τὸν σῖτον τοῦ ἵππου πέντε λίθους ἐσέθηκε· ἤδη γὰρ τὸν ἵππον, εἰ τὸν σῖτον φάγοι, τοὺς λίθους οὐκ ἂν φαγόντα, ὥστε λειφθῆναι ἂν τούτους ἀεὶ ἐν τῇ φάτνῃ· εἰ δὲ κλέπτοι ὁ γεωργός, καὶ τοὺς λίθους ἀφαιρήσοντα. ὅπερ καὶ ἐγένετο· εἰ δὲ λίθους εὕροι λελειμμένους οὐδένα ἐμέμφετο, εἰ δὲ ἀφανισθεῖεν κατηγόρει τῶν ἀνδρῶν ὡς τὸν σῖτον κλεψάντων· ὥστε φοβούμενοι αὐτὸν ὡς μάγον ὄντα αὐτόν τε καὶ τὸν ἵππον ἐπαύσαντο ἐξαπατῶντες.

XL.

Ὁ μὲν οὖν Εὐμένης, τὰ τῆς πόλεως διοικῶν καὶ εὐδόκιμος ὢν διὰ τήν τε σοφίαν καὶ τὴν ἀρετήν, ἐσεμνύνετο δὴ καὶ διενοεῖτο μεγαλοπρεπῆ τάφον ἑαυτῷ δημοσίᾳ οἰκοδομεῖν. ἐπεὶ δὲ σχεδὸν ἤδη ἐτετέλεστο, Πεδίαν μετεπέμψατο τὸν ποιητὴν ὡς συμβουλευσόμενος· διανοεῖσθαι γάρ τι, ὅπερ ἐκείνῳ τιμὴν μεγάλην προσθήσοι. ἐλθόντα οὖν ἀσπασάμενος ὁ Εὐμένης μέγαν τάφον ἔφη ποιήσεσθαι μέλλειν· χάριν τοίνυν αὐτῷ πλείστην εἴσεσθαι, εἰ ἐπίγραμμα ποιῆσαι, ὥστε μηδὲν ἐλλείπειν μὴ οὐ τέλειον γενέσθαι τὸ μνημεῖον. ὁ δὲ ἡδέως ἂν ἔφη ποιῆσαι, εἰ πρότερον ἐξείη τὸν τόπον ἰδεῖν, ὥστε εἰδέναι εἰ ἱκανός ἐστι τῇ τέχνῃ ἄξιον ἐπίγραμμα εὑρεῖν. τοῦτο δὲ ἔφη ὑποπτεύων δὴ μὴ σεμνότερον ἔσται τὸ μνημεῖον ἢ ὥστε πολίτου εἶναι· εἰ δὲ τοῦτο γένοιτο, οὐδὲν γράφειν· ἰδὼν δὲ καὶ γνοὺς τῷ ὄντι τυράννου ἀξιώτερον ὄν, Ἡδέως μέν, ἔφη,

γράψω σοι τὸ ἐπίγραμμα· σοῦ δὲ ἔτι ζῶντος, οὔπω δεῖ πειρᾶσθαι,
ἐπεὶ τοῖς θανοῦσι πρότερον τῆς ἐμῆς δεῖ τέχνης· σὺ οὖν ἢ ἔσω ἂν
ἕρποις ἵνα εὐθὺς ἄρξωμαι, ἢ μίμνε ἕως τελευτήσῃς, ὡς τότε ἐμοῦ ἃ
ὑπεσχόμην ἐκτελοῦντος.

XLI.

Παρῆστάν ποτε ἄλλοι τε τῶν πολιτῶν καὶ ὁ Θεόδωρος ὅτε
σοφιστής τις Τομπάνιος πολλοῖς περὶ νόμων διελέγετο, ὅπως τε
ἄριστά τις θήσει, καὶ τί δεῖ τὸν φιλόσοφον περὶ αὐτῶν φρονεῖν.
ᾐτιᾶτο δὲ τὴν πόλιν ὡς ἀεὶ τοιούτους τιθεμένην οἷοι ἂν τοῖς
πλείοσι δοκῶσι. τοῦτο δὲ οὐκ ἔφη σύμφορον εἶναι· τοὺς μὲν γὰρ
σοφοὺς ἀεὶ ὀλίγους, πλείονας δὲ τοὺς ἀνοήτους, ὥστε ἀνοήτους καὶ
τοὺς νόμους γίγνεσθαι. δεῖν δὲ μᾶλλον τοῖς μὲν ὀλίγοις πείθεσ-
θαι, χαίρειν δὲ λέγειν τοὺς πολλούς.

ταῦτα δὲ οὕτω σοφῶς καὶ πιθανῶς ἔλεγε, ὥστε ἐπῄνουν αὐτὸν
σχεδὸν ἅπαντες οἱ παρόντες. ὁ δὲ Θεόδωρος ἀναστὰς οὐκ ἔφη
ταὐτὰ φρονεῖν ἐκείνῳ, πολλοὺς δὲ εἶναι καὶ ἄλλους οἵτινες λόγῳ
μὲν ἐπαινοῦσι τῷ δὲ ὄντι οὐ πείθονται. ψηφιζώμεθα τοίνυν, ἔφη
ὁ Τομπάνιος· ψηφισάμενοι δὲ πάντες ἐφάνησαν ὁμοφρονοῦντες
πλὴν Θεοδώρου. ὁ δὲ αὖθις ἀναστὰς καὶ μειδιάσας νικᾶν ἔφη τὴν
ἑαυτοῦ γνώμην· τοὺς γὰρ ὀλίγους σοφωτέρους εἶναι τῶν πολλῶν.

XLII.

Ὁ δὲ Μαιώνιος τὴν ῥητορικὴν βουλόμενος μαθεῖν πρὸς σοφιστήν
τινα ἦλθεν ὃς ἐπηγγέλλετο διδάσκειν δύνασθαι. συνεχώρησε δὲ
τούτῳ ὥστε ἢν εὖ διδάσκῃ πολὺ ἀποδοῦναι ἀργύριον· ὡς δὲ οὐκ
ἤμελλεν εἰδέναι εἰ εὖ ἔμαθε εἰ μὴ ἔργῳ πειρώμενος, οὐδὲν δεῖν ἀπο-
δοῦναι ἕως δικαζόμενος λόγῳ πείσαι τοὺς δικαστάς. ἢν δὲ κατα-
κρίνωσι, μηδὲν ἀποδοῦναι.

ἐπὶ τούτοις οὖν μανθάνων, ἐπεὶ ἐπαύσατο, μετὰ χρόνον τινὰ
πέμψαντος πρὸς αὐτὸν ἐκείνου καὶ μισθὸν αἰτήσαντος, οὐδὲν

ἀπεκρίνατο. ὡς δὲ πολλὰ πειρασάμενος ὁ σοφιστὴς τὸ ἀργύριον
πρασσόμενος οὐκ ἐδέξατο, τέλος πρὸς τοὺς δικαστὰς προσεκαλεῖτο
αὐτόν. ἐρωτηθεὶς δὲ ὁ Μαώνιος πότερον οὐ δίκαιον εἴη τὸν
σοφιστὴν τοσοῦτον πονήσαντα τὸν χρισὸν λαβεῖν, ἀπεκρίνατο
τοιάδε· Συνεχωρήσαμεν γάρ μὴ ἀποδοῦναι ἐμὲ εἰ μὴ πείσαιμι τοὺς
δικαστάς. ἐὰν τοίνυν ὄφλω τὴν δίκην, ἐκ τῆς συνθήκης οὐδὲν
ὀφειλήσω· ἐλὼν δέ, τῷ νόμῳ οὐδὲν ὀφειλήσω. ὁπότερον ἂν οὖν
γένηται ἀπολεῖ τὸ ἀργύριον ὁ σοφιστής.

XLIII.

Ἴων ὁ σοφιστὴς ἀκούσας ἀγγέλου ὅτι ὁ Εὐρυμένης, ὃς φρόνιμος
ἦν καὶ ἐλλόγιμος ἀνήρ, τὸν υἱὸν μέλλοι πέμπειν ἵνα διδάσκοι,
ἡσθεὶς ἔφη ἀσμένως διδάξειν. καίπερ γὰρ εἰδὼς τὴν Εὐρυμένους
γυναῖκα μωροτάτην οὖσαν, καὶ πλεῖστ᾽ ἂν πράγματα παρασχοῦσαν
διὰ τὸ πολυπραγμονεῖν, ἐφίλει ὅμως τοσοῦτον καὶ ἐτίμα τὸν
Εὐρυμένην, ὥστε χαίρειν μᾶλλον ἢ λυπεῖσθαι. οὐ γὰρ μικρός,
ἔφη, μισθὸς ἀντὶ μεγάλου κέρδους; ἢν γὰρ ἄφρονα γυναῖκα ἀνέ-
χωμαι λαλοῦσαν, σοφωτάτου φιλοσόφου ἀπολαύσομαι. ὥστε
ἐλθόντος τοῦ παιδὸς καὶ δύο μῆνας μαθόντος, βαρέως ἔφερεν αἰσθό-
μενος οὔτε φιλομαθῆ ὄντα οὔτε πονεῖν ἐθέλοντα ἵνα σοφώτερος
γένοιτο. ἀμαθεστέρου δέ ποτε δοκοῦντος εἶναι ἢ πρότερον, ὁ
διδάσκαλος ἀγανακτῶν δὴ ὅτι οὕτως ἐπιλήσμων εἴη, καὶ ὑποπτεύ-
σας μὴ οὐδὲ ἀνέγκωκεν ἃ ἔδει μαθεῖν Θαυμάζω, ἔφη, εἰ οὕτως
ἀμαθής ἐστι ὁ υἱὸς τοῦ σοῦ πατρός. ὁ δὲ Ἀληθῆ, ἔφη, λέγεις·
ἐγὼ δὲ τῆς μητρός εἰμι υἱός.

XLIV.

Ἦν ποτε ἔμπορός τις, ὃς καλήν τε καὶ πλουσίαν παρθένον
ἔγημε, αὐτῆς μὲν οὐκ ὀλίγον ἐρῶν, μάλιστα δὲ τοῦ πλούτου ἐπι-
θυμῶν. γήμας δὲ ᾔτησε συγχωρεῖν, ὥστε τοῦ μεγάλου ἕνεκα

ἔρωτος, εἰ ὁ ἕτερος αὐτῶν ἀποθάνοι, τὸν ἕτερον ἑαυτὸν βιάζεσθαι.
καὶ οὐ διὰ πολλοῦ ἑτέραν ἰδὼν κόρην πλοισίαν τε οὖσαν καὶ καλήν,
ἀντὶ ἐκείνης ἐβούλετο ἔχειν. πιστὸν τοίνυν λαβὼν θεράποντα,
δύο ἡμέρας ἀποδημῶν ἀπέστειλε ἐκεῖνον πρὸς τὴν γυναῖκα, ὡς
ἀπαγγείλειε τὸν ἄνδρα, ἐν ᾧ ποταμὸν διαβαίνει, ἀπολωλότα· καὶ
ἅμα τὸ ἱμάτιον ἐκέλευε δεῖξαι, ὡς τῶν ἄλλων ἁπάντων σὺν τῷ
θανόντι ἀφανισθέντων. ἡ δὲ γνοῦσα ἀργύριόν τι οὐδαμοῦ ὄν,
ὅπερ ἐς τὸ ἱμάτιον ἀπέκρυψε, οὐδὲν ἀληθὲς ᾤετο λέγειν. σιγῶσα
δὲ ἃ ἐφρόνει, καὶ λήκυθον λαβοῦσα ἐπεὶ ἔπιεν Ἄπιθι, ἔφη, τῷ
δήμῳ ἀπαγγελῶν ὡς πιστὴ γυνὴ φαρμάκῳ ἀπόλλυται, τεθνηκότος
τοῦ ἀνδρός. ὁ δὲ τῷ ἐμπόρῳ ἥκων θανοῦσαν φαρμάκῳ ἀπήγγειλε·
καὶ οὗτος δὴ τὴν ἑτέραν ἔγημε. οἴκαδε δὲ μετὰ τῆς νύμφης ἀφιγ-
μένου, θύρασι δεξαμένη ἡ γυνή, Ἄφες ταύτην, ἔφη, τὴν πάρθενον,
ἥτις οὐκ ἐστὶ σοὶ γυνή· οὐδὲν γὰρ ἄλλο ἔπιεν ἢ οἶνον.

XLV.

Ὁ δὲ Φέρης, ἐπεὶ μάλιστα ἐφίλει τὸ τὰ καλὰ θεωρεῖν, ἄγαλμα
ἐκέλευσε ποιεῖν λευκοῦ λίθου, ὡς ἂν κάλλιστον ποιήσαι ὁ σοφώ-
τατος τῶν ἀνδριαντοποιῶν· ἵνα δὲ καὶ πλέον κοσμήσαι, ἐκ χρυσοῦ
ἔδει τὰς χαίτας γλύφειν· δεδιὼς δὲ μὴ τολμῴη τις νυκτὸς βίᾳ ἐς
τὸ ἱερὸν εἰσπεσεῖν, κηρυχθῆναι ἐκέλευσε, εἴ τις καὶ δάκτυλον
ἀφέλοι τοῦ ἀγάλματος, ἐκκαυθέντα τοὺς ὀφθαλμοὺς ἀποθανεῖν.
καταφρονήσας δέ τις τοῦ βασιλείου κηρύγματος τῇ δευτέρᾳ νυκτὶ
ὡς κατέστη τὸ ἄγαλμα, ἔλαθεν ἀποσφάζων τοὺς φύλακας καὶ
τὰς χρυσᾶς χαίτας ἔχων ἀπῴχετο· ἁλοὺς μέντοι καὶ πρὸς τὸν
βασιλέα ἀγόμενος ἀπελογήσατο ὡς οὐ δεῖ ἀποθανεῖν· εἰσελθεῖν
γὰρ ἰδεῖν μόνον ἐπιθυμῶν τὴν λιθίνην πάρθενον, ὡς δὲ τὰς χαίτας
ᾔσθετο χρυσᾶς οὔσας, μεμνῆσθαι τοῦ ἀνδριαντοποιοῦ, ᾧ ἐρυθραὶ
εἶεν αἱ χαῖται. ὥστε ἀφελεῖν οἴεσθαι δεῖν ταύτας, ἐπεὶ οὐ δίκαιόν
ἐστι τὸ ἔργον τοῦ δημιουργοῦ σεμνότερον εἶναι.

XLVI.

Βασιλεὺς δέ τις παρὰ τοῦ πατρὸς δακτύλιον πολυτελῆ ἐδέξατο,
οὕτω θαυμαστὴν δύναμιν ἔχοντα, ὥστε ὅστις περιθεῖτο ὑπὸ πάντων
τιμᾶσθαί τε καὶ φιλεῖσθαι. τοῦτον δὲ καὶ οἱ πρόγονοι πρότερον
ἐκέκτηντο, παραδιδόντες ἕκαστος τῷ μάλιστα ἑαυτὸν φιλοῦντι τῶν
υἱῶν· τούτου δὲ ὁ πατὴρ μόνος δικαστής, διὰ τὴν μεγάλην δὴ
σοφίαν. τούτῳ δὲ τῷ βασιλεῖ τρεῖς ἦσαν υἱοί, ἐνίοτε μὲν ἀπει-
θοῦντες πάντες, ὡς δὲ ἐπὶ τὸ πολὺ οὕτως εὖ φιλοῦντες αὐτὸν ὥστε
διακρῖναι μὴ οἷόν τ᾿ εἶναι. γνοὺς τοίνυν ἐπιόντα τὸν θάνατον,
σοφόν τινα δημιουργὸν ἐκέλευσε δύο δακτυλίους ποιῆσαι τῷ προ-
τέρῳ οὕτως ἀκριβῶς ἐοικότας ὥστε πάντας τῇ ὁμοιότητι ἐξαπατη-
θῆναι. τοὺς δὲ υἱοὺς λάθρα προσκαλέσας πολλά τε σωφρόνως
παρῄνει καὶ δακτύλιον ἕνα ἑκάστῳ περιέθηκε. θανόντος δὲ τοῦ
πατρός, συνελθόντες οἱ υἱοὶ ἠξίωσαν αὐτὸς ἕκαστος κρατεῖν, ὡς
τὸν ἱερὸν δακτύλιον κεκτημένος. ἐπεὶ δὲ συγχωρεῖν οὐκ ἐδύναντο,
δικαστήν τινα σοφὸν ᾔτησαν διαγνῶναι τὸ πρᾶγμα· ὃς πάντα
ἀκούσας τοιάδε ἔλεξε.

ὑμεῖς μὲν περὶ τῆς ἀρχῆς ἐρίζετε· ὁ δὲ δακτύλιος οὐ τῷ μάλιστα
ἄρχειν ἐπιθυμοῦντι δίδοται, ἀλλὰ τῷ τὸν πατέρα ἄριστα φιλοῦντι.
νῦν οὖν ἀφήσω ὑμᾶς, ἥξοντας πάλιν μετὰ ἑκατὸν ἔτη ἐπὶ τὴν
κρίσιν, ὅτε γενναῖα δράσαντες φανερὸν πεποιηκότες ἔσεσθε, τίς τὸν
ἀληθῆ δακτύλιον κέκτηται.

XLVII.

Ὁ δὲ Λόχιος ἐμπειρότατος ἦν τοξότης, ὥστε ξυλλεγέντων
πάντων τῶν πολιτῶν ἵνα τόξῳ περὶ ἄθλου ἀγωνίζοιντο, πολλάκις
ἤδη ἐνίκησε. τοῦτο δὲ τοσούτῳ θαυμαστότερον ἦν, ἐπεὶ τυφλὸς
ἦν τὸν ἕτερον ὀφθαλμόν· διασκοπῶν γάρ ποτε ὀϊστοῦ αἰχμὴν
τρώσας ἔτυχε τὸν ὀφθαλμόν· καὶ ἐπεὶ φαρμάκῳ ἐπέπλαστο,
τυφλὸς ἐγένετο. ἀλλὰ δυοῖν ἕνεκα τοῦτο ῥᾳδίως ἔφερε, ὅτι τε τῷ

ἑτέρῳ ὅμοιος ἐφαίνετο ὁ ὀφθαλμός, καὶ ταχέως οὐχ ἧσσον ἐτόξευε τοῦ πρότερον. ἐρίζων δέ ποτε πρὸς Χεστρίαν τινὰ καὶ μόλις νικήσας, αὖθις ἔφη πειρᾶσθαι θέλειν ἐφ' ᾧτε τὸν ἕτερον ὀφθαλμὸν κεκλεισμένον ἕξει, καὶ νικήσας χιλίας μνᾶς δέξεται. ὁ δὲ ῥᾳδίως συνεχώρησε, οἰόμενος εἰ σχεδὸν ἐνίκα τοῦ ἑτέρου ἀμφοτέροις χρησαμένου τοῖς ὀφθαλμοῖς νῦν τάχα δὴ νικήσειν. ὁ δὲ Λόχιος αὖθις σμικρόν τι προεῖχε, ὥστε ἔδει τὸν Χεστρίαν ἀποδοῦναι. τί δὴ; ἔφη ἀγανακτῶν, πῶς ἄρα οὐχ ἧσσον τοξεύεις κεκλεισμένῳ τῷ ἑτέρῳ ὀφθαλμῷ; ὁ δὲ γελάσας Διότι τυφλός εἰμι, ἔφη, τούτῳ.

XLVIII.

Φέρης ὁ τύραννος τὸν τόπον ἐξελόμενος οἷ οἰκοδομεῖν δεῖ τὸ βασιλεῖον, ἐβούλευσεν, ἐπεὶ δίκαιος ἤθελε φαίνεσθαι καὶ δικαστήριον βασιλεῖον ἐν τῇ πόλει κατέστησε, μὴ ἀναγκάζειν τοὺς ἔχοντας ἀποδοῦναι τὴν γῆν, ἀλλὰ δικαίῳ τρόπῳ ἀγοράζειν. ὡς δὲ εἰκὸς ἦν τοὺς γεωργοὺς εἰ εἰδεῖεν ὠνησόμενον τὸν τύραννον πλεῖον ἂν αἰτῆσαι ἢ παρ' ἰδιώτου, ὁ βασιλεὺς ἐνεσκευάσατο ἑαυτὸν ὡς γραμματέα. ὡς δὲ πόρρω ἀπεῖχε τῆς πόλεως τὸ χωρίον ὥστε μὴ γνώριμον εἶναι αὐτὸν τοῖς ἐνοικοῦσι οὐκ ἂν ᾤετο αὐτοὺς εὑρεῖν τὴν ἀπατήν. οὕτω δὲ καὶ ἐγένετο ὡς ἐπὶ τὸ πολύ. ἔλαθε γὰρ πᾶσαν τὴν γῆν ἀγοράζων πλὴν ἀμπελῶνος μικροῦ, μετρίου ἀργυρίου. τοῦτον δὲ οὐδενὶ τρόπῳ ἔπειθε τὸν κεκτημένον πωλεῖν. ἀπελογεῖτο γὰρ ὅτι πάλαι ὅ τε πατὴρ εἶχε καὶ οἱ πρόγονοι, ὥστε ἀσεβὲς δοκεῖν εἶναι ξένῳ ἀποδόσθαι. χαλεπαίνων δὲ ὁ Φέρης, Τί δὲ ἄν, ἔφη, δράσαις εἰ μάθοις αὐτὸν τὸν τύραννον βουλόμενον ἐμὲ λαβεῖν τὸν ἀμπελῶνα, ἐγὼ δὲ τοσούτῳ ἀνδρὶ πεποιθὼς βίᾳ ἀφέλοιμι; ὁ δὲ γεωργὸς Οὐδὲν δή, ἔφη, φοβοίμην ἄν· προσκαλοίμην γὰρ ἄν σε ἐπί τὸ Φέρητος δικαστήριον, ὅπου ὁ βίαια πράξας ἀεὶ δίκην δίδωσι.

ταῦτα δὲ ἀκούσας οὕτως ἥσθη ὁ Φέρης ὥστε τὸ βασιλεῖον ἀλλαχοῦ ᾠκοδόμησε.

XLIX.

Ἐν ᾧ ἦρχον οἱ Πουρετανοὶ τῆς χώρας πάντας οὕτω σφόδρα
ἐσπούδαζον **πρὸς** ἀρετὴν καὶ σωφροσύνην **τραπέσθαι**, ὥστε τὰς
γυναῖκας οὐκ εἴων ἐπὶ σκηνῆς φανῆναι· τοῦτο γὰρ αἴτιον εἶναι **τοῦ**
ἄνδρας **τε καὶ** γυναῖκας πολλὰς διαφθαρῆναι. ἄμεινον γὰρ ᾤοντο
εἶναι εἰ ἄνδρες φανεῖεν ἐν τοῖς παροῦσι ὡς βασιλεῖαι καὶ πάρθενοι
ἐνεσκευασμένοι, ὥστε γελοῖα γενέσθαι τὰ τῶν ἐλλογίμων ποιή-
ματα, **μᾶλλον ἢ** αἰσχυνθῆναι τὴν πόλιν **διὰ** τὴν ἀσέβειαν ἢ τὸ
ἀπρεπές., ὁ δὲ βασιλεὺς Κάρολος ἐπεὶ νικήσας τοὺς· Πουρετανοὺς
πρὸς τὴν πόλιν ἀφίκετο, ἐπὶ τὸ θέατρον ᾔει θεωρήσων τὴν τραγῳ-
δίαν. χρονιζόντων δὲ τῶν ὑποκριτῶν ἀγανακτῶν ὁ βασιλεὺς
ἔπεμψέ τινα πευσόμενον τί γίγνεται καὶ τίνος ἕνεκα οὔπω πάρεισι.
ὁ δὲ ἥκων ὅπου ἐκάθητο ὁ βασιλεύς ὑπὸ γέλωτος μὲν τὸ πρῶτον
ἐκωλύετο μὴ λέγειν **δύνασθαι·** μεμψαμένου δὲ ἐκείνου καὶ ἀπει-
πόντος μηκέτι φλυαρεῖν ἀλλὰ διηγεῖσθαι τὸ **πρᾶγμα, ὦ** βασιλεῦ,
ἔφη, παρέσονται εὐθὺς οἱ ὑποκριταί· μόνον γὰρ μένουσιν ἕως ἂν ἡ
σεμνὴ Ἀντιγόνη τὸν πώγωνα ἀποκείρηται.

PART II.

L.

Ἐν Μεσολήνῃ ἦν τις ἰατρὸς πάνυ ἐλλόγιμος γενόμενος, ἐπεὶ ἐξεῦρεν ὅπως ἄριστα θεραπεύοι, εἴ τίς τινα μανίᾳ νοσοῦντα πρὸς αὐτὸν ἄγοι. τοὺς γὰρ μεμηνότας ἔφη τούτους εἶναι οἵτινες ἄγαν αἰθέριοι ἀποφαίνονται τῇ διανοίᾳ, τὴν γῆν ἀπολιπόντες ἔνθεν ἐγένοιτο· εἰ οὖν ἐγγὺς τῆς γῆς ἀναγκάζοιντο οἰκεῖν, ἀπαλλαγῆναι ἂν τῆς νόσου. ἐξορύξας τοίνυν τὴν γῆν, εἰ μέν τις μικρόν τι μαίνοιτο μέχρι τῶν γονάτων ἔθαπτεν, εἰ δὲ πλέον, μέχρι στήθους· τοὺς δὲ πάνυ, παντὶ τῷ σώματι πλὴν κεφαλῆς. ἀνὴρ δέ τις σχεδὸν ἔμφρων αὖθις γενόμενος, ὡς ἔτυχέ ποτε πρὸς τοῖς ὀρύγμασι καθήμενος, πλοίσιόν τινα εἶδε μετὰ πολλῶν κυνῶν ἐξιόντα καὶ θεραπόντων, καὶ ὅπλων σιδηρῶν πολυτελῶν. ἐρομένου δὲ ποῖ ἴοι, Ὡς ὄρνιθας, ἔφη, ἀποκτενῶν· ὁ δὲ νοσῶν αὖθις ἐπήρετο πόσον ἄρα ἄξιαί εἰσι σύμπασαι αἱ ὄρνιθες ἃς ἐνιαυτοῦ ἀποκτείνει. ὁ δὲ ἀπεκρίνατο ὅτι Χιλίων μνῶν· βουλόμενος δὲ περὶ τοῦ πλούτου καυχᾶσθαι, ἐδήλου ὅτι εἰς δούλους καὶ κύνας καὶ τὴν τῶν ὀρνίθων τροφὴν οὐ μεῖον τετρακισχιλίων ἀναλίσκοι. ὁ δὲ ἕτερος μεγάλῃ τῇ φωνῇ Ἄπερρε, ἔφη, ὦ τᾶν, ἵνα μὴ ἐνταυθοῖ κατορυχθῇς ὥστε μηδὲ τρίχα μίαν ἐκστῆναι.

LI.

Τίθας, ὁ βασιλεὺς τῶν Μενίων, πόλεμον καταγγείλας τοῖς Παλίοις καὶ στράτευμα συλλέξας, ἀγγέλους πρὸς τὸ χρηστήριον ἔπεμψεν οἵτινες πεύσονται ὅπως συμβήσεται ἃ διανοεῖται. ὁ δὲ προφήτης ἀπεκρίνατο, ὁποτέροις ὁ στρατηγὸς πολεμίῳ ξίφει ἀποθάνοι, τούτους νικήσειν. οἱ μέντοι Πάλιοι ἔλαθον τὸν Τίθαν πρότερον κατάσκοπον ἐκεῖσε πέμψαντες, ὃς κεκρυμμένος ἐν μυχῷ

τῆς πέτρας ἤκουεν ἅπερ ἔχρησε. ἥκοντος οὖν καὶ τῷ στρατηγῷ
δείξαντος, παρηγγέλθη τοῖς Παλίοις, ὡς τοῦ βασιλέως δεῖ φεισα-
μένοις μόνοις τοῖς στρατιώταις μάχεσθαι. ἐς χεῖρας τοίνυν
ἐλθόντων, ὡς τὸ βασιλέως ἅρμα ἐς μέσους τοὺς Παλίους ἐφέρετο,
ἀπεχώρουν οὗτοι, ὡς εἴρητο, οὐδὲ οἰστὸν ἀφέντες οὐδένα. δοῦλος
δέ τις τῶν Μενίων ὃς πεζῇ ἐμάχετο τὴν τάξιν ἀπολιπὼν καὶ μόνος
ἐπὶ τοὺς πολεμίους προέδραμε· τέλος δὲ θαυμαστὴν ἀποφήνας τὴν
ἀρετὴν μόγις κατεκόπη. οἱ δὲ στρατιῶται, συλῶντες τὸν νεκρὸν
ἐπεὶ τὸ κράνος ἀφεῖλον, τὸν Τίθαν ἀνέγνωσαν, ὡς δοῦλον ἐνεσκευ-
ασμένον. ὥστε ἀθυμοῦντες οἱ Πάλιοι καὶ ταχέως ἐς φυγὴν κατα-
στάντες ἡσσήθησαν.

LII.

Τῷ μὲν οὖν Φέρητι τρεῖς ἦσαν υἱοί· καλὸν δὲ νομίζων τὸ ἀργὸν
εἶναι (τὸ γὰρ πλῆθος δεῖν πονεῖν) τοῖς παισὶν ἔλεξεν, ὅστις ἀργό-
τατος δηλώσαι ὤν, τούτῳ διαδώσειν τὴν ἀρχήν.

ἐνταῦθα δὲ ὁ γεραίτατος οὐκ ἔφη λιπεῖσθαι δεῖν τοὺς ἄλλους
μάτην ἐλπίζοντας· αὐτὸς γὰρ σαφῶς μέλλειν τὴν ἀρχὴν λήψεσθαι.
ψυχρὸς γάρ ποτε ὤν, καὶ τοὺς δούλους πῦρ ἅπτειν κελεύσας,
καθίσαι οὕτως ὥστε φλέγειν τῷ καύματι τὰ σκέλη· ἀλλ' ὅμως,
καίπερ σφόδρα ὀδυνώμενος, ἀργότερος εἶναι ἢ ὥστε κινῆσαι.

ὁ δὲ ἕτερος παρήνει μὴ λίαν πεποιθέναι· αὐτὸς γὰρ τῷ τείχει
τυχεῖν παραστὰς ἐξ οὗ κρέμαται τὸ ξίφος. τύχῃ δὲ ὦσας, καὶ
γνοὺς οὕτως ἀναπηδησόμενον ὥστε τὴν γαστέρα τραυματίσαι, ὑπ'
ἀργίας ὅμως ἡσυχάζων τετρῶσθαι.

ὁ δὲ τρίτος πρᾴως ἀντεῖπεν ὅτι δέδοικε μὴ αὐτὸς ὅμως ἀργότατός
ἐστιν. ἀκούσας γὰρ τῶν ἀδελφῶν πολλὰ καὶ δεινὰ ψευδομένων
ἵνα τὴν ἀρχὴν λάβοιεν, καίπερ αὐτὸς εἰδὼς δεινότερον ἂν ψεύσασ-
θαι δυνάμενος, ὅμως δι' οὐδὲν ἄλλο ἢ ἀργίαν σιωπήσεσθαι.

τότε δὴ ὁ βασιλεὺς τὸν τρίτον ἔφη δεῖν βασιλεῦσαι· τὸν μὲν
γὰρ ὑπ' ἀργίας τὸ σκέλος, τὸν δὲ τὴν γαστέρα βλάπτειν, τούτων
δὲ πάντα τὸν βίον.

LIII.

Ὁ Παλῆς δένδρον ἐν τῷ ἀγρῷ θεὶς ἵνα τοῦ καρποῦ ἀπολαῦσαι δεινῶς ἐψεύσθη δὴ ὧν ἤλπιζεν. ἐρῶν γὰρ καλῆς τινὸς νεανίδος, ἐπεὶ ἔγημεν αὐτήν, εὐδαιμόνως μὲν ἓξ μῆνας μετ᾽ αὐτῆς διῆγεν· ἡ δέ ἀπροσδοκήτῳ ἐκπλαγεῖσα μανίᾳ ἐξ ἐκείνου τοῦ δένδρου ἀπιοῦσα ἐκρέμασεν ἑαυτήν. καὶ μὴν καὶ ἑτέρα τις γυνή, ἣν μετ᾽ ἐκείνην ἔγημεν ὁ ἀνὴρ δύο ἔτη ὀδυράμενος, τῇ δευτεραίᾳ τὸ κακόδαιμον τοῦτο παριοῦσα δένδρον, τὸν αὐτὸν τρόπον ἐβιάσατο ἑαυτήν. τότε δὴ μόγις ἐκωλύετο ὁ τλήμων μὴ καὶ αὐτὸς ἑαυτὸν ἀποκτείνειν· πεισάντων δὲ τέλος τῶν φίλων τὴν λυπὴν ῥᾷον φέρειν, ἀξίνην λαβών, Ἀλλὰ τό γε δένδρον, ἔφη, εὐθὺς κατακόψω. καὶ ἐκδραμὼν κάλῳ ἐπεχείρει δεῖν ὅπως ἀσφαλέστερον κατακόψειε. φίλος δέ τις πάντα ἀκούσας, ἄφρονα καὶ αὐτὸς ἔχων γυναῖκα, Ἐπίσχες, ἔφη, ὦ φίλε, μηδὲ οὕτω τίμιον δένδρον κατακόψῃς· μᾶλλον δὲ ἦν κλάδον μοι δῷς ὥστε φυτεῦσαι, πολλῷ ἀργυρίῳ σε ἀμείψομαι. ὁ δὲ συγχωρήσας καὶ πολλοὺς κλάδους κατ᾽ ἐνιαυτὸν ἀποδόμενος μάλα πλούσιος ἐγένετο.

LIV.

Γοργόνιος ὁ βασιλεύς, θανούσης ἣν ἐφίλει γυναικός, καὶ τοιαύτης ἐπιμελείας ἔτι δεομένου τοῦ παιδίου, τούτου ἕνεκα ἑτέραν γαμεῖν ἐβούλευσεν. ἡ δὲ ὡς εἰκὸς μὴ ὅτι ἐφίλει τὸν παῖδα ἀλλ᾽ ὠμότατα ὕβριζεν. ταῦτα δὲ πολλὰ ἔτη φέρων μέχρι οὗ ἀνὴρ ἐγένετο, τότε δὴ χαίρειν εἰπὼν τῷ πατρὶ πολλὰς ἔφη χώρας ἰδεῖν βούλεσθαι ὥστε σοφὸς γενέσθαι· εἰ δὲ ἑαυτοῦ δέοι, μηδὲν ἀλγεῖν· φιλεῖν γὰρ τοσοῦτον ὥστε καίπερ ἀπὼν αἰσθέσθαι καὶ ταχέως κατελθεῖν. οἰχόμενος οὖν καὶ γενόμενος ἰατρὸς Κλεάρχου ἐμάνθανε τὴν τέχνην, ὃς τῶν ἐφ᾽ ἑαυτοῦ σοφώτατος ἦν. ὄναρ δέ ποτε ἰδὼν τὸν Γοργόνιον ἐπὶ λέκτρου κείμενον ἀκίνητον καὶ ὠχρόν, ὡς νοσοῦντα ἔγνω, τῇ ὑστεραίᾳ εὐθὺς οἴκαδε πάλιν ἀφωρμήθη. ἀφικόμενος δὲ οὕτως τῷ ὄντι εὗρε νοσοῦντα ὥστε τοὺς αὐτόθεν ἰατροὺς μηδεμίαν ἐλπίδα ἔχειν· ἰδὼν δὲ ἐκεῖνος τὸν υἱὸν τὸν φίλτατον ἀνέπνευσε. τέλος δὲ ὡς τῇ τέχνῃ αὐτοῦ ἰσχυρὸς ἐγένετο, τῆς γυναικὸς εἴτε δι' ἔχθραν εἴτε ἄλγει νοσησάσης, ᾔτησε τὸν υἱὸν καὶ ταύτην ἰᾶσθαι. ὁ δὲ ἀπεκρίνατο τοιάδε· Ὅ,τι ἄν τις νοσῶν ποθῇ ἦν οἷόν τ' ᾖ δοτέον· αὕτη δὲ ἐμὲ ἀπελθεῖν ποθεῖ. ταῦτα δὲ εἰπὼν ὁ μὲν ἀπῴχετο, ἡ δὲ οὐ θεραπεύσαντος ἔθανε.

LV.

Τὸν δὲ Ἐργολέοντα πάνυ μὲν ἐτίμων οἱ συστρατευόμενοι, ὡς πάνυ ἀγαθὸν ὄντα καὶ δίκαιον· μεθυσθέντα δὲ, οἷα δὴ στρατιῶται, διηγωνίζοντο εἴ τις μᾶλλον ἑτέρου ἐξαπατῴη. γνοὺς δὲ ἐκεῖνος ἐφυλάσσετο, εἴ ποτε ξυνειδείη ἑαυτῷ ἀφθόνως πως πεπωκότι. ἦν δὲ στρατιώτης τις, ὥσπερ αὐτὸς τε ἔμπειρος ὢν τοῦ ἐπὶ κεφαλῆς ἑστάναι τούς τε ἄλλους ταὐτὸ διδάξας, κάλλιστα οὕτω διενοεῖτο τὸν στρατηγὸν ἐξαπατῆσαι, ἤν ποτε μεθυσθῇ. καὶ μελετώντων ποτὲ ταῖς κεφαλαῖς τῶν ἑτέρων, τὸν στρατηγὸν οὗτος ᾔσθετο προσιόντα, μετρίως δηλονότι δεδειπνηκότα· ὥστε πάντας ἐκέλευσε ἐπὶ κεφαλῆς στάντας ἡσυχίαν ἄγειν· ὁ δὲ ἐπειγόμενος εἰσῄει καὶ περιβλέπων τὸν τοῖχον ἐξεπλάγη, ὡς ἀνεστραμμένων δὴ τῶν στρατιωτῶν· καὶ σιγῶν ἐξέφυγε. θαυμάσαντες δὲ τῇ ὑστεραίᾳ ἐπήροντο αὐτὸν εἴ τι εἶδε τῶν παρὰ τὸ εἰωθός· τοῦ δὲ οὐ φάσκοντος καὶ ἅμα ἐρυθριάσαντος, ἐπὶ κεφαλῆς ἔφασαν πάντες ἐστηρίχθαι, τότε δὴ Νὴ τὸν Δία, ἦ δ' ὅς, μανθάνω γάρ· ἀνεστραμμένους δὲ ἰδὼν ὑμᾶς ἀναπαυσόμενος ἀπῳχόμην, δείσας μὴ αὐτὸς ἄρα ὑπὸ τοῦ πλεῖόν τι πεπωκέναι ἐξηπάτημαι.

LVI.

Ἐδίωκόν ποτε Ἀρκάδα τινὰ Βοιωτοὶ τρεῖς, ὑποπτεύοντες ὡς ἀργύριον κλέψαντα. οὐ μὴν ἤδη σαφῶς οὐδεὶς τοῦτον ἀδικήσαντα, ἐπεὶ δὲ ἠφανίσθη τὸ ἀργύριον καὶ αὐθημερὸν ἀπῴχετο ὁ Ἀρκάς,

τῶν ἑτέρων δούλων πάντων ἐπαιτιωμένων, οὐδεὶς δὴ ἤθελεν ἀμφισ-
βητεῖν μὴ οὐκ αἴτιον εἶναι. ἐλθόντων δὲ ἐπ' οἰκίαν τινά, οὗ ἐπὶ
ταῖς θύραις ἐγέγραπτο Τοὺς 'Αρκάδας εἰσελθεῖν, ὡς πανδοκεῖον δὴ
οὖσαν ὑπ' 'Αρκάδος ᾠκοδομημένον, τῶν Βοιωτῶν τις, Οὐδὲν δεῖ,
ἔφη, πορρωτέρω ἰέναι· δῆλον γὰρ ὅτι ὁ φὼρ ἐνθάδε παρὰ τοῖς
ἑαυτοῦ κέκρυπται. ὁ δὲ δεύτερος, 'Αλλὰ μήν, ἔφη, εἴ γε ἡμᾶς
ᾤετο διώκειν, οὐδὲν μᾶλλον ἔφευγεν ἢ ταύτην τὴν οἰκίαν ὡς
μελλόντων ἡμῶν αὐτοῦ ζητήσειν. ὁ δὲ τρίτος ὑπολαβών, Καὶ
εἰδώς γε, ἔφη, οὕτω σοφοὺς ἡμᾶς ὄντας ὥστε ταύτῃ μὴ ζητοῦντας
πορρωτέρω διώκειν, μεταγνοὺς ἔμελλεν ἐς αὐτὴν ταύτην κρύπτεσθαι.
τούτου δὲ σοφωτάτου δοκοῦντος εἶναι, ἔδοξε πείθεσθαι· ὥστε εἰσ-
ελθόντες ἐζήτουν. ἀλλ' οὐδὲν μᾶλλον ἐξεῦρον τὸν ἄνδρα, ἐπεὶ
οὐχ οἷός τ' ὢν ἔτυχεν ἀναγνῶναι τὸ γεγραμμένον, καὶ διὰ τοῦτο
οὐκ ἐπέσχε.

LVII.

Περὶ Μαλωνίου τινὸς μῦθον τοιόνδε λέγουσιν οἱ Βοιωτοί,
ὃς καὶ αὐτὸς Βοιωτὸς ὢν ἀεὶ ἐκαυχᾶτο ὡς τῶν ἑτέρων πολὺ
κρείσσονες εἶεν οἱ Βοιωτοί, εὐσεβοῦντές τε μᾶλλον ἐς τοὺς θεούς,
καὶ ὑπὸ σώφρονος ὀλιγαρχίας εὐδαιμόνως ζῶντες.

ὁ δὲ ἐν νηὶ ἔτυχέ ποτε πλέων· χειμῶνος δὲ χαλεποῦ ἐπιγενο-
μένου, οὕτω βαθεῖα ἦν ὀμίχλη ὥστε τοὺς ναύτας ἐπὶ τρεῖς ἡμέρας
τὸν ἥλιον μὴ ὁρῶντας ἀγνοεῖν ὅποι φέρονται. τέλος δὲ διαρραγεί-
σης τῆς νεὼς ἀπώλοντο μὲν οἱ ἕτεροι ἅπαντες· αὐτὸς δὲ ἐπὶ ξύλου
ὀχούμενος ἐς γῆν διέφυγε. καὶ πρῶτον μὲν οἰόμενος ἔρημον εἶναι
τὴν νῆσον σχεδόν τι ἐλυπεῖτο ὅτι οὐ μετὰ τῶν ἑτέρων ἀπέθανε·
προϊὼν δέ τι καὶ εὑρών τινα ἐκ κύφωνος κρεμάμενον, Ἡράκλεις,
ἔφη, τῶν Βοιωτῶν οὗτοι οὐχ ἧσσον εὐσεβοῦσι. καὶ οὐ διὰ πολλοῦ
ἄλλον τινὰ εἶδε παρὰ τῇ ὁδῷ κείμενον καὶ μεθύοντα· ἰδὼν δέ, Ὦ
θεοί, ἔφη, ὀλιγαρχίαν δήπου ἔχει ἡ χώρα τῆς ἡμετέρας καὶ φρονι-
μωτέραν· Βοιωτὸν γὰρ οὐδένα πώποτε εἶδον τούτου εὐδαιμονέστερον
ἔχοντα.　　c

LVIII.

Τοῖς δὲ Κορνεύταις ἐπεὶ ἐπαύσθη ἡ στάσις, κρατερῶς μὲν ἀμυνο-
μένοις χρόνον δὲ οὐ πολύν, ἀρτοπώλης τις, οὐχ ἥκιστα τῆς ἐπι-
βουλῆς μετέχων, δείσας μὴ ἁλοὺς δῷ δίκην τοιόνδε τι ἐμηχανήσατο
ὥστε ἐκφυγεῖν. καλέσας γὰρ τὸν θεράποντα εἶπεν ὅτι χρόνον
τινὰ ἐκδημήσοι· ξένους δέ τινας μέλλειν ἀφικέσθαι ἀπόντος ἑαυτοῦ
καὶ ἐπαγγέλλεσθαί τι περὶ τοῦ ὠνεῖσθαι τὸ ἀρτοπώλιον· ἐλθόντων
δὲ δεῖν προσποιεῖσθαι ὡς αὐτός ἐστιν ὁ ἀρτοπώλης, ἵνα μὴ ἀπό-
λοιτο τὸ ἀργύριον. οἰχομένου δὲ οὐ πολὺν χρόνον ἧκεν ὁ ἄγγελος
παρὰ τοῦ βασιλέως μετὰ στρατιωτῶν τινῶν, σκεψόμενος περὶ τοῦ
ἐπαναστάντος ἀρτοπώλου· εἰρημένον δὲ μὴ δηλοῦν ὅ,τι διανοεῖται,
ἤρετο μόνον εἰ ἔξεστι τὸ ἀρτοπώλιον ἰδεῖν, ἐπεὶ ἐν νῷ ἔχει
ὠνεῖσθαι. ὁ δὲ θεράπων ἐπεὶ ξυνεχώρησεν ἐρωτηθεὶς εἰ ὁ ἀρτο-
πώλης ἐστί, εὐθὺς ὡμολόγει εἶναι, καὶ τρία ἤδη ἔτη ἐκεῖ ζῆν.
ὁ δὲ ἄγγελος Συλλαμβάνω σὲ τοίνυν, ἔφη, ὡς συνωμότην, ἅμα
τοῖς στρατιώταις εἰπὼν ἀποκτεῖναι. ἐνταῦθα δὲ ὁ τλήμων
διῶσχυρίζετο ὅτι ψεύδοιτο· μόνον γὰρ θεραπὼν εἶναι. ὁ δὲ ἁπλῶς
ἀπεκρίνατο ὅτι εἰ τοῦτο ἀληθὲς εἴη τοσούτῳ μᾶλλον δέοι ἀπο-
θανεῖν ὡς τοὺς βασιλέως ἀγγέλοις πειρασάμενον ἐξαπατῆσαι.

LIX.

Ἔζη ποτὲ Ἀθήνησι Ῥόχιός τις πλούσιος ὤν, ὃς οἰκέτην ἐξ
Αἰτωλίας μετεπέμψατο, πυθόμενος δὴ τοὺς ἐκεῖθεν οἰκέτας, καίπερ
οὐ πάνυ σοφοὺς ὄντας, πράους μέντοι καὶ ἀστείους εἶναι, ὥστε τοῖς
ἐκεῖσε φοιτῶσι ξένοις εἰκὸς εἶναι ἀρέσκειν. τοῦτο δὲ περὶ πλείονος
ἐποιεῖτο, ἐπεὶ πολλοῖς δὴ ξενίζειν εἰώθει· ἥκοντος δέ, ταχέως
νοσήσας ὁ Ῥόχιος, καὶ αἰσθόμενος ὅτι θανεῖσθαι μέλλει, τὸν
Αἰτωλὸν μεταπεμψάμενος γραμματέα ἐκέλευσεν ἀγαγεῖν· μέλλων
γὰρ θανεῖσθαι τὴν διαθήκην βούλεσθαι ποιεῖσθαι. ἀπιὼν δὲ ὁ

δοῦλος ὡς ζητήσων τὸν γραμματέα, ἐπειδὴ εὗρεν, ἔλεξε τοιάδε·
ὁ Ζεύς σώζοι σοὶ τὸν βίον, ὦ πάντων σοφώτατε· ὁ δεσπότης Ῥόχιος
εἰπεῖν ἐκέλευσε, ὅτι βούλεται, ἐπεὶ θανεῖν ἐῶντος σοῦ μέλλει, τὴν
διαθήκην σοῦ ἐπαρκοῦντος ποιεῖσθαι.

γελάσας δὲ ὁ γραμματεὺς καὶ ὑποσχόμενος ἦ μὴν ταχέως παρι-
γενήσεσθαι ἀφῆκε τὸν δοῦλον· ἐπεὶ δὲ παρὰ τὸν Ῥόχιον ἤμελλεν
ἰέναι, αὖθις ἥκων ὁ δοῦλος καὶ προσκυνῶν αὐτὸν, Ὦ γραμματέων
μέγιστε, ἔφη, ὁ δεσπότης ἐμὲ ταπεινῶς κελεύει σε ἀσπασάμενον,
ξυγγνώμην αἰτεῖν εἴ τί σε μάτην ἀξιῶν ἐτάραξα· μεταγνόντα δὲ
οὐκέτι παρὰ σοῦ ὠφελείας δεῖσθαι, ἐπεὶ ἔτυχε τελευτήσας.

LX.

Κρατερωτάτους μὲν ἐς πάντα ὄντας τίς οὐκ οἶδε τοὺς Θεσσαλούς,
ἐὰν δέ τις ἀδίκως πειρᾶται ἀργύριον ἀφαιρεῖν, παντὶ τρόπῳ ἀμύ-
νεσθαι προαιρουμένοις μᾶλλον ἢ ἀνέχεσθαι καὶ ὑπὸ πλειόνων
ἐξαπατωμένοις.

ἐβάδιζε δὲ Θεσσαλός τίς ποτε ἐπὶ Θηβῶν, πήραν φέρων βαρεῖαν
δοκοῦσαν εἶναι· διὰ δὲ κώμης ἰόντα γνόντες τρεῖς κλέπται, ὡς
πολὺν ᾤοντο πλοῦτον τῇ πήρᾳ φέρειν, συνεχώρησαν ὥστε δρόμῳ
προϊόντες, καὶ περιμένοντες ἐς ὕλην τινὰ δι' ἧς ἔδει παρελθεῖν, ἐπι-
θέμενοι συλᾶν. ἐψεισμένοι μέντοι ᾖσθοντο τούτῳ, ὅτι ταχὺ ᾤοντο
κρατήσειν, ἐπεὶ κρατερῶς ἀντέστη· οὐδὲ ἐδύναντο αὐτὸν νικῆσαι
πρὶν εἷς τις τὰς χεῖρας οὕτω συντόνως τῷ ζωστῆρι ἔδησεν ὥστε
μηκέτι πατάξαι. λαβόντων δὲ τὴν πήραν, Ἄγετε δή, ἔφη ὁ ἡγεμών,
μετασχῶμεν τῆς μεγάλης τῆσδε λείας, ὑπὲρ ἧς ἄξιον ἦν οὕτω κρα-
τερῶς μάχεσθαι. ἀνοίξαντες δὲ ἐξεπλάγησαν, ἀργυρίου μὲν μόνον
πέντε δραχμὰς εὑρόντες, λοιπὸν δὲ οὐδὲν πλὴν ἱματίων παλαιῶν.
ὁ δὲ κλέπτης Ἔοικεν, ἔφη, σαφέστατα, ὅστις οὕτως ὑπὲρ πέντε
δραχμῶν ἐμάχετο, οὗτος εἴ γε μίαν εἶχε μιᾶν πάντας ἂν ἡμᾶς
τρεῖς ὄντας ἀποκτεῖναι.

LXI.

Ἔπεμψάν ποτε τῆς πόλεως ἄρχοντες τὸν Ἰωνίδην, ἐς λόγους ἐλθεῖν τῷ Αἰθίοπι Εὐρικῷ, ἐπιθυμοῦντες μὲν πάλαι πολλῆς χώρας ἧς ἐκεῖνος ἦρχε, καὶ τοῦτον οἰόμενοι πείσειν αὐτὸν τῇ σοφίᾳ ὥστε ἀποδόσθαι. ἀφωρμᾶτο τοίνυν ὁ Ἰωνίδης ἐπὶ Αἰθιοπίας παρασκευασάμενος πρῶτον κόσμον τε πολὺν καὶ λαμπρόν, καὶ ξίφη καὶ δὴ καὶ πέπλους πέντε βασιλείους οὕτω μεγαλοπρεπεῖς ὄντας ὥστε σαφέστατα δὴ μέλλειν τὸν βάρβαρον χαίρειν ὁρῶντα. ἀφικόμενος δὲ τὴν μὲν ἐσθῆτα οὐκ ἔδωκε, ἐκάλει δὲ τὸν βασιλέα πρὸς μέγα τι δεῖπνον, ἐν ᾧ διηκόνουν αὐτῷ δοῦλοι πέντε τῇ τε ὄψει κάλλιστοι ὄντες καὶ τούτοις τοὺς πέπλους περιβεβλημένοι. τῇ δὲ ὑστεραίᾳ προσελθὼν αὐτῷ ὁ Εὐρικὸς ὄναρ ἔφη ἐλθόντα οἱ τὸν Ἰωνίδην τούς τε δούλους δοῦναι καὶ τοὺς πέπλους. ὁ δὲ θαυμάζειν προσποιούμενος πολὺ τῷ λόγῳ σαφῶς ἔφη οὕτω γενήσεσθαι· καὶ τῇ ὑστεραίᾳ ἅπαντα ἔδωκε. καὶ οὐ πολλαῖς ἡμέραις ὕστερον τῷ βασιλεῖ ἔφη προσελθὼν ὁ Ἰωνίδης καὶ ἑαυτῷ ὄναρ συγχωρῆσαι ἐκεῖνον τῆς χώρας ἄρχειν, ὃ ἂν μέρος βούληται προελόμενον. μειδιάσας δὲ ὁ Εὐρικός τοῦτο ἔφη τὸ ὄναρ, ὡς οἴοιτο, οὐχ ἧσσον τοῦ ἑτέρου δεῖν γενέσθαι· δοὺς δὲ τὴν χώραν ἐλπίζειν ἔφη τοὺς θεοὺς μηκέτι οἱ ὀνείρατα ἐφεῖναι ἐκείνου γε ἐπιδημοῦντος, ἐπεὶ φανερὸς δή ἐστι πολὺ σοφώτερον ὀνειροπολῶν.

LXII.

Ὁ βασιλεὺς Δήρισκος, ὁπότε προσέλθοι στρατιώτης βουλόμενος ἐν τοῖς φύλαξιν ἐγγράφεσθαι, τρία ταῦτα εἰώθει ἐρωτᾶν, πόσα ἔτη γεγονὼς εἴη καὶ πόσον χρόνον ἐστρατευμένος, καὶ εἰ πάνυ ἀρέσκοι ὅ τε μισθὸς καὶ ἡ δίαιτα. Πέρσης δέ τις νέος ποτὲ στρατιώτης ἀφίκετο, Ἑλληνιστὶ οὐ δυνάμενος λέγειν· ἀκούσας δὲ ἃ δέοι ἀποκρίνεσθαι, καὶ παρὰ φίλου μαθὼν οἷος ἔπεσι χρῆσθαι ἀνάγκη, ταῦτα μόγις πως καὶ μακρὸν μελετήσας παρεσκεύαστο

ὥστε ἐρωτῶιτος ἐκείνου ἀντειπεῖν. ὡς δὲ ὁ Δήρισκος πρῶτον
ἔτυχεν ἐρόμενος ὕπερ εἰώθει δεύτερον, ὁ στρατιώτης, ξυνιεὶς μὲν
δὴ οὔ, λέγοντος δὲ τοῦ βασιλέως Πόσον ἤδη χρόνον στρατεύει,
μεγάλῃ τῇ φωνῇ ἀπεκρίνατο ὅτι πέντε καὶ εἰκόσιν ἔτη. ὁ δὲ νέον
ἰδὼν αὐτὸν τῇ ὄψει ὄντα ἐξεπλάγη καὶ ταχέως ἤρετο Πόσα γὰρ
ἔτη γέγονας; ὁ δὲ Πέντε, ἔφη, ὦ βασιλεῦ. ἐνταῦθα δὲ γελασ-
άντων τῶν ἐκεῖ πολύ, οἰόμενος ἐξ ἐπιβουλῆς σκώπτειν τὸν νεωνίαν
καὶ θυμούμενός τι Οὐκ οἶδα, ἔφη, πότερον σὺ μαίνει οὕτω γελοῖα
φλυαρῶν, ἢ ἐγώ, ᾧ δοκεῖς μὲν ταῦτα λέγειν, λέγεις δὲ οὔ. ἐκεῖνος
μέντοι τρίτον ἐρωτᾶσθαι νομίζων, οὐδὲν οὔτε δεδιὼς οὔτε αἰσχυνό-
μενος Ἀμφότερα, ἔφη, ὦ βασιλεῦ. ὡς δὲ ἐξεπλάγησαν τούτῳ
ἅπαντες, γνούς τι οὐ καλῶς ἔχον, ὁ στρατιώτης ὡμολόγει ὅτι οὐ
δύναται Ἑλληνιστὶ λέγειν, ὥστε φανερὸν ἐγένετο τὸ πᾶν.

LXIII.

Ὁ Κονδαῖος οὐχ ἧσσον ἐλλόγιμος ἦν ἐπεὶ ἀγροικόν ἑαυτὸν
παρεῖχε, ἢ διὰ τὴν ἐν τῷ πολέμῳ θαυμασίαν ἐμπειρίαν καὶ τέχνην.
καίπερ δὲ πικρὰ πολλάκις λέγων, ὀλίγους μέντοι ἐς ὀργὴν ἐκίνει,
ἐπεὶ δῆλος ἦν σκώπτων ἵνα γελῷεν οἱ παρόντες· καὶ πορευόμενος
ποτε διὰ Σέιης, ὡς ἐπεκηρυκεύοντο πολλοὶ ἐπαινοῦντες αὐτὸν οἷα
πολέμῳ ὠφέλησε, ᾔδετο πάσῃ τέχνῃ πειρώμενος, εἰ δεινὰ ἀποκρινό-
μενος ἐς ἀπορίαν καταστήσαι τοὺς πρέσβεις. καὶ ἄλλοι τε ἧκον
καὶ ἱερῆς τινες, ἡγουμένου Βοηλεοῦ πάνυ σοφοῦ ὄντος καὶ ἀγχίνου.
ἀφικόμενοι δὲ καὶ πρὸς τὸν Κονδαῖον ἀγόμενοι, ἠπόρουν δὴ αἰσθό-
μενοι ὅτι σιωπῇ καὶ ἀκίνητος ἕστηκε, οὐδὲ κεφάλην τινάξας ἀλλὰ
δεινότατα τοῖς ὄμμασι παπταίνων. οὐδὲν δὲ δείσας ὁ Βοηλεός
ἀλλὰ χαριέντως μειδιάσας, τοιάδε προσεῖπε τὸν στρατηγόν·

ὦ Κονδαῖε, ἔφη, οὐ δεῖ θαυμάσαι εἰ οὕτως ἀνδρεῖός εἰμι, μεθ᾽
ἱερέων τινῶν πρὸς σὲ παρελθών· εἰ δὲ τρισμυρίων στρατιωτῶν
ἡγούμην, εἰκότως ἂν φόβῳ ἡμιθνὴς ἐγιγνόμην. τούτῳ δὲ ἥσθη
τοσοῦτον ὁ Κονδαῖος ὥστε σφόδρα δὴ ἐγέλασε.

LXIV.

Ὁ Κονδαῖος, περὶ οὗ ἤδη μοι εἴρηται, ὡς διά τε τὴν ἀγροικίαν ἐπίσημος ἦν καὶ τὴν ἐς πόλεμον τέχνην, τοῖς ἑταίροις ποτὲ ἔφη ὅτι Πεισενῶνί τινι χαλεπαίνει, ὃν οἰκειότατον εἶναι αὑτῷ πάντες ᾤοντο. πυθόμενος δὲ ὁ Πεισενῶν ἐπεὶ πρῶτον ἐξῆν παρὰ Κονδαῖον ἦλθε ἵνα ἔροιτο τί αἰτιᾶται ὁ ἀνήρ, καὶ ὡς ἐκ τῶν ὑπαρχόντων ἀπολογοῖτο. οὐδὲν γὰρ ξυνῄδει ἑαυτῷ ἀδικήσαντι οὐδὲ προδόντι ἐκεῖνον. εἰσελθόντα δὲ ὁ Κονδαῖος βραχύ τι σιγῇ ἀθρήσας, περιστραφεὶς ἀπῴχετο. ἐνταῦθα δὲ ὡς ὑπερηδόμενος ἐβόα ὁ Πεισενῶν, ὦ φίλε, χάριν ἔχω τοῖς θεοῖς διότι ἐψεύδετο ὁ νῦν δή μοι λέγων περὶ σοῦ· φανερὸς γὰρ νῦν εἶ οὐκ ἐχθρὸν ἐμὲ ποιούμενος. καὶ ἐθαύμαζε μὲν ἀκούσας ὁ Κονδαῖος, ἀπεκρίνατο δὲ δυσκόλως, οὐδὲν μᾶλλον τὸν ἕτερον προσβλέπων, ὦ δαιμόνιε, ἔφη, τί μαθὼν οὐκ οἴει ἐμὲ σὲ ἐχθρὸν νομίζειν; ὁ δε, Διότι, ἔφη, καίπερ τῶν φθονερῶν πολλὰ περὶ σοῦ ψευδῶς λοιδορουμένων, οὐδείς πω οὕτως ἀναιδῶς ἐτόλμησε ψεύδεσθαι ὥστε μεταστραφέντα λέγειν τοῖς πολεμίοις σὲ πώποτε ὑποχωρεῖν.

LXV.

Ὁ δὲ Φερίδης ὅτε ξυνήγορος ἦν πολλάκις ἠγανάκτει ὅτι οὕτως ἀναιδεῖς εἶεν αἱ ἐκ τῆς πόλεως γυναῖκες καὶ τὰ βδελυρὰ ἀκοῦσαι ἐπιθυμοῖεν, ὥστε εἰ ποτέ τις ὡς δεινὸν ἀδικήσας φεύγοι, ἀθρόας ἐν τοῖς δικαστηρίοις ἑστηκέναι, ὅσῳ δεινότερά τις ἐγκαλοῖ τοσούτῳ ἰσχυρότερον ἀκροᾶσθαι ποθούσας. ἠτιᾶτο δὲ καὶ τοὺς δικαστάς, ἐπεὶ ἐξὸν νόμῳ μεταστῆσαι τοῖς παρόντας, οὐκ ἤθελον κωλύειν καὶ τὰ ἀπρεπέστατα ἀκούειν. τέλος δὲ ἐπεὶ Φερίδης δικαστὴς ᾑρέθη, ἐς πᾶσαν δὴ προσδοκίαν κατέστησαν πάντες τί ἄρα βουλεύων κωλύσει τὸ κακόν. ὧδε δὲ ἐγένετο. ἀγομένου γάρ ποτε πρὸς αὐτὸν ἀνδρὸς ὡς δεινὰ δράσαντος, καὶ νοήσας τὸν τόπον ὡς εἰώθει γυναικῶν ἐμπεπλησμένον, ἐξεπίτηδες ξυλλεγεισῶν ἵνα τὰ αἰσχρὰ ἀκούσαιεν, μεγάλῃ φωνῇ πάσας ἐκέλευε τὰς σπουδαίας ἀποχωρεῖν. ἀπιοισῶν δὲ ὡς πέντε, Νῦν ἄρα, ἔφη ὁ δικαστής, ἐπεὶ αἱ σπουδαῖαι πᾶσαι οἴχονται, τὰς αἰσχρὰς τάσδε αἳ ὑπολείπονται οἱ φύλακες ἐκβαλοῦσιν.

LXVI.

Ὁ Ἀλβάνιος φύσει μὲν πρᾷος ἦν τὴν διάνοιαν, ὁπότε δὲ μετὰ πολλῶν ἑταίρων ὁμιλοίη, οὕτω νεανικὸς ἐγίγνετο ὥστε βίαιον οὐδὲν ὅ,τι οὐκ ἔδρα. βαδίζων δέ ποτε Ὀλυμπίασι πλησίον τοῦ ποταμοῦ μετὰ ἑταίρων τριῶν ὑβριστικῶν, ἄνδρα τινὰ εἶδε καλὸν ἱμάτιον ἔχοντα καὶ τῇ θέᾳ ἡδόμενον, ὃν ᾔδει κναφέα ὄντα Ἀθηναῖον. ὥστε γελοῖον ἐδόκει ἔσεσθαι εἰ τοῦτον προσελθὼν οὕτω προσείποι ὥστε πάντας τοὺς ἀκούοντας εἰδέναι κναφέα ὄντα· οὕτω γὰρ πολλῶν ἐναντίον Ἑλλήνων αἰσχυνθήσεσθαι. προσελθὼν τοίνυν καὶ μέγα φθεγγόμενος ἐλοιδορεῖτο ὅτι τὸ ἱμάτιον ὃ φέρει οὕτω κακῶς ἐποίησε· ἐπαχθὲς γὰρ εἶναι τοιαῦτα αἰσχυνθῆναι ἐν πᾶσιν Ἕλλησι. ὁ δὲ μὴ ὅτι ἀγανακτῶν ἀλλ' οὐδὲ ἐρυθριάσας, ἐπεὶ μετέστρεψεν αὐτὸν ᾔθρει καὶ ἐθίγγανε τοῦ ἱματίου, ὥσπερ τὸ ἐλλιπὲς δὴ σκέψομενος, καὶ τελευτῶν ὑπέσχετο ἀνορθώσειν ἐπειδὴ Ἀθήναζε ἥκοι. ἐλάνθανε δὲ ἐν τούτῳ τὸ ἱμάτιον γύψῳ ἅπαν ἀλείφων, ὥστε ὁ νεανίας οὐχ ὅπως ἐς ἀπορίαν κατέστησε τὸν κναφέα ἀλλ' αὐτὸς δὴ ἐν ἅπασι γέλωτα ὠφλίσκανε.

LXVII.

Οὕτως ἀγχίνους ἦν ὁ Θεόδωρος, ὥστε πολλοὺς ἐς δεῖπνον αὐτὸν καλέσαι οὐ φιλίας μᾶλλον ἕνεκα ἢ ἵνα διαλεγομένου αὐτοῦ ἥδοιντο. καὶ παρὰ φίλῳ ποτὲ δειπνῶν ἄνδρα τινὰ εἶδε οὕτω ἀλάζονα ὄντα καὶ ἄγροικον ὥστε πᾶσιν ἐπαχθῆ γενέσθαι· οἱ δὲ ἕτεροι ἀδύνατοι ὄντες ἁμιλλᾶσθαι αὐτῷ ἤλπιζον δὴ λυπήσειν τὸν Θεόδωρον, ὡς μέγαν ἀγῶνα ὀψόμενοι. ὡς δὲ ἀλαζονεύοντα καὶ καυχώμενον ἤκουε φιλικώτατα ὁ Θεόδωρος, βαρέως δὴ ἔφερον, τοσούτῳ μᾶλλον

θαυμάζοντες ἐπεὶ αἴσχιστος ἦν τῇ ὄψει, ἐκεῖνον δὲ ᾔδεσαν τοιούτοις
ἐγγελᾶν φιλοῦντα. τέλος δὲ ἐς τοῦτο ἀναιδείας ἧκεν ὁ ἀνήρ,
ὥστε παρόντων τῶν συμποτῶν καλύπτραν λευκὴν τῇ κεφάλῃ
περιέθετο, λέγων τοῦτο εἰωθέναι ποιεῖν μετὰ δεῖπνον. σιγήσαντος
δὲ ἐκείνου ἀγανακτῶν ὁ ξένος ᾔρετο πότερον οὐκ εὐπρεπὴς δοκεῖ
εἶναι ἡ καλύπτρα· ὁ δὲ Θεόδωρος πραΰτατα Πάνυ μὲν οὖν, ἔφη·
πάντας δὲ οἶμαι συγχωρεῖν ὅτι καὶ ἔτι μᾶλλον ἂν ἦν εὐπρεπής,
εἰ μὴ κεφάλην μόνον ἐκάλυπτες ἀλλὰ καὶ τὴν ὄψιν.

LXVIII.

Ὁ Εὐμένης νέος ὢν οὕτως ὑβριστικὸς ἦν ὥστε εἴ τι κωλύοιτο
ἄμετρον ἐθυμοῦτο. καὶ βαδίζοντος ποτὲ πρὸς τὸν Πειραιέα μεγα-
λοπρεπὲς φοροῦντος ἱμάτιον, ἦλθε ξυλουργός τις ὄπισθεν πευκὴν
φέρων· ὡς δὲ οὕτω βαρεῖα ἦν, ὥστε μὴ οἷόν τ' εἶναι τὴν κεφάλην
ἐπᾶραι ἵνα μάθοι εἴ τις ἐμποδὼν εἴη, ἐβόα ἰὼν τοῖς παριοῦσιν
εὐλαβεῖσθαι τὴν πευκὴν μὴ ἄρα τι πάθοιεν. ὁ δὲ Εὐμένης ἀνάξιον
οἰόμενος εἶναι εἰ ξυλουργῷ δεῖ παραχωρεῖν, οὐδὲν ηὐλαβεῖτο, ὅθεν
ξυνέβη ὥστε προσβαλοῦσα ἡ κορυφὴ τοῦ δένδρου τοῦ ἱματίου πολύ
τι ἀπέσχισε. δεινότατα δὲ λιπούμενος ὁ Εὐμένης εἷλκε τὸν ἄνδρα
ἐπὶ τὸ δικαστήριον, καὶ τοῖς δικασταῖς ἐσχετλίαζε οἷα ἠδίκηται
καὶ δίκην ἀπῄτει. ὁ δὲ ξυλουργὸς φόβῳ δὴ ἡμίθνης γενόμενος
ἀντειπεῖν οὐδὲν ἐδύνατο· γνόντες δὲ ὡς ἔχει οἱ δικασταὶ οὐκ ἔφασαν
ἄνδρα κολάσειν διότι κωφός ἐστι. ὁ δὲ Καὶ πῶς, ἔφη, κωφός ἐστιν
οὗτος ὃς οὔποτε ἐπαύετο Ἐκποδὼν βοῶν, μεῖζον δυοῖν ταύροιν
φθεγγόμενος; οἱ δὲ, Ἔδει τοίνυν, ἔφασαν, πείθεσθαι· καὶ εὐθὺς
ἀπέλυσαν τὸν ξυλουργόν.

LXIX.

Ὁ Κνεῖος τῶν ἐν Ἀσίᾳ πόλεων ἄρχων, ἐπεὶ τὰς δίκας ἔδει
διαγνῶναι ἃς ἀνέφερον οἱ ἐκεῖ, πολὺν ἔπαινον εὕρετο πάντα σοφῶς

τε καὶ δικαίως διακρίνων. ἦλθε δέ ποτε πρὸς αὐτὸν Σμυρναία τις γυνή, ἣν ᾐτιῶντο ὡς τὸν ἄνδρα καὶ τὸν υἱὸν ἀποκτείνασαν. ἡ δὲ ἀληθῶς μὲν ἔφη κατηγορεῖν, δικαίῳ δὲ εἶναι ποιῆσαι, ὡς αὐτὴ δεινὰ ὑπ' ἐκείνων ᾐδικημένη. παῖδα γὰρ ὃν ἐκ προτέρου ἀνδρὸς εἶχε δόλῳ λαβόντας φαρμάκῳ ἀποκτεῖναι· τούτου δὲ τοιούτοις παρείχετο μάρτυρας ὥστε μηδὲ τοὺς κατηγοροῦντας ἀπαρνεῖσθαι μὴ οὐχ οὕτως εἶναι. ὁ δὲ Κνεῖος ἠπόρει μὲν τὸ πρῶτον· ἄδικον μὲν γὰρ ἐδόκει εἶναι γυναῖκα ἀποκτείνειν τοιαῦτα ἠδικημένην, ὁ δὲ νόμος σαφῶς ἐκέλευε, ὅστις φόνου κατακριθείη τοῦτον τὰ ἔσχατα παθεῖν. ἐρόμενος οὖν τοὺς γραμματέας εἰ ὁ νόμος διέγνω ἐντὸς πόσου χρόνου δεῖ δίκην δοῦναι, ἐπεὶ οὐδὲν περὶ τοῦ ὁπότε πείσεται εὗρε κελεύσαντα, θάνατον μὲν κατέγνω ἐπὶ δὲ τὸ αὐτὸ δικαστήριον εἶπε παρελθεῖν διὰ ἑκατὸν ἐτῶν ἵνα δίκην διδοίη.

LXX.

Τὸν Ἀννίβαλόν φασιν ἀνδριάντα χρυσοῦν ἐκ τοῦ νεὼ τῆς Ἥρας ἐξελόντα, ἐπεὶ οὐκ ᾔδει πότερον ἅπας χρυσοῦς ἐστὶ ἡ τὰ ἔξω κεχρισωμένος, διατεμεῖν. εὑρόντα δὲ πάντα χρυσοῦν οἴκαδε κομίζειν βουλεῦσαι· τοῦτο δ' ἂν ποιῆσαι, εἰ μὴ αὐτὴ ἡ Ἥρα ὄναρ φανεῖσα ἐκώλυσε, ἀπειλήσασα ἐὰν μὴ ἀποδῷ τυφλὸν γενήσεσθαι τῷ ἑνὶ ὀφθαλμῷ ᾧ ἔτι βλέπει. τὸν δέ, καίπερ οὐ πάνυ εὐσεβῆ ὄντα πρὸς τοὺς θεούς, οὕτω μέντοι ἐκπλαγῆναι δὴ τῇ ὄψει, ὥστε μὴ μόνον τὸν ἀνδριάντα ἀνορθῶσαι, ἀλλὰ καὶ πρὸς τούτῳ χρυσοῦν τῇ θεᾷ ἀναθεῖναι ἵνα παύσειε αὐτὴν τῆς ὀργῆς.

λέγεται δὲ καὶ ὁ Ἀμίλκαρος τὰς Συρακούσας πολιορκῶν θείαν ἰδεῖν τινὰ μορφήν, ἥτις προεῖπεν ὡς τῇ ὑστεραίᾳ ἐν τῇ πόλει δειπνήσοι. ἀκούσας δὲ τότε μὲν ἀνεθάρσησε· τῇ δὲ ὑστεραίᾳ, τοσούτου ἐν τῷ στρατοπέδῳ γενομένου θορύβου ὥστε τοὺς στρατιώτας ἐς μάχην ἀλλήλοις τραπέσθαι, γνόντες οἱ Συρακόσιοι ἔλαθον εἰς τὸ στρατόπεδον εἰσελθόντες καὶ ἑλόντες τὸν στρατηγὸν ἐς τὴν πόλιν ἀπήγαγον. οὕτω δὲ ἀπέβη τὸ εἰρημένον.

LXXI.

Νόμος ἦν τοῖς Θηβαίοις, ἐπεί τις στρατηγὸς κατασταίη, δώδεκα μὲν μῆνας ἄρχειν, μετὰ δὲ τοῦτο δεῖν αὐτὸν καὶ εὐτυχέστατα ἃ ἐχρῆν πράξαντα, οὐδὲ λήξαντός πω τοῦ πολέμου, οἴκαδε ἀνελθόντα τὴν ἀρχὴν ἄλλῳ παραδοῦναι.

Ἐπαμεινώνδας δέ ποτε ὁ ἐλλόγιμος τέσσαρας μῆνας ἦρχε πέρα τοῦ εἰρημένου χρόνου· ἥκοντα δὲ ἐπητιῶντο αὐτὸν οἱ ἐχθροὶ ὡς ἀδικήσαντα. παρεῖχε δὲ ἑαυτὸν ἐναντίον τῶν δικαστῶν τοιοῦτον ὄντα τῷ σχήματι, ὡς τὸν θάνατον οὐκ ἐν πόλει μᾶλλον δεδιὼς ἢ ὅτε ἐμάχετο. Κατακρίνει μὲν ἐμοῦ, ἔφη, ὁ νόμος· οὐδὲ ἀπαρνοῦμαι μὴ οὐ δίκαιος εἶναι ἀποθανεῖν. ἀξιῶ δὲ ταῦτα μόνον τῷ τάφῳ ἐπιγράφειν· Ἐπαμεινώνδαι ἀπέκτειναν οἱ Θηβαῖοι, διότι ἠνάγκασεν αὐτοὺς συμμίξαντας νικᾶν τοὺς Λακεδαιμονίους, πρότερον οὐδὲ ἐναντίον τολμῶντας ἐμβλέπειν· καὶ διότι ἄρχοντος ἐκείνου τὴν Λακεδαίμονα ἐπολιόρκουν, ἥτις ἕρμαιον ἐποιεῖτο εἰ τὸν θάνατον ἔφυγε.

λέξαντα δὲ τοσούτῳ θορύβῳ ἐπήνουν οἱ παρόντες, ὥστε καταγνῶναι οὐκ ἐτόλμησαν οἱ δικασταί.

LXXII.

Ὁ Δόλιος, μόνος ἐν Θεσσαλοῖς ζῶν ὄρεσιν, ἐπεὶ οὐδὲν μᾶλλον ἐφίλει τοῦ θηρεύειν, πολλὰ ἔπαθε ὑπὸ τῶν ἐκ τῆς κώμης, οἵπερ λόγῳ μὲν ἦσαν φιλικοί, ὁπότε δὲ μόνος ἐξίοι, τὴν οἰκίαν ἐσελθόντες ὅ,τι εὕροιεν ἐσύλων. ἐτιμωρήθη δὲ τοιῷδέ ποτε τρόπῳ· ἀπόντος γὰρ τὴν οἰκίαν ὡς εἰώθεσαν εἰσιόντες κωμῆται δύο, εἰ λείαν ἴδοιεν, θαυμασίως ὡς ἥσθησαν ἰχθὺν εὑρόντες ἐπὶ τῆς τραπέζης ἐν λεκάνῃ ὠπτημένον. ταῦτα δὲ μάργως φαγόντες ὡς περιεσκόπουν εἴ τι καὶ ἄλλο παρείη, ἐξεπλάγησαν ἰδόντες ἆσσον τῆς τραπέζης χαμαὶ κειμένην φαρμάκου λήκυθον, σχεδὸν κενήν, ὥσπερ εἰ νεωστὶ ἐχρῆτο. εὐθὺς δὲ τεκμηράμενοι ὡς τὸ φάρμακον μετὰ τοῦ ἰχθύος φαγόντες, ἐσκόπουν δὴ ὅπως ἀπαλλαγεῖεν, δεδοι-

κότες μὴ ἀποθάνωσι· ταχέως οὖν ὁ μὲν σαπρόν τι ἔλαιον μεγάλῃ
ἐνὸν ληκύθῳ ἔπιε, ὁ δὲ ἅλα ἔφαγε θαυμασίαν ὅσην· καὶ οὕτω πολὺ
ἐμοῦντες, ὠχροὶ μὲν καὶ μάλα ἀσθενεῖς ᾤχοντο, χαίροντες δὲ ὅτι
ἐκ τοῦ φαρμάκου δῆθέν εἰσι σεσωσμένοι. ἐξιόντες δὲ περιέτυχον
τῷ δεσπότῃ, ὃς φιλικῶς ἀσπασάμενος ᾔτει τοῦ σπουδαίου τούτου
ἰχθύος μετασχεῖν, ὡς αὐτὸς ἐς δεῖπνον ἥκων· οἱ δὲ ἤδη ἔφασαν
ἅλις ἔχειν.

LXXIII.

Γρηνεὺς ἦν τίς ποτε, ὃς ἐν ἑταίροις ἐλέγετο πάντων ἀνθρώπων
αἰσχροκερδέστατος εἶναι, ὥστε εἰωθέναι πολλοὺς εἰπεῖν, εἰ ἐκεῖνος
ἤρξατό τι τοῖς θεοῖς δώσειν ἵνα ὠφέλειάν τινα λάβοι, διαπράσσεσθαι
ἀεὶ λαβόντα ὥστε ἃ ὑπέσχετο ἐξαπατᾶν. δείπνου δὲ ποτε γενο-
μένου ὁ βασιλεὺς παρόντος τοῦ Γρηνέως, ἐπεὶ ἐδείπνησαν ἤγγελλε
τοῖς συμπόταις περὶ φιλοσόφου του οἳ ἔπαθεν, γνωρίμου ὄντος
πρότερον πᾶσι τοῖς παροῦσι. ἐλεούντων δὲ πάντων εἰσφέρειν
ἐκέλευεν ὁ βασιλεὺς ἀργύριόν τι ἵνα ὠφελοῖεν τὸν δυσδαίμονα·
ἐπαινούντων δὲ τῶν ἑτέρων, ἀναστὰς αὐτὸς ὁ βασιλεὺς περιῄει
περὶ τὴν τράπεζαν ὡς συλλέξων τὸ ἀργύριον παρὰ τῶν συμποτῶν.
ἥσθησαν δὲ ἅπαντες εἰ Γρηνεὺς ὁ αἰσχροκερδὴς ὧδε εἰσφέρειν
ἀναγκασθήσεται· ᾔδεσαν γὰρ τοσούτων παρόντων οὐ τολμήσοντα
μηδὲν διδόναι ἄλλως τε καὶ αὐτοῦ τοῦ βασιλέως αἰτοῦντος. ὥστε
ἐπεὶ πάντες ἔδοσαν, ᾔρετο τὸν Γρηνέα εἴ τι ἔδωκε, ὡς οὐδὲν δὴ
νοήσας. τῶν δὲ παρόντων τις Ὦ μέγιστε, ἔφη, βασιλέων, εἶδον
τοῦτον διδόντα σοὶ τὸν στατῆρα. εἰ δὲ μή, οὐκ ἂν ἐπίστευσα.
Καὶ ἐγὼ γὰρ εἶδον, ἔφη ὁ βασιλεύς· ἀπιστῶ δὲ ὅμως οὐχ ἧσσον.

LXXIV.

Φαίδων τις κύνα εἶχε ἐξ Ἠπείρου κομισθέντα, ὃς ἄλλα τε σοφὸς
ἦν, καὶ πρὸς οἰκίαν τινὰ ἰὼν κρέας εἰώθει τῷ δεσπότῃ ἀποφέρειν,
φορμὸν τῷ στόματι βαστάζων. ἰὼν δὲ ποτε ἑσπέρας παρὰ τὸν

Φαίδωνα, τὸ δεῖπνον ὡς πρότερον φορῶν, εἶδε δύω κύνας ὄπισθε
τοῦ τείχους περιμένοντας, ὡς τὸν φορμὸν συλῶεν. γνοὺς δὲ
ἐπαίνου ἀξιώτερος ἔσεσθαι τῇ ἀρετῇ εἰ τοσούτῳ κρείσσονας νικῴη,
προῄει οὐδὲν φοβούμενος. ἀφικομένου δὲ πρὸς τὸ τεῖχος, ἐξεπη-
δάτην τὼ κύνε ἐπ᾽ αὐτὸν καὶ μετὰ τοσούτου θορύβου ὥστε διὰ
πολλοῦ ἀκοῦσαι ἐς μάχην συνῆλθον. καὶ πρῶτον μὲν ὡς εἰκὸς
τοῦτο μάλιστα εὐλαβεῖτο ὅπως τὸν φορμὸν φυλάξει· τάχα δὲ τὸν
δεινότερον τῶν ἐπιθεμένων οὕτως ἠπείγετο νικῆσαι ὥστε ὀλίγον τι
τὸν φορμὸν ἀφύλακτον κατέλιπε. γνοὺς δὲ ὁ ἥσσων τῶν κλεπτῶν
ἐφίετο εὐθὺς τοῦ κρέως εἰ κατεσθίοι ἐν ᾧ τὸν πολέμιον ὁ ἕτερος
ἀποκτείνει· ὁ δὲ Φαίδωνος κυὼν αἰσθόμενος ἀδύνατον ὂν ἅμα μὲν
ἀμύνεσθαι ἅμα δὲ τὸ δεῖπνον σῴζειν τῷ δεσπότῃ, καὶ κρεῖσσον
οἰόμενος εἶναι τὸν δίκαιον ἔχειν μᾶλλον ἢ τοὺς ἀδίκους, ἐπεὶ ὁ
δεσπότης οὐκ ἐδύνατο, αὐτὸς τὸ κρέας ἐνέκαψε.

LXXV.

Ἐν τοῖς Ἰνδοῖς ἔφη Βραμίων τι γένος, οἵπερ μέγα δὴ ἐφρόνουν
ἐπὶ τῷ εὐγενέστεροι εἶναι τοῦ πλήθους καὶ ὁσιώτεροι τὴν δίαιταν.
τοῦ δὲ ἄρχοντός ποτε ἐπὶ τὰ ἑκατὸν ἔτη μέλλοντος ἀφικέσθαι,
συμβουλευσαμένων ἐκείνων (ἐπεὶ ἐγγὺς ἦν ἡ ἡμέρα), ὅπως ἄριστα
δεῖ τὸν ἄνδρα τιμᾶν, ἄριστα καὶ σοφώτατα ἔχειν δοκοῦντα ἁπάν-
των, μεγάλην ἑορτὴν ἔδοξε ποιησαμένους οἴνου ἱεροῦ πίθον μέγαν
δωρεῖσθαι· οἰόμενοι δὲ ἥδιον φανεῖσθαι καὶ φιλικώτερον τὸ δῶρον
ἢν πάντες μετασχῶσι, τὸν πίθον ἐβούλευσαν παρ᾽ ἐκείνῳ στῆσαι,
εἰς ὃν χωρὶς ἕκαστον δέοι τρυβλίον καταχεῖν τοῦ οἴνου· οὕτω δὲ
ὅντινα ἕκαστος ἔχοι ἄριστον, τούτου πίμπλασθαι τὸν πίθον.
παραγενομένης δὲ τῆς ἡμέρας, φέροντες τὰ τρυβλία ἔχεον ἐς τόν
πίθον, τετρημένης ὥστε δέχεσθαι τῆς κορυφῆς· ἐπεὶ δὲ πλησθέντος
τοῦ πίθου ἐγένετο ἡ ἑορτή, ἔπεμψεν ὁ ἄρχων τινὰ τρυβλίον πληρώ-
σοντα, ὥστε πιεῖν τοὺς δειπνοῦντας. τούτου δὲ ἀνοιχθέντος ὕδωρ
ἐφάνη ἀλλ᾽ οὐκ οἶνος. ἐπεὶ αὐτὸς ἂν λαθεῖν ᾤετο ἕκαστος, εἰ
μόνος ὕδωρ διδοίη.

LXXVI.

Μεγαρεύς τις ἐλλόγιμος ὢν τῷ τε γένει καὶ πλούτῳ, ἐπεὶ τῶν ὄντων τὰ πολλὰ ἀνήλωσε, ἐς τοῦτο ἀφίκετο πενίας ὥστε τέχνῃ παντοίᾳ ἠναγκάζετο χρῆσθαι, ἵνα μὴ ὑπὸ τῶν δανεισάντων πράγματα ἔχοι. ἐκ δὲ τούτων σκυτοτόμος τις πένης ὢν ἐπεὶ πολλάκις ἠξίωσε τὸν Μεγαρέα ἃ ὀφείλοι ἀποδοῦναι, οὐδὲ ἐδέξατο μᾶλλον οὐδέν, ἠνάγκαζε τέλος ξυγγραφὴν διδόναι ἢ ὡμολόγει μὲν ὀφείλειν, ἀποδώσειν δὲ ἐντὸς τοῦ ἐνιαυτοῦ ὑπέσχετο· ἐπεὶ δὲ τελευτῶντος τοῦ ἔτους αὖθις ἔφερε τὴν ξυγγραφὴν προσεποιεῖτο ἐκεῖνος ὡς νοσῶν δῆθεν· τὸ δὲ τρίτον ἥκοντος ἀπῆν. οὕτω δὲ ἀεὶ ἐγίγνετο, καινὴν ἑκάστοτε πρόφασιν παρέχοντος τοῦ Μεγαρέως μέχρι οὗ ἔγνω ὁ σκυτότομος μετὰ λύπης οὐδὲν μᾶλλον διὰ τὴν ξυγγραφὴν ἔχων, ἣν μετὰ τοσούτου πόνου ἐκτήσατο, ἢ πρὶν κτήσασθαι. τέλος δέ, ἐπεὶ ὑπέσχετο αὖθις ἐκεῖνος ἐντὸς ὀλίγων ἡμερῶν ἀποδώσειν, δεινὰ ποιούμενος ὁ σκυτότομος ὅτι οὕτως ἀναιδής ἐστι, Οὐκ ἀμφισβητῶ, ἔφη, μὴ οὐ δίκαιόν σε εἶναι· ἐπεὶ δὲ σαπρὰ αὕτη ἐστί, ἄλλην ξυγγραφὴν ἂν αἰτοίην, βεβαιότερον γεγραμμένην. ὁ δὲ Οὐδὲν γάρ, ἔφη, χρυσοῦ βεβαιότερον· καὶ ἅμα ἀπέδωκε τὸ ὀφειλόμενον.

LXXVII.

Ὁ δὲ Πρόκλος βουλευτὴς ἦν βασιλέως, ἔνδοξος ὢν ἐν τῇ πόλει ὡς ἀγχίνους τε καὶ οἷος αὐτοσχεδιάζειν ἤν τι δέῃ, καὶ ἴσως καὶ μᾶλλον ἐπεὶ αἴσχιστος ἦν τῇ ὄψει. τούτῳ δὲ ἦλθέ ποτε ἄλλος τις πολίτης, ὀνόματι Σῶρος, ὃς καὶ αἰσχίων ἦν ἐκείνου, καὶ ἱκέτης γενόμενος δεῖσθαί τινος ἔφη παρ' αὐτοῦ. πολλὰ γὰρ ἠδικῆσθαι ὑπό του, ὃς τὴν γυναῖκα ἔλαθε ψευδῶς αἰτιώμενος, ὥστε πολλοὺς πείθειν αἰσχρὰ περὶ αὐτῆς δοξάζειν. ὥστε οὐκ ἐξὸν νόμῳ κολάζειν μόνος μόνῳ ἐς χεῖρας ἐλθὼν ἀποκτεῖναι· αὐτὸς δὲ νῦν νόμῳ περὶ κεφάλης κινδυνεύων ἀξιοῦν τὸν Πρόκλον θάνατον αὐτῷ παρὰ βασιλέως παραιτήσασθαι. συγχωρήσας δὲ ἐκεῖνος οὕτω προθύμως

ἐλιπάρησε ὥστε ἀτεχνῶς τὸν βασιλέα ἐβιάζετο τῇ ἱκετείᾳ συγγνώ-
μην ἔχειν τῷ ἀδικήσαντι· συγγνοὺς δὲ ᾖρετο τὸν Πρόκλον διὰ τί
τοσοῦτον πόνον ἔχει περὶ τὸν ἄνδρα, ἐπεὶ οὐκ εἴωθεν οὕτως εὐμε-
νὴς εἶναι τοῖς κακούργοις. ὁ δὲ βουλεύτης ἀπεκρίνατο, Ὦ βασιλεῦ,
εἰ γὰρ οὗτος ἀπέθανε, οὐδεὶς ἂν ἦν τῶν ὑπὸ σοῦ ἀρχομένων αἰσχίων
ἐμοῦ τῇ ὄψει.

LXXVIII.

Πολλὰ μὲν ἤδη περὶ Παδίου λέλεκται οἷα γέλωτος ἄξια φαί-
νεσθαι· ἢν δέ τις τὴν Παδικὴν ἐπέλθῃ ὁσήμεραι γνώσεται τοιοῦτόν
τι ἀκούων· ὥστε εἰ πάντα ὅσα γελοῖα λέγουσι καὶ δρῶσιν οἱ
Πάδιοι πειρῷτό τις γράφειν, οὐκ ἂν ῥᾳδίως τὸ ἔργον ἐκτελέσαι.

ἢν δέ τις ἱερεύς ποτε τῶν ἐκεῖ, ὃν τοὺς ἀποθανόντας ἔδει θάπτειν
οὕς τις προσφέροι, ἀρνίον ὑπὲρ τούτων θύοντα. ἔφερε δέ ποτε
αὐτουργός τις νέκυν ὃν ἔφη ἐπὶ τῷ αἰγιαλῷ εὑρεῖν τῇ θαλάσσῃ
δηλονότι ἐξενεχθέντα. οἴεσθαι δὲ φίλον εἶναι ὃς πλοίῳ ἀνήχθη
ὡς ἰχθῦς θηρεύσων· σαφὲς δὲ οὐδὲν ἔχειν εἰπεῖν, ἐπεὶ γυμνὸς ἐξη-
νέχθη ἄνευ κεφάλης ὁ νέκυς. αἰτεῖν δ᾽ οὖν τὰ νενομισμένα ὑπὲρ
αὐτοῦ θύσαντα θάπτειν. καὶ ἅμα παραδοὺς ἀπῴχετο. ὁ δὲ
κεφάλην μόνον ἀρνίου θύσας τὰ ἄλλα ἔσωζε τοῦ θύματος ἑαυτῷ
ἐπὶ δεῖπνον· καυχησάμενος δὲ ταῦτα, ἐπεὶ δεινὰ ποιούμενος ἐπήρετο
ὁ αὐτουργὸς τί οὕτως ἄδικα πράσσοι, δικαιότατα μὲν οὖν ἔφη
δρᾶσαι· δεῖν γὰρ ὑπὲρ μέρους ἀνθρώπου μέρος τι θυσίας δοῦναι,
ὅσῳ δὲ τιμιώτατον ἀνθρώπου κεφάλη, τοσούτῳ ἀρνίου σῶμα·
ὥστε ἢν ἀνθρώπῳ ἐλλιπῂς ᾖ κεφάλη, δίκαιον εἶναι καὶ ἀρνίῳ
σῶμα.

LXXIX.

Ὁ Μόριος σοφὸς μὲν οὐ πάνυ ἦν, ἀστεῖα δὲ πολλὰ ἔλεγε ἐν
συμποσίῳ, ὥστε καλεῖν πολλοὺς καίπερ οὐ φιλοῦντας ἐς δεῖπνον
ἵνα ῥᾷον διαλέγοιντο οἱ παρόντες καὶ γέλωτι ἠσθεῖεν. Εἱστιᾶτο
δέ ποτε Μόριος παρὰ φίλῳ, κεκλημένων ἄλλων τε καὶ ἀνδρός του

ὃς σεμνός πως ἦν καὶ σκυθρωπός, οὐδὲ αὐτὸς πολὺ ἔλεγε, τοῦτο δὲ
μόνον ἐπεχείρει ὅπως τοὺς μῦθον λέγοντας ἐξελέγξει, ὡς δὴ ψευδο-
μένους δηλώσων. ἠγανάκτουν δὲ οἱ ἄλλοι, οὐ διαφέρειν οἰόμενοι
εἰ ψευδῆ τὰ λεγόμενα, συμπότου δὲ εἶναι γελοῖα λέγειν· τέλος δὲ
ὁ Μόριος γνοὺς τὸ πρᾶγμα ὡς διάκειται μάλα σπουδάζων ἔφη ἱερῆ
ἰδεῖν θύοντα, καὶ ἱμάτιον μὲν φοροῦντα ῥόδου χρῶμα ἔχον, ζωστῆρα
δὲ κεράσου. ὁ δὲ δύσκολος Ψεύδει οὖν, ἔφη· τίς γὰρ οὕτως ἀμαθὴς
ὥστε ἀγνοεῖ τὸ μὲν ἱμάτιον λευκὸν εἶναι τῷ ἱερεῖ, τὸν δὲ ζωστῆρα
μέλανα; Σὺ μὲν οὖν ἁμαρτάνεις, ἔφη ὁ ἕτερος, ἐμὲ οὕτως ἀπερι-
σκέπτως αἰτιώμενος ὡς ψεύδομαι· λευκῷ γὰρ τῷ ῥόδῳ ἤκαζον τὸ
ἱμάτιον, μελαίνῃ δὲ τῇ κεράσῳ. γελώντων δὲ πάντων κάρδαμα
δὴ βλέπων ὁ ἀνὴρ σιγῇ ἀπῴχετο.

LXXX.

Μαλαβρίων ἐστί τι βάρβαρον γένος, οἳ πολλά τε ἄλλα ψευδῶς
δοξάζουσι ὥστε μηδένα πείθειν μὴ οὐκ ἀληθῆ εἶναι· καὶ τὰς ψυχὰς
τῶν θανόντων ζῴοις ἐνοικεῖν, ὥστε πάντας δεῖν ζῴου φείδεσθαι ἢν
καὶ ὑποπτεύῃ ἐνεῖναι ἢ θεοῦ ψυχήν, ἢ τῶν φίλων του τῶν τεθνη-
κότων. ἔτυχε δέ ποτε Ἄγγλος τις ἔμπορος ἡμέρας τινὰς παρὰ
τοῖς Μαλαβρίοις διάγων, ὃς ἐς ὕλην ἐπὶ θήραν ἰὼν κακῇ τινὶ τύχῃ
ὄρνιθά τινα ὑπὸ τῶν ἐκεῖ περίμηλον καλούμενον, ᾧ θεοῦ ψυχὴν
οἴονται ἐνεῖναι. αἰσθόμενοι δὲ τοῦτο γενόμενον, ἐλόντες ἀπήγαγον
τὸν ξένον ὡς θεῷ τῷ ἠδικημένῳ θύσοντες. ὡς δὲ ἔγνω τί διανοοῦν-
ται καὶ τοῦ ἕνεκα ἀγανακτοῦσι, ἀγχίνους ὢν τοιόνδε τι μηχανᾶται ἵνα
σώζηται· αἰτήσας γὰρ ὥστε ἀπολογεῖσθαι, ἔφη ἐν πλοίῳ καταδύντα
τὸν πατέρα ἀπολέσθαι, καὶ τὴν ψυχὴν ἐς ἐγχέλυν εἰσβῆναι·
ἰδὼν οὖν ἐγχέλυν ἐν θαλάσσῃ νέοντα καὶ ὑπέρθε πετόμενον περί-
μηλον ἐπιθέσθαι μέλλοντα, αἰσχρὸν οἴεσθαι εἰ τὴν τοῦ πατρὸς
ψυχὴν περιόψεται ἀδικουμένην, καὶ ἀποκτεῖναι τὸν περίμηλον.
οἱ δὲ δικασταὶ οὐ μόνον ἀπέλυσαν ἀλλὰ καὶ μέγα δῶρον ἔδοσαν
ἀντὶ τῆς εὐσεβείας.

LXXXI.

Ἦν δέ ποτε Αἰτωλός τις Ἀξιὸς ὀνόματι ὃς φύσει μὲν πάνυ ἐπιεικὴς ἦν καὶ χρηστός, τοῦτο δὲ μεμπτός, ὅτι οὔποτε δείπνου μετασχεῖν ἐδύνατο ὥστε μὴ οὐ πλέον πιεῖν ἢ προσῆκε, ἐξαχθεὶς δὴ ὑπό τε τῶν σιτίων καὶ τῆς ὁμιλίας. παρὼν δέ ποτε ἐν δείπνῳ μετὰ πολλῶν καὶ σοφῶν συμποτῶν ὥστε ἥδοντο διαλεγόμενοι καὶ γελῶντες, τοσοῦτο ὡς εἰώθει ἔπιεν ὥστε οἴκαδε βαδίζων οὔ τι σαφῶς ᾔδει ὅ,τι ποιεῖ. ἔδει δὲ ὡς ἔτυχεν ὁδῷ ἰέναι παρ' ᾗ δένδρα ἐπεφύκει πολλὰ καὶ μεγάλα. δύο δὲ τῶν συμποτῶν οὐ διὰ πολλοῦ ὄπισθεν ἰόντες ἐθαύμαζον δὴ ἰδόντες αὐτὸν ἀβεβαίως τε βαδίζοντα καὶ τύχῃ τινὶ πρὸς μεγάλην δρῦν πταίσαντα. ἀναστὰς δὲ καὶ κύψας ταπεινῶς, χαριέντως ὡς εἰώθει μεγάλῃ φωνῇ ἀλγεῖν ἔφη ὅτι ἔλαθε τὸν ἄνδρα τύψας, ἐλπίζειν δὲ συγγνώσεσθαι νυκτὸς οὔσης. αὖθις δὲ προιὼν καὶ ταὐτὸ παθὼν ὡσαύτως ἀπελογεῖτο. πολλάκις δὲ ταὐτὸ δράσας, ἰδόντων ἐκείνων, ἐν μέσῃ τῇ ὁδῷ ὡς ἀπορῶν καθημένος Ἄμεινον, ἔφη, αὐτοῦ μένειν μέχρι οὗ πάντες οἱ μακροὶ οὗτοι παρέλθωσι.

LXXXII.

Θώμιος βουλευτὴς ὢν βασιλέως ἄλλων τε ἕνεκα ἐλλόγιμος ἦν καὶ ὅτι οὕτω σοφὸς ἦν ὥστε εἴ ποτε ἐξαίφνης ἐς κίνδυνον ἔλθοι, ἀεὶ ἐμηχανᾶτό τι ὥστε ἐκφεύγειν. καθήμενου δέ ποτε ἐπὶ τοῦ οἴκου, ὅποι τῆς ἑσπέρας ἐφοίτα ἵνα τῷ ψύχει ἀναπνεῦσαι, λάθρα τις εἰσελθὼν ἀνέδραμε πρὸς αὐτόν καὶ μέγα βοῶν καταπηδᾶν ἐκέλευσε. ὁ δὲ καίπερ εἰδὼς μεμηνότα, ἐπεὶ πολλάκις εἶδε παρὰ ἰατρῷ ὃς ἐθεράπευε, ὅμως αὐτὸς γεραίτερος ὢν ἢ ὥστε βίᾳ ἀντιστῆναι, ᾔσθετο οὐκ ἂν ἐκφυγὼν εἰ μὴ δόλῳ ἐξαπατῴη τὸν ἄνδρα. ὥστε καταπηδᾶν ξυνεχώρησε· εὑρήσειν δὲ μᾶλλον ὅπως ἄριστα ἐπιχειρήσαι, εἰ τὴν αἴλουρον (ἣ παρεκάθητο) πρότερον κατα- βάλοιεν. ὁ δὲ ἀκούσας ἥσθη, καὶ ἑλὼν τὴν αἴλουρον κατέρριψε· πεσοῦσα δὲ ἀνέστη καὶ ἀπέδραμε, ἐπεὶ πολὺ δύνανται πίπτειν οἱ

αἴλουροι ὥστε μὴ βλάπτεσθαι. Ἄγε δή, ἔφη ὁ Θώμιος, καταβὰς
ζήτει αὐτὴν ἵνα οὕτω καταβάλωμεν, ὥστε νῦν γε μὴ οἷόν τ᾽ εἶναι
ἐκφυγεῖν· τοῦ δὲ προθυμοιμένου δρᾶσαι καὶ ἀποιχομένου, ὁ
Θώμιος χρησάμενος τῷ καιρῷ ἔκλεισε τὴν θύραν.

LXXXIII.

Οἱ Ἠπειρῶται καίπερ ἐν ὄρεσι ζῶντες καὶ πολλάκις βάρβαροι
λεγόμενοι ὑπὸ τῶν πόλεις οἰκούντων, φιλάνθρωποι ὅμως εἰσί, ὥστε
ἤν τις παραμένῃ πολλὰ ἔχει ἥκων ἀγγέλλειν. τούτων δέ τινα
μέτριον πλοῦτον κεκτημένον ᾔτησε πένης τις τῶν ἐκεῖ, ὀνόματι
Τόρνος, τριάκοντα μνᾶς δανεῖσαι, εἰ δὲ μή, ἐν φυλακῇ δεῖν γενέσθαι
ὡς οὐκ ἀποδιδόντα. ὁ δὲ εἰδὼς ψευδῆ τε ὄντα τὸν Τόρνον καὶ
ἀργὸν οὐκ ἤθελε, διὰ πολλὰς φάσκων κρυφίας αἰτίας οὐ βούλεσθαι
δρᾶν ἃ αἰτεῖ. ὁ δὲ Τόρνος ἐσχετλίαζε καὶ δεινὰ ἐποιεῖτο, ὡς
θαυμαστὸν ὂν εἰ ξένοις μὲν πολλοῖς δανείζει φίλῳ δὲ μή. ὁ δὲ
ἀπεκρίνατο ὅτι εἰ δανείσαι τὰς μνᾶς, ἐπεὶ καιρὸς γένοιτο ἀπο-
δοῦναι, ἀξιοῖ ἂν ἐκεῖνος μῆνα ἕτερον περιμένειν· διαλιπόντα δὲ
τοσοῦτον χρόνον οὐδὲ τότε ἕτοιμον ἔσεσθαι, ὥστε τελευτῶντας
μηκέτι φίλους εἶναι ἀλλὰ ἐχθροὺς γενέσθαι. εἰ δὲ τοῦτο οὕτως
ἔχει, ἔφη, κρεῖσσον πολὺ ἡγοῦμαι φθάσαι ἐχθρὸς γενόμενος πρὶν
τριάκοντα μνᾶς ἀπολέσαι.

LXXXIV.

Ἐν Συρακούσαις ἀρτοπώλης τις ἦν ὃς κλέος εἶχεν ὡς πλακοῦν-
τας θαυμαστοὺς ποιῶν, ὥστε Ἀρχίας τις ποιητὴς ὢν τῶν αὐτόθεν,
ὃς περὶ παντοίων πραγμάτων ἐποίει μέλος τι συνέγραψεν εἰς τοὺς
πλακοῦντας, ἀστειότατον ὂν καὶ τοῖς πολίταις πάνυ ἄρεσκον.
ἤσθη δὲ καὶ ὁ ἀρτοπώλης εἰ ὑπὸ Ἀρχίου ὑμνεῖται, ἐπεὶ δὲ οὐ πάνυ
ἤρεσκεν αὐτῷ τὰ κομψὰ ταῦτα τὰ ἐκ τοῦ μέλους, τοιαῦτα ἐμη-
χανᾶτο ἵνα ὁ ποιητὴς μᾶλλον γελοῖος γένοιτο. ποιήσας γὰρ
πλακοῦντα ἄριστον, δέον ἐπὶ βίβλῳ ὀπτᾶν, τῷ Ἀρχίου μέλει

D

ἐχρῆτο, καὶ ἔπεμψε πρὸς ἐκεῖνον χάριν ἅμα ἔχων οἷα ᾄσας τυγχάνει.
ὁ δὲ φαγὼν σφόδρα ἤδετο· ἐπεὶ δὲ τελευτῶν τὸ ἑαυτοῦ μέλος εὗρεν
ὑποκείμενον, μικρόν τι καὶ ἐχαλέπαινε· προσελθὼν οὖν τῷ ἀρτο-
πώλῃ καὶ χρόνον τινὰ διαλεγόμενος ἤρετο τί τὴν ποιητικὴν ὕβριζε·
ὁ δὲ Οὐδεὶς γάρ, ἔφη, ἀμφισβητεῖν δύναται μὴ οὐ δίκαια ἐμὲ
πρᾶξαι· σὺ μὲν γὰρ μέλος ἐπὶ τοὺς ἐμοὺς πλακοῦντας ἐποίεις, ἐγὼ
δὲ πλακοῦντα ἐπὶ τὸ σὸν μέλος.

LXXXV.

Λυδός τίς ποτε, ὃν κατέλιπεν ὁ πατὴρ οὐκ ἔχοντα ὁπόθεν τρο-
φὴν λάβοι, ἐβούλευσε λῃστῶν τινὶ λόχῳ προσχωρεῖν· εἰδὼς οὖν ἐν
ὕλῃ ζῶντας προσελθὼν ἐπεὶ ἐδέξαντο εἶπε τί βουλόμενος ἦλθε.
οἱ δὲ αἰσθόμενοι αὐτὸν ἰσχυρόν τε ὄντα τῷ σώματι καὶ ἀγχίνουν·
συνεχώρησαν ὥστε ἐς τὴν συνουσίαν δέχεσθαι ἐὰν πρότερον
σοφῶς τι κλέψας δηλώσῃ ἐπιστήμων ὤν. ἔλεγον οὖν γεωργόν
τινα παρὰ τὴν ὕλην βοῦν παχεῖαν μέλλειν τῇ ὑστεραίᾳ ἄγειν,
ὥστε καλῶς παρασχεῖν εἰ θέλοι τὴν τέχνην φανερῶσαι. Ἀναστὰς
οὖν πρῲ τῆς ὑστεραίας καὶ λαβὼν ἐμβάδα τινὰ καλὴν ἣν οἴκοι
εὗρεν, ἐν τῇ ὁδῷ ἔθηκε ᾗ ἰέναι ἔμελλεν ἡ βοῦς· ἑαυτὸν δὲ δένδρου
ὄπισθεν ἀποκρύψας ταχέως τὸν γεωργὸν εἶδε μετὰ τῆς βοὸς προσ-
ερχόμενον· σκεψάμενος δὲ τὴν ἐμβάδα κειμένην κατέλιπε ὡς
μόνην οὖσαν καὶ οὐδενὸς ἀξίαν. ἐπειδὴ δὲ παρῆλθε, ἀναλαβὼν ὁ
Λυδὸς τὴν ἐμβάδα καὶ βραχυτέρᾳ ὁδῷ δι' ἀγροῦ τρέχων αὖθις
ἔθηκεν ἐν τῇ ὁδῷ. ὁ δὲ ἄγροικος ἰὼν καὶ τὴν ἑτέραν ἐμβάδα ἰδεῖν
οἰόμενος, ἀπέδραμε τὴν προτέραν εὑρήσων· ἐν δὲ τούτῳ ἀπήγαγε
ὁ Μάστρος τὴν βοῦν.

LXXXVI.

Ἄλλοτε δὲ ὁ Μάστρος ἵππον κλέψας ἐκ μέσου τοῦ στρατοπέδου
τῶν Λακεδαιμονίων, ἁλοὶς δὲ ὑπὸ στρατιωτῶν οἵτινες τὸν ἵππον
ἀνέγνωσαν πρὸς τὸν στρατηγὸν ἀπήγετο. ὁ δὲ χαλεπαίνων εἰ

οὕτω τολμηρῶς ἔκλεψε μᾶλλον ὅμως ἐθαύμαζεν εἰ ἐκ μέσων τοσού-
των ἀνδρῶν τὴν λείαν ἐδυνήθη ἀποφέρεσθαι. ὑπέσχετο οὖν τῷ
Μάστρῳ τῆς ζημίας τι ἀφήσειν ἣν δηλοῖ ὅπως ἔδρασε. ὁ δὲ ἀπε-
κρίνατο ἔργῳ ῥᾷον ἢ λόγοις δηλώσειν, καὶ ἐπεὶ ξυνῄεσαν ἐκεῖσε
ὅπου τὸ πρᾶγμα ἐγένετο, Σκόπει δή, ἔφη· ὧδε ἐν τοῖς εὕδουσιν
εἷρπον, εὐλαβούμενος ὥστε λαθεῖν τοὺς φύλακας μηδὲ ψόφῳ ἐξε-
γεῖραι τοὺς ἑτέρους. ἐκεῖ δὲ ἦν ὁ ἵππος ὃν ἔμελλον κλέψαι, ταχέως
δὲ ἐς τοῦτο ἀγαγὼν τοῦ τείχους καὶ ῥᾳδίως πως ὑπερβὰς ὧδε ἀπέ-
φυγον. ταῦτα δὲ εἰπὼν ἅμα τε ἐφ' ἵππον ἀναπηδήσας ὃς ἔτυχε
παρὼν ἔφθασε ἀποιχόμενος πρὶν ἑλεῖν τινὰ τῶν περιεστηκότων.

LXXXVII.

Ἄρκτος τις ὑπὸ Ἰνδοῦ θηρεύτου τοξευθείς, ἐπεὶ διερράγη ἡ
ῥάχις, πεσὼν οἰκτρότατα ὠδύρετο, ὥσπερ λύκος πεινῶν. ὁ δὲ
θηρεύτης βέλος μὲν οὐκέτι ἀφῆκε προσελθὼν δὲ τοιάδε ἔλεξε·
Ὦ ἄρκτε ἴσθι κακὸς ὢν ἀλλὰ μὴ ἀνδρεῖος ὡς προσποιεῖ. εἰ γὰρ
ἦσθα, καρτερῶν ἂν ἐδήλους οὐδὲ ἔκλαιες ἂν καὶ ἐμαλακίζου
ὥσπερ γραῦς· πολέμια μὲν γὰρ οἶσθα ὄντα τὰ ἡμέτερα ἔθνη, τοῖς
δὲ παρὰ σοὶ πρῶτον ἀδικήσαντας· ἡμῶν δὲ ἰσχυροτέρων γενομένων,
λανθάνεις περιτρέχων τὴν ὕλην καὶ τοὺς χοίρους κλέπτων· ἴσως
δ' ἂν καὶ νῦν χοίρεια ἂν τύχοις ἐν γαστρὶ ἔχων. εἰ μὲν γὰρ σὺ
ἐνίκησας, καρτερήσας ἂν ὡς ἀγαθὸς ἀνὴρ ἀπέθανον· σὺ δὲ ὦ 'τᾶν
καθήμενος σχετλιάζεις καὶ μαλακιζόμενος τοὺς σεαυτοῦ αἰσχύνεις.

LXXXVIII.

Ἀθόλιος Ἠπειρώτης πλουσιώτατος μὲν ὢν τοῦ πλούτου ὅμως
οὐ μᾶλλον τῶν ἑτέρων τοιούτων εἰωθὼς τοῖς πενεστέροις μετα-
δοῦναι, ἔγνω ποτὲ ὅτι τῶν ἀγροίκων τινὶ τῶν μισθοῦ ἑαυτῷ γεωρ-

γούντων παῖς μέλλοι γενέσθαι, ὥστε φιλικόν τι ἐδόκει δράσειν,
ἐπεὶ πένης ἦν ὁ ἀνὴρ καὶ πολλοὺς εἶχε παῖδας, ἦν παρ' αὐτὸν
ἐλθὼν ἔρηται πῶς ἄρα πράσσει ἡ γυνή. ἀφικομένου δὲ διδύμους
ἔφη γεγονέναι ὁ ἄγροικος ὥστε ἀπορεῖν ὁπόθεν τοσούτους θρέψῃ
οὕτω φαύλου ἀργυρίου μεμισθωμένος. ὁ δὲ Ἀθόλιος, Ἀλλ' ὦ
φίλε, ἔφη, οἰκτείρω μέν σε πολύ· μέμνησο μέντοι τοὺς θεούς,
ὁπόταν παῖδας ἀνθρώποις δῶσι, διδόντας ἀεὶ καὶ ὁπόθεν θρέψουσι.
θρυλοῦσι γὰρ ταύτην τὴν παροιμίαν περὶ παίδων οἱ Ἠπειρῶται.
Πάνυ μὲν οὖν, ἦ δ' ὅς, ὦ μέγιστε Ἀθόλιε· δοκοῦσι μέντοι μοι ἔσθ'
ὅτε ἄγγελον ἄφρονα πέμπειν, ὃς ἁμαρτάνων ἄλλοσε μὲν τοὺς
παῖδας ἄλλοσε δὲ τὴν τροφὴν φέρει. γελάσας δὲ ὁ Ἀθόλιος τῇ
ὑστεραίᾳ βοῦν ἔπεμψε τῷ ἀνθρώπῳ, ὡς παρ' ἑαυτὸν ἁμαρτόντων
τῶν θεῶν ἤκουσαν.

LXXXIX.

Πολεμοῦντος τῷ Σολιμάνῃ ποτὲ Ῥιχάρδου τοῦ βασιλέως, εἴ πως
τὸ ἱερὸν σῆμα ἕλοι ὅπερ ὑπὸ τῶν Μυσυλαμίων ἑάλω, ἠγανάκτει
ἐκεῖνος γνοὺς καὶ φαῦλον λόχον τῶν πολεμίων πολὺ πλείονας τῶν
σφετέρων ἐς φυγὴν δυνάμενον καθιστάναι. βουλευσάμενος οὖν
τοιόνδε τι ἐμηχανήσατο ὥστε φόβον παρέχειν τοῖς πολεμίοις. ἐς
φυγὴν γάρ ποτε τρέποντος τοῦ Ῥιχάρδου μετὰ ὀλίγων τινῶν
πολλοὺς τῶν Μυσυλαμίων, πέμψας ὁ Σολιμάνης ἄγγελον ἐκέλευσε
κάλλιστον ἵππον διδόντα τῷ βασιλεῖ, λέγειν τοιάδε· ὦ βασιλεῦ,
καίπερ πολέμιος ὢν ὁ Σολιμάνης ἄχθεται ὅμως εἰ οὕτως ἀγαθὸν
ἄνδρα πεζῇ δεῖ ἐν τοσούτοις πολεμίοις ἰέναι. λέξαντος δὲ ἐδέξατο
τὸ δῶρον ἐκεῖνος, κελεύσας ἅμα χαίρειν λέγειν τὸν Σολιμάνην καὶ
πολλὴν χάριν ἀνταποδοῦναι. ὑποπτεύσας δὲ μὴ δόλος τις ὑπεστι,
στρατιώτην τινὰ τῷ ἵππῳ ἐπέθηκε· ὁ δὲ γνοὺς ἐφήμενόν τινα ὡς
ἐδιδάχθη πρὸς τὸν δεσπότην εὐθὺς ἀπέδραμε. καὶ ἐχαλέπαινε δὴ
ὁ Σολιμάνης ἐπεὶ ᾔσθετο σοφώτερον ὄντα τὸν βασιλέα ἢ ὥστε
τοιαύτῃ τέχνῃ ἐξαπατηθῆναι.

XC.

Περὶ δὲ Τίμωνος τοῦ Ἀθηναίου τίς οὐκ ἐπύθετο, ὃς οὕτω μισάν-θρωπος ἦν τὴν διάνοιαν ὥστε ἀεὶ ἐκεῖσε ἐφοίτα ὅπου μηδενὶ μέλλοι περιτυχεῖν, συλλόγους ἅπαντας καὶ συνόδους τῶν πολιτῶν ἀπο-φεύγων. ἑνὶ δὲ μόνῳ ἐδόκει ὁμιλῶν ἥδεσθαι, τῷ Ἀλκιβιάδῃ· ἐρομένου δέ του διὰ τί οὕτω φιλεῖ αὐτόν, ὄντων πολλῶν ἐν τῇ πόλει ἀμεινόνων, δι' αὐτὸ ἔφη τοῦτο ἀρέσκειν, ὅτι οἶδε πολλῶν κακῶν τοῖς Ἀθηναίοις αἴτιον ἐσόμενον.

ἄλλοτε δὲ μόνος μετὰ φίλου τινὸς λεγομένου δειπνῶν, ἐπεὶ ἄριστα ἦν τά τε ὄψα καὶ ὁ οἶνος, ἐπαινοῦντος ἐκείνου πάντα ὡς ἡδὺ ὂν οὕτω ἑστιᾶσθαι, Καὶ ἥδιον ἂν ἦν, ἔφη, σοῦ ἀπόντος.

ἄλλοτε δὲ μόνον παρὰ θαλάσσῃ ἀλώμενον ἥκων τις γνώριμος ἠσπάζετο, καὶ ἤρετο εἴ τι βούλοιτο Ἀθήναζε φέρεσθαι· ὁ δὲ σκυθρωπὸς ὢν Οὐδὲν πάνυ, ἔφη, εἰ μὴ τὴν σὴν κεφάλην ὑπὸ σκηπτοῦ.

PART III.

XCI.

Οἱ δὲ πρότερον ξύμμαχοι ὄντες Σαμνῖται καὶ Λουκανοὶ οὔτε προθύμως ἐδέξαντο, οὔτε, καίπερ ὠφελείας παρ' αὐτοῦ ἐφιέμενοι, εἶχον ὁπόθεν ἀργύριον αὐτῷ ποριοῦσι, ἀμήχανοι δὴ ὄντες, οὐδὲ εἰ πιστεύειν ἤθελον ὡς ἀληθῶς ὁμοφρονοῦντι. οὕτω τοίνυν ἀπορῶν ὡς ἐκ Ῥηγίου παρὰ Λοκροὺς εἰς Τάραντον παρέπλει, πειθόντων τινῶν τῶν περὶ ἑαυτὸν τὸ Περσεφόνης ἱερὸν ἐσύλησε. πολὺ δὲ ἀργύριον, ἐν τοῖς κάτω οἰκήμασι ἀνάριθμα ἤδη ἔτη ὀρωρυγμένον, ὅπερ οὐδείς πω ἀνθρώπων ἐδύνατο ἰδεῖν, λαβὼν ἐσέθηκεν ἐς τὰς ναῦς ἵνα εἰς Τάραντον κατὰ θάλασσαν κομίζοι. χειμῶνος δὲ γενομένου αἱ νῆες μὲν ἀπώλοντο τὸ δὲ ἀργύριον ἐς Λοκροὺς ἐξηνέχθη. φοβούμενος δὲ ὁ Πύρρος αὖθις ἐς τὸν τῆς θεᾶς νεὼν κελεύσας ἀναθεῖναι ἔθισεν αὐτῇ ὡς παύσων τὸν χόλον. ὡς δὲ οὐδαμοῦ ἐφάνη δεξαμένη τὴν θυσίαν, ἀπέκτεινε μὲν τοὺς πείσαντας συλῆσαι, τρεῖς ὄντας ἄνδρας· ἐξεπλήσσετο δὲ καὶ τότε φοβούμενος ἀεὶ μὴ ἡ θεὰ ἔτι ὀργιζομένη διώκει, ὥστε τὴν στρατιὰν ἡσσωμένην ἀπολέσθαι.

XCII.

Ἐν δὲ τούτῳ ἐκ φαύλης αἰτίας γενομένης στάσεως, μέγιστα ἂν ἐκινδύνευσε ἡ πόλις εἰ μὴ τύχῃ τινὶ ἐσώθη. κελεύσαντος γὰρ τοῦ στρατηγοῦ λόχον ἕνα τῶν ἐν Ὀστίοις ἐς πόλιν ἐλθεῖν, λοχαγός τις Φάριος, ᾧ εἴρητο ὅπλα παρασκευάσαι, ἵνα ἡσυχαίτερον ἐκτελέσαι ὅπερ ἔδει, τῷ στρατηγῷ ὑπέσχετο νυκτὸς πορεύσεσθαι, καὶ

τὰς ἁμάξας εἶπε ὀψὲ ἐς τὸ στρατόπεδον μετὰ τῶν ὅπλων ἄγεσθαι·
γνόντες δὲ οἱ στρατιῶται ὅτι μηχανᾶταί τι οὐδὲ δηλοῖ οὐδεὶς τί
βουλεύεται, ὅσῳ μᾶλλον ἔκρυπτε τοσούτῳ ὑπώπτευόν τι κακόν.
οἱ μὲν γὰρ τοὺς δούλους ἔφασαν ὁπλίζεσθαι ἐπὶ τῷ ἀποκτεῖναι τὸν
τύραννον, τοὺς δὲ λοχαγοὺς αὐτοὺς τὰ τέλη ξυλλήψεσθαι· οἱ δὲ
οὕτως ἐμεθύσθησαν ὥστε οὐδὲν ξυνιέντες πάντα μᾶλλον ἐτάρασσον.
τέλος δὲ οἱ ἐκ τῶν λόχων τοὺς κωλύοντας ἀποκτείναντες καὶ
λαβόντες τὰ ὅπλα ἐς τὰ βασίλεια δρόμῳ ἐφέροντο.

XCIII.

Οὕτω δὲ ἀθύμως τῶν πολιτῶν καὶ δυσχερῶς διακειμένων, οἱ
στρατιῶται πάντες ἐκ τῆς πόλεως ὄντες πλήν τινων τῶν περὶ τὸν
ἄρχοντα, οὐκ ἔφασαν εἰς τὴν ἀκρόπολιν θέλειν εἰσελθόντες τὰ
ἑαυτῶν ἰδεῖν καθαιρούμενα. ὅτι δὲ ὁ ἄρχων αὐτῶν ἐπικαλουμένων
ἥκει βοηθήσων, ἄλλα τε πολλὰ καὶ οἰκίαν προεὶς τοῖς πολεμίοις,
οὐδὲ τὴν ἑαυτοῦ σωτηρίαν προτιμήσας ὥστε τῷ δήμῳ ἐπαρκεῖν,
τούτων οὐδὲν ἐφρόντιζον, αἰσχροκερδεῖς δὴ ὄντες καὶ τοῦ κοινοῦ
ὀλιγωροῦντες. γνοὺς δὲ ὁ ἄρχων ὅτι δυσχεραίνουσι, τῶν σπου-
δαιοτέρων τινὰς ἐκέλευσε ζητεῖν ὁπόσοι βούλονται, τῶν ἰδίων
πάντως ἀμελοῦντες, προθύμως ἐσελθόντες ἑαυτῷ ξυγκινδυνεύειν,
ἐν νῷ ἔχων ἢν μὴ ἱκανοὶ ὦσιν ἀμύνεσθαι, ἐκ τῶν πλησίον χωρίων
ἄλλους μεταπέμψασθαι. πυθομένῳ οὖν πολλοὶ ἐφαίνοντο τῶν
περὶ Νικίαν θέλοντες μὲν εἰσελθεῖν, πρότερον δὲ εἰδέναι ἀξιοῦντες
τὸν στρατηγὸν ὅ,τι χρήσεται ἑαυτοῖς· ὥστε ἐκκλησίας γενομένης
πᾶσιν ἐξαγγέλλεται οἵῳ ἐν κινδύνῳ εἰσίν, ἵνα φθάσωσι δὴ περὶ
ἑαυτῶν τε καὶ τῶν χρημάτων βουλεύσαντες πρὶν παρεῖναι τοὺς
πολεμίους.

XCIV.

Ὁ δὲ Δεκέβαλος ἄλλο τι μηχανᾶται τοιόνδε· Λόγγινον γὰρ
δόλῳ λαβὼν τῶν πρώτων τινὰ Ῥωμαίων δηλῶσαι ἐκέλευσε ὅ,τι

διανοεῖται ὁ στρατηγός· ὡς δὲ οὐκ ἤθελε, θαυμάσας ἐκεῖνος ὡς
ἀνδρεῖός ἐστι, καὶ αὐτὸς γενναῖος ὤν, τῶν μὲν δεσμῶν ἀπέλυσε,
ὅμηρον δὲ κατέχων εἰρήνην ἠξίωσεν ἀντὶ τούτου ἐπὶ καλοῖς
ποιεῖσθαι. τοῦ δὲ Τραϊάνου οὐδὲν σαφὲς ἀποκριναμένου, ὥστε μὴ
ἀποθανεῖν τὸν δεδεμένον, γνοὺς ὁ Λόγγινος ἀποροῦντα αὐτὸν
ἀπαλλάξαι διενοεῖτο ἑκουσίως θανών· καὶ ἀπελεύθερόν τινα ὡς
Τραϊανον πέμψας, ὡς ἐπὶ διαλλαγῇ τῶν στρατηγῶν, λάθρα
ἐκέλευσεν εἰπεῖν ὅτι δέοι ὡς προθυμότατα διαπολεμῆσαι. ἀπελθόν-
τος δὲ τοῦ ἀγγέλου φάρμακόν τι παρεσκευασμένος κατέπιεν. ὡς
δὲ ᾔσθετο ἠπατημένος ὁ Δεκέβαλος, ἀποδοῦναι ἠξίωσε τὸν ἄνδρα
ὡς τὸν τεθνεῶτα ἀντιδώσων· ὁ δὲ Τραϊάνος δεινὸν ἐποιεῖτο εἰ τὸν
ζῶντα τοῦ νεκροῦ ἀνταμείψει· ὥστε ἥμαρτεν ἐκεῖνος τῆς τιμωρίας.

XCV.

Ἐπεὶ δὲ τὰ περὶ ταύτης τῆς μάχης ἐς τὴν πόλιν ἠγγέλθη τῇ
βουλῇ εὐθὺς ἔδοξε τὸν Παπίριον αὖθις ἡγεμόνα ἑλέσθαι· ὡς δὲ
ὀνομασθῆναι ἔδει τὸν ἡγεμόνα ὑπὸ τοῦ ἑτέρου τῶν ὑπάτων, οὐδὲ
τὸν Μάρκιον ᾔδει οὐδεὶς ὅ,τι ποτε πέπονθεν, πρέσβεις ἔπεμψαν ἐς
Ἐτρουρίαν πρὸς τὸν Φάβιον, οἵτινες ἀξιώσουσιν αὐτὸν τοῦτο
δρᾶσαι. ὁ δὲ τῷ Παπιρίῳ ἐχθρὸς ἐτύγχανεν ὤν, ἐμέμνητο γὰρ δὴ
ὑπ' ἐκείνου ποτὲ ἀπαραιτήτως χαλεπαίνοντος σχεδὸν ἀπολόμενος.
διὰ ταῦτα τοίνυν ἐς τὴν πρεσβείαν τοὺς πάνυ βουλευτὰς εἵλοντο,
ὡς τούτων οὐχ ἧσσον πεισόντων αὐτὸν τοῦ τῆς βουλῆς ψηφίσ-
ματος, ὥστε ἐκείνοις καίπερ δυσχεραίνοντα μὴ ἀντιστῆναι. ὁ δὲ
τοῦ τε ψηφίσματος ἀναγιγνωσκομένου ἤκουε καὶ τῶν βουλευτῶν
ἀξιούντων πείθεσθαι· οὐδὲν δὲ οὔτε λόγῳ ἀποκρινάμενος οὔτε ὄψει,
ἀπεχώρησεν εὐθὺς τοῦ συνεδρίου. ἀναστὰς δὲ μέσης νυκτὸς ὠνό-
μασε κατὰ τὸ εἰωθὸς τὸν Παπίριον· ἐπαινούντων δὲ αὐτὸν τῶν
πρέσβεων ὡς εὖ δρᾷ τῆς ὀργῆς οὕτω κρατήσας, σιγῇ αὖθις ἤκουε
καὶ οὐδὲν ἀντειπὼν ἀπέπεμψε.

XCVI.

Ἡσσημένη δὲ τῇ μάχῃ, ἡ Μαργαρίτη ἔφυγε μετὰ τοῦ παιδὸς εἰς ὕλην τινά, ἐν ᾗ κρύπτεσθαι ἐπειρᾶτο ὥστε μὴ ἀποθανεῖν. σκοτεινῆς δὲ οὔσης τῆς νυκτός, ὡς λησταὶ ἐπιθέμενοι τὸν χρυσὸν ἀφεῖλον, γνοῦσα οὕτω σφόδρα ἀμφισβητοῦντας αὐτοὺς τίς τὸ μεῖζον μέρος ἕξει, ὥστε μηκέτι κατανοεῖν ὅ,τι δρᾷ, λαβοῦσα τὸν καιρὸν εἰς τὴν ὕλην κατέφυγε. ἐνταῦθα δὲ ἐπειδὴ πεινῶσα καὶ ἀπειρηκυῖα τοσοῦτον ἐπλανᾶτο ὥστε κόπῳ ἡσσωμένη ἤμελλε ἀπολέσθαι, λῃστὴν ἐξαίφνης εἶδε μετὰ ξίφους προσιόντα, καὶ οὐκ ἔχουσα ὅπως φύγοι ἐβούλευσει ἀξιοῦν αὐτὸν οἰκτείραι· ὥστε προσελθοῦσα καὶ ὅπως ἔχει δηλώσασα, τὸν παῖδα ἔφη ἐπιτρέπειν αὐτῷ, πατρὸς ὄντα βασιλέως. ὁ δὲ θαυμάσας ὡς ἐπὶ δεινῷ πράγματι ὑπέσχετο μὴ μόνον ἀφέξεσθαι ὥστε μηδὲν ἀδικεῖν ἀλλὰ καὶ πάσῃ τέχνῃ τοὺς πολεμίους κωλύσειν. τούτου οὖν ὠφελοῦντος χρόνον μέν τινα πολὺν ἐν τῇ ὕλῃ ἐσώζετο, τέλος δὲ εὑροῦσα καιρὸν εἰς Γαλλίαν ἀπέφυγε, ὑποσχομένη εἴ ποτε δύναμιν λάβοι ἦ μὴν μισθὸν αὐτῷ ἀποδώσειν.

XCVII.

Τῶν δὲ στρατοπέδων κατὰ τὸ τότε εἰωθὸς τρεῖς μάλιστα σταδίους ἀπεχόντων, ἐξελθόντες οἱ πολέμιοι ὡς ἐς μάχην ἐτάξαντο. ὁ δὲ στρατηγὸς προσήλαυνε ὅπως τοὺς Ρωμαίους κατασκέψαιτο· γνοὺς δὲ πλείους τε γενομένους καὶ ἑτέρως πως ἄλλο τι ὑπόπτως ἔχων, τοὺς μὲν ὁπλίτας ἀνήγαγε, ἱππέας δέ τινας ἐξέπεμψε τοὺς πευσομένους τὸ γιγνόμενον. τῶν δὲ Ρωμαίων πρὸς τὸ στρατόπεδον ἀναχωρησάντων διὰ μακροῦ περιῄεσαν οἱ ἱππεῖς, ὡς σκεψόμενοί τε εἰ μεῖζον ἄρα γεγένηται, καὶ ἅμα τοὺς διεσπαρμένους καταληψόμενοι. τοῖς δὲ ὧδε μόνον ἐδηλοῦτο τὸ πρᾶγμα· λέγουσι γὰρ τὴν σάλπιγγα, ᾗ ἑκάστῳ ἀεὶ εἴ τι δέοι πρᾶξαι ἐσήμαινε, ἐν μὲν τῷ ἑτέρῳ στρατοπέδῳ ἅπαξ, ὡς εἰώθει, ἀκοῦσαι, δὶς δὲ παρὰ τῷ Λιφίῳ. ὥστε γνοὺς ὁ Ἀσδρύβαλος ὅτι ἄμφω πάρεισιν οἱ στρατηγοὶ οὐδὲ οἷός τ' ὢν ξυνεῖναι ὅπως δὴ ὁ Νέρων ἐκπέφευγε τὸν Ἀννίβαλον, ἀλλὰ δείσας μὴ τὰ ἔσχατα πάθωσι, πορρώτερω ὑποχωρεῖν ἐβούλευσε· καὶ τὰ πυρὰ ἀποσβέσας τὸ στράτευμα ἅμα νυκτὶ ἀναστήσας ἐπὶ τοῦ ποταμοῦ ἀπῆγεν.

XCVIII.

Ἐς φυγὴν οὖν καταστάντες οἱ μὲν ὡς ἕκαστος οἴκημά τι ἴδοι κατέδραμον· ταῦτα δὲ ξύλινα ὄντα ὡς ἐπὶ τὸ πολὺ ταχέως ἥπτετο· οἱ δὲ ἐς ἱερά, ἄλλοι δὲ οὐκ ὀλίγοι ἡγουμένων ἱερέων τινῶν τοὺς μεγαλοὺς πύργους κατέσχον. λόγος δὲ ἦν, ὡς εἴρηται, ὅτι ἤν τι τοῦ τείχους καθαιρεθῇ, ὁ θεὸς μέγα ρεῦμα ἐκχέας ἀπολεῖ τοὺς πολεμίους. οἱ δὲ πειθόμενοι, μόγις ἀνασπάσαντές τι τῶν λίθων, ὡς κόνις ἀλλ' οὐχ ὕδωρ ἀπέρρει, οὐδὲ ἐβοήθουν δὴ οὐδὲν τοῖς δεομένοις οἱ θεοί, ἀνέλπιστοι οὖν ὄντες ἐς τὰς ξυλίνας ἐπάλξεις τὰς ὑπὲρ τοῦ ἱεροῦ συνέδραμον. ἐντεῦθεν δὲ λίθους καὶ ἀκόντια καὶ πυρφόρους ὀιστοὺς καταρρίπτοντες τοὺς πολεμίους ἐπειρῶντο ἀπωθεῖν, ὥστε μὴ τὴν μεγάλην κλίμακα ἀναβῆναι· ἡ δὲ διὰ ἑκατὸν καὶ εἴκοσι βάθρων ἐπ' ἄκραν τὴν πυραμίδα ἀνέφερε. οἱ δὲ ὡς σιδηρᾶς ἔχοντες τὰς κυνᾶς ὠλιγώρουν τοῦ πυρός, ἀναλαβόντες δὲ τοὺς ὀιστοὺς τὴν ἐπάλξιν ἧψαν, ὥστε ξυλίνη οὖσα ταχέως κατεκαύθη. ὅμως δὲ ἔτι ἀντεῖχον οἱ ἔσωθεν, οὐδὲ ἐξὸν δὴ σωθῆναι ἐνδοῦσιν οὐδεὶς ἤθελε πλὴν ἑνὸς μόνου· οἱ μὲν γὰρ ἐκ τῆς ἐπάλξεως καταπηδήσαντες οἱ δὲ πυρὶ ἐμπρησθέντες πάντες ἀπώλοντο.

XCIX.

Τούτων δὲ ἀφικομένων, ἡγουμένου τοῦ Νέωνος, ὃς οὐδένος ἥσσων ἦν τῶν Χίων γνώμην τε καὶ ἀρετήν, ἐθάρσουν αὖθις οἱ στρατιῶται.

ὁ δὲ εὐθὺς παραγενόμενος τὸν Νικίαν ἔπειθεν ὧν διενοεῖτο μετα-
στάντα μείζονι τῇ δυνάμει τῷ στρατοπέδῳ τῶν πολεμίων προσβα-
λεῖν. οὗτος δὲ τότε μὲν ἡσυχάζειν ᾤετο δεῖν, καὶ ἥσσων δὴ ὢν ἢ
ὥστε ἐξ ἴσου μάχεσθαι, ὡς καὶ πρότερον δεδήλωται, τειχισάμενος
τὸ χωρίον ἐκαθέζετο ὡς ἐκείνους, ἢν ἐπίωσιν, ὑποδεξόμενος. νῦν
δὲ πολὺ δὴ περιέστη τὸ πρᾶγμα· ἐπιγενομένων γὰρ τῶν Χίων καὶ
ἀτακτοῦντος τοῦ στρατοῦ τῶν Λακεδαιμονίων οὐκέτι ὁμοίως ἥσσονες
ἦσαν. ἠπίστατο δὲ δὴ τοὺς μὲν ἐπιόντας κἂν δεινὸς ᾖ ὁ κιν-
δύνος οὕτω προθύμους καὶ τολμηροὺς φερομένοις ὥστε καὶ πολὺ
πλειόνων κρατῆσαι· οἷς δ᾽ ἂν παρὰ γνώμην τις προσβάλῃ τούτους
οὐχ ἧσσον ἐκπλαγέντας καὶ σχεδόν τι πρὶν συμμῖξαι νικωμένους.
ὥστε ταῦτα λογισάμενος καίπερ εὐλαβὴς ὢν συνεχώρησεν ὥστε
ἐπιχειρεῖν. ἔδοξε δὲ εὐθὺς μετὰ τὰ Ἴσθμια ἐπιέναι, ὡς ἀπροσδο-
κήτους τοὺς Λακεδαιμονίους ἑορτάζοντας ληψομένοις.

C.

Ὁ δὲ ἄγγελον πρὸς πόλιν πέμψας ἃ ἐν νῷ ἔχει ἤγγειλε, στρά-
τευμα δεῖν ξυλλέξαι οἵτινες τὴν Ῥωμαίαν αὐτοῦ ἀπόντος φυλάξουσι.
πρότερον μὲν γὰρ διὰ τῶν Κιμινίων ὁρῶν ἔπεμψε πευσόμενόν τε
τὰ ἐκεῖθεν καὶ τῶν Οὐμβρίων τινὰς ἢν ἐ.νηται πείσοντα ὥστε
συμμάχους σφίσι γενέσθαι. ὁ δὲ ἐνσκευάσας ἑαυτὸν ὡς ποιμένα,
ἐπεὶ αὐτός τε τῇ Τυρρήνων γλώσσῃ ἐχρῆτο καὶ δοῦλον ἕνα
παρέλαβε ὡσαύτως χρώμενον, ὃς ἐκ παιδὸς συνετέθραπτο αὐτῷ,
διὰ τῆς Τυρρηνίδος δὴ μέχρι Καμέρτης τῆς Οὐμβρίας (καλοῦσι δὲ
ἕτεροι Καμέρινον) ἀφίκετο, πέρα τῶν Ἀπεννίνων πρὸς βορέαν
κειμένης. οἱ δὲ ἀσμένως δεξάμενοι ἀγγεῖλαι ἠξίουν τῷ στρατηγῷ,
ἢν προσέλθῃ, πανδημεὶ προσχωρήσειν καὶ διὰ μηνὸς ὅλου ποριεῖν
τὰ ἐπιτήδεια. ἥκοντος οὖν καὶ τοιαῦτα ἀπαγγείλαντος, ἀναθαρσή-
σας ὁ Φάβιος φθάσαι δεῖν ᾤετο πράξαντα ἃ διανοεῖται, ὑποπτεύων
δὴ μὴ ἡ βουλή, ἐὰν μελλήσῃ, ἀπείπῃ μὴ τοιαῦτα τῷ στρατεύματι
κινδυνεῦσαι.

CI.

Τῶν δὲ Ῥωμαίων καὶ Λατινῶν οὕτως ἐνάντιον ἐστρατοπεδευμένων, ἀπεῖπον οἱ **στρατηγοὶ** ὡς μάλιστα μηδένα **εἰκῇ** ἀκροβολεῖσθαι μηδὲ **κατ'** ἄνδρα τοῖς πολεμίοις συμβαλεῖν. τοῦτο δὲ ἐποίησαν, ἵνα μὴ εἰκῇ συμμίξαντες ταραχθεῖεν, ἐπεὶ ἀμφότεροι ὅμοιοι **ἦσαν** **γλώσσῃ** τε καὶ ὅπλοις, καὶ ἴσως **καὶ** βουλόμενοι μηκέτι **τοῖς** Λατίνοις **συγγενέσθαι**, ἵνα μήτε ἐκεῖνος τὴν ὑπάρχουσαν δύναμιν πύθοιντο, μήτε οἱ **στρατιῶται** τῆς προτέρας φιλίας ἀναμνησθέντες φροντίζοιεν πότερον ἐπ' ἀξιόχρεῳ αἰτίᾳ πολεμοῦσι. ἐνταῦθα δὲ Τίτος Μάνλιος ὁ τοῦ στρατηγοῦ, προκαλουμένου Γεμίνου τοῦ Τουσκαλανοῦ, ὀλιγωρῶν τοῦ εἰρημένου ἐς χεῖρας γενόμενος ἀπέκτεινε. ὡς δὲ ἐνίκησε, ἥκων ἐς τὸ στρατόπεδον τὰ σκῦλα παρὰ τὸν πατέρα κατέθηκε· ὁ δὲ ἀποτρεπόμενος καὶ συγκαλέσας ἐς μέσον τὸ στρατόπεδον τοὺς στρατιώτας, πάντων παρόντων ἐκέλευσεν ἀποκτεῖναι τὸν νεανίαν.

CII.

Ἕτεροι δὲ τῶν βουλευτῶν χαλεπώτερον ἐβούλοντο πρᾶξαι· τούτων δέ τις καλέσας τοὺς πρέσβεις τῶν Πριφερνατῶν, οἵτινες συγγνώμην ἧκον αἰτήσοντες, ἤρετο Τί ἄρα καὶ ἑαυτοῖς ἄξιοι εἶναι παθεῖν δοκοῦσι· τῶν δέ τινος ἀποκριναμένου ὅτι τοιαῦτα δὴ οἷα οἱ ἐλεύθεροι ἀξιοῦντες γενέσθαι, δείσας ὁ στρατηγὸς μὴ χαλεπαίνοιεν ἔτι μᾶλλον τοιαῦτα ἀκούσαντες, καὶ βουλόμενος πειρᾶν εἰ μετριώτερόν τι λέξοισι, Ἀλλ' ἡμῖν, ἔφη, ἢν νῦν σώζωμεν, ποίαν δεῖ εἰρήνην ἐλπίζειν τὸ λοιπὸν πρὸς ὑμᾶς ἔσεσθαι;

οἱ δὲ ἀληθῆ καὶ ἀσφαλῆ ἔφασαν, ἤν γε ἐπὶ καλοῖς συμβῶσι· εἰ δὲ μή, οὐ διὰ μακροῦ λελύσεσθαι· ἐνταῦθα δὲ οἱ μὲν ἄντικρυς ἔφασαν ἀφεστάναι τοὺς τοιαῦτα λέγοντας· οἱ δὲ πλείονες οὐδὲν τοιοῦτον ἐνεθυμοῦντο, καὶ ὁ στρατηγὸς πρὸς τοὺς εὐγενεστάτους περιστραφεὶς οἵπερ ἐγγὺς ἐκάθηντο, πάντων ἀκουόντων ἔφη ὅτι οἱ τῆς ἐλευθερίας οὕτω σφόδρα ἐπιθυμοῦντες δίκαιοι δὴ εἰσὶ Ῥωμαῖοι γενέσθαι.

CIII.

Οἱ δὲ Ῥωμαῖοι, οὕτως ἐν χωρίῳ ἀπειλημμένοι ὥσπερ καὶ πρό-
τερον ὁ Φλαμίνιος ἐν Θρασυμενῷ παντάπασιν μὲν ἡσσῶντο, νυκτὸς
δὲ ἐπιγενομένης ἐσώθησαν μὴ πάντες ἀπολέσθαι. οὐδὲ μὴν πρὸς
τὸ πέδιον ἀναχωρεῖν ἐξῆν, ἐπεὶ τὴν ὄπισθεν ὁδὸν ᾗ τὸ στενὸν εἰσ-
ῆλθον κατεῖχον οἱ πολέμιοι, ὥστε οὐδὲν ἄλλο ἐδύναντο δρᾶν ἢ
ἐν τῷ στενῷ στρατοπεδευσάμενοι, οὐ πολὺ ἀπέχοντες ὅθεν ἐγένετο ἡ
ἧσσα, ἐκεῖ ἀνέλπιστοι περιμένειν τί συμβήσεται. κρατοῦντες δὲ
οὕτω οἱ Σαμνῖται τῶν πολεμίων ἔμενον ἥσυχοι καὶ αὐτοὶ ἕως λιμῷ
ἀπόλοιντο· τὴν δὲ ὁδὸν κατέχοντες ἐκείνων ἑκατέρωθεν, καὶ φυλάσ-
σοντες εἴ πῃ πειρῶντο ὑπὲρ τὰ ὄρη ἐκφυγεῖν ἔνθεν καὶ ἔνθεν,
ἐξορμᾶσθαι βιαίως ἐπιχειροῦντας ῥᾳδίως ἐκώλυον. οὐδὲ ἤμελλον
δὴ τοσοῦτοί γε ὄντες καὶ ἐν στενῷ ἀπροσδόκητοι περιβεβλημένοι
τροφὴν ἔχειν ἐπαρκῆ εἰ μὴ βραχύν τινα χρόνον. ὥστε τέλος
ἐνέδοσαν ἑαυτοὺς τοῖς Σαμνίταις.

CIV.

Ἰδὼν δέ ποτε λοχαγόν, ὄνπερ ὡς συστρατευσάμενος ἄριστον
ὄντα ᾔδει στρατιώτην, νῦν δι᾽ ἀγορᾶς ἀγόμενον πρὸς τὸ ἐργαστή-
ριον τῶν δανεισάντων, ταχέως προσῆλθε, καὶ μαρτυρόμενος ὡς
δεινὰ πάσχει, αὐτὸς ἀποδοὺς τὸ ἀργύριον ἐξέλυσε τὸν ἄνδρα· ὡς δὲ
τοῦτο δράσας φίλτατος ἐγένετο πᾶσι ἐξήγετο τοιαῦτα ἔτι δια-
πράσσεσθαι· καὶ δημοσίᾳ τὰ τιμιώτατα τῆς οὐσίας πωλήσας οὐκ
ἔφη πολίτην οὐδένα περιόψεσθαι διὰ τὸ δεδανεῖσθαι δεσμώτην
γενόμενον, ἕως αὐτὸς ἔχει ὅτῳ ἐκσώσει. τοῦτο δὲ ὑποσχόμενος
οὕτω καὶ ἐξετέλει ὥστε καὶ τετρακοσίοις δανείσας λέγεται καὶ
τόκον οὐδένα πράξας τά τε χρέα λῦσαι καὶ αὐτοὺς μὴ ἐν δεσμοῖς
εἶναι ἐκσῶσαι.

τοιαῦτα δὲ ὠφελήσας πᾶσιν ἀμέτρως φίλος ἐγένετο, ὥστε καὶ
δήμου πατὴρ κεκλῆσθαι καὶ περὶ τὸν οἶκον τὸν ἐν ἀκροπόλει ἀεὶ
πλῆθος πολιτῶν συναγείρεσθαι.

CV.

Οὐ μὴν ἀλλὰ πολλοὺς ἤδη ξυνομόσαντας ὥστε ἀποκτεῖναι
ἑαυτόν, οὓς οὐκ ᾤετο τῷ βασιλεῖ ὡς ἀληθῶς εὔνοιαν ἔχειν· τὸν δὲ
Συνδερκόμιον, πανὺ ἀγαθὸν ἄνδρα καὶ πρότερον πρόθυμον ὄντα, ὃς
ἤδη οὐχ ἅπαξ μέλλων ἀποκτενεῖν θείᾳ τινὶ τύχῃ ἐπ' αὐτῷ τῷ
καιρῷ ἀπροσδοκήτως ἔτυχε σφαλείς, ἐπεὶ φανερῶς ἐπιβουλεύοντα
ξυνέλαβε, ἐλεγχόμενον παρὰ τῷ δικαστῇ οὕτω θαρσοῦντα εὗρε,
ὥστε οἴεσθαι δοκεῖν καὶ ἔτι ἀποκτενεῖν, καὶ φανερὸν γενέσθαι ὅτι
πολλοί εἰσι καὶ ἕτεροι ξυνομόσαντες ἄδηλοι, οὐχ ἧσσον θαρσοῦν-
τες· ἐπεὶ δὲ διεπράξατο ὥστε κατακριθῆναι, τοιοῦτος ὅμως τῷ
τε σχήματι καὶ τοῖς λόγοις ἐδόκει εἶναι οἷος ἄν τις πεποιθὼς μηδὲν
πείσεσθαι· ὥστε οἰόμενος στρατιωτῶν τινας ἐξελεῖν μέλλοντας
αὐτὸν τοῦ κινδύνου, ἀκριβέστατα ἐκέλευσε τηρεῖν τὸ δεσμωτήριον,
καὶ φύλακας ἱκανοὺς ἀεὶ παραμένειν. γενομένης δὲ τῆς ἡμέρας
οὓς μὲν ᾤετο πιστοτάτους εἶναι ἐπὶ τῷ ὄρει κατέστησεν ἔνθα ἦν ὁ
κυφών· τῶν δὲ φυλάκων ἐξεγειρόντων τὸν ἄνδρα τεθνηκὼς ἐπὶ
τῆς κλίνης ἐφάνη.

CVI.

Μόνος δὲ ὁ Μισχέριος οὐκ ἔφη διαρρήδην οὔτε αὐτὸς πρότερον
ἀπολείψειν τὸ στράτευμα οὔτε τῶν ἑαυτοῦ οὐδένα, πρὶν ὡς εἴρητο
ἐς Γαλλίαν ἐσβάλοιεν. ἀνάγκην γὰρ εἶναι τοῦτο μὲν δρᾶσαι
πιστόν γε ὄντα· ἀφικόμενος δὲ καὶ καταστάντος τοῦ στρατοπέδου
μόνος ὡς βασιλέα ἐλθὼν παραιτήσεσθαι ὥστε ἀπελθεῖν, ὡς μετὰ
τοῦ ἄρχοντος ξυνθέμενος, εἴ τι οἴκοθεν δέοι ἀποχωρεῖν ἐξεῖναι
αὐτῷ τε καὶ τοῖς στρατιώταις. οἱ δὲ ἀντεῖπον ὅτι νῦν μὲν οἷός τ'
ἐστὶν ἐννόμως ὅ,τι ἂν βούληται ποιεῖν· ἢν δὲ ἐν Γαλλίᾳ κατα-
ληφθῇ ὢν οὐκέτι δυνήσεσθαι· ὁ δὲ αἰτεῖν μὲν ἔφη δεῖν ἑαυτόν,
ἐκεῖνον δὲ ἐᾶσαι· σαφῶς δὲ εἰδέναι, ἐπειδὰν αὐτὸς ἐκτελῇ τὸ
ξυμβὰν οὐδὲ ἐκεῖνον ἐξαπατήσοντα. ἢν δὲ καὶ πειρᾶται οὐδὲν

πλέον ἕξειν, ὡς ἑαυτῷ τοὺς στρατιώτας ὅποι ἂν ἀπίῃ ἀκολουθή-
σοντας· ὥστε ἀξιοῦν ἀπαγγεῖλαι τῷ τε βασιλεῖ καὶ τῷ Ἰβήρῳ
ἐντὸς τεσσαράκοντα ἡμερῶν ἥξειν, εἰ δὲ στρατοπεδεύεσθαι ἐξείη οὐ
διὰ πολλοῦ παρέσεσθαι καὶ τοὺς στρατιώτας.

CVII.

Ὁ δὲ Ὀρμόνδιος σαφῶς ἤδη ἐπηγγείλατο τῷ βασιλεῖ λάθρα
αὐτὸς ἐς Ἀγγλίαν ἐλθὼν τοῖς προθύμοις συγγενέσθαι· καὶ εἰ μὲν
εὖ τύχοι βεβουλευμένον, θαρσυνεῖν τε καὶ τοὺς ἄλλους πείσειν
προσχωρεῖν, εἰ δὲ μήπω δόξαι ἕτοιμα εἶναι, κατασκευάσειν ὥστε
ἡσυχάζειν· τῶν δὲ ἐν τῇ χώρᾳ τά γε βασιλέως φρονούντων οὐδέν
ὄντιν' οὐκ εὐθὺς πείσεσθαι.

ὁ δὲ θεσμοθέτης οὐκ ἤθελε συγχωρεῖν, οἰόμενος αὐτὸν ἀνοήτως
ἐπὶ τὰ ἀδύνατα ὡρμῆσθαι, οὐδὲ ἔχων ὅπως τι ἀπ' αὐτοῦ ἐλπίζοι.
ὁ δὲ Ὀρμόνδιος τοῦ μὲν κινδύνου κατεφρόνει τὸ παράπαν, ὡς
πάντων τολμώντων μετὰ θαυμασίας ὅσης ἀσφαλείας ἐς Ἀγγλίαν
ἐλθεῖν καὶ μῆνα διατρίψαντας ἐν τῇ πόλει ἀναχωρεῖν, καίπερ τοῦ
Κρομυέλλου οὐχ ἥκιστα δὴ τότε ἀκριβῶς φυλάσσοντος. συγχω-
ροῦντος δὲ βασιλέως ὥστε ἰέναι αὐτὸν τοῦτο μόνον εὐλαβοῦντο μὴ
ἀπὼν φθόνον παρέχοι καὶ λόγον ποῖ ἄρα ἀποδημεῖ· ὥστε χρόνον
τινὰ ἐθρύλουν ὡς μέλλει δὴ εἰς Γερμανίαν πλεύσεσθαι ἵνα παρὰ
τοῦ Νεοδήμου ὃς εὖ πρὸς βασιλέα διέκειτο δύο λόχους ἐκείνῳ
κομίζοιτο.

CVIII.

Ὁ δὲ κίνδυνον μὲν λέγουσι ἐνεγέλασε καὶ ἤρετο τί ἄρα φοβοῦν-
ται στρατηγοῦντος ἑαυτοῦ καὶ ὑπὲρ αὐτῶν καὶ ἀποθανεῖν ἐθέ-
λοντος. ὁ δὲ Νικίας οὐκ ἀλόγως ἔφη τοῦ κινδύνου μνήσασθαι
ὅτι διέρχονται ὁσημέραι ταύτῃ στρατιῶται, καὶ ἤδη ἕνα λόχον

ἐν τῇ πόλει παρεῖναι· ὥστε ἴσως ἀπόντος ἐκείνου φθάσαι ἂν
ἀπολόμενοι πρὶν βοηθείας τυχεῖν· καὶ ἅμα ἐξηγεῖτο οἷα ὑβρί-
ζουσι. ὁ δὲ πρὸς πάντα ἀπεκρίνατο ὅτι ὁ βασιλεὺς τῶν ὅπλων
τοσαύτην ἔχει ἔνδειαν ὥστε λαβεῖν ἀνάγκην εἶναι. οἱ δὲ ἃ αὐτοὶ
τοῦ σφετέρου ἀργυρίου ὠνήσαντο ταῦτα προσήκειν τι ἑαυτοῖς
ἠξίουν· ὁ δὲ οὐδὲν προσεῖχεν, ἀλλὰ βεβουλεῦσθαι ἔφη ἁρπάζειν.
ὥστε ἀπολιπὼν αὐτὸν ὁ Νικίας καὶ πολλοὺς εὑρὼν συλλεγέντας
ἀπήγγελλε πάντα ὅσα διελέγοντο· οἱ δὲ ἀντεῖπον, εἰ ἐκεῖνος μόνον
συγγένοιτο, καὶ ἀποθανεῖν ἕτοιμοι εἶναι ὥστε μηδ᾽ ὁτιοῦν λαβεῖν
τὸν στρατηγόν· καὶ δὴ καὶ ἀναβάντες αὐτόν τε καὶ τὸν θεράποντα
καταβαλόντες ἐκτραχηλιεῖν.

CIX.

Καὶ τῷ μὲν ἄρχειν οὐχ ἥδεσθαι, ἐπαχθὲς ποιούμενος· ἀξιωθεὶς
δὲ τούτου, ἐθέλειν τοῖς τοιαύτην τιμὴν διδοῦσιν ὑπηρετεῖν, ἢν μὴ
βαρύ πως ᾖ τῶν παρόντων τινί· ἐὰν δέ τις οὕτως ἔχων δηλώσῃ
πρὶν ἄρχοντα προκηρυχθῆναι, εὐεργεσίαν ἡγήσεσθαι. οἱ δὲ κοινῇ
ἔφασαν οὐχ ὅπως ἀρκεῖν ἑαυτοῖς τοῦτο ἀλλὰ ἡδονὴν παρέχειν
μεγίστην. ὁ δὲ ἀντεῖπεν ὅτι εἰ ἀληθὲς εἴη ὅπερ λέγοιεν ἀξιοῖ
αὐτοὺς προθύμως καὶ ἀπροφασίστως τῶν τῆς πόλεως συνεπιλα-
βέσθαι· λιπαρεῖν δὲ σφόδρα, εἴ τι μὴ ἀρέσκει ἢ αὐτὸς ἢ τὸ τὴν
πόλιν παρὰ τοῦ πέρυσιν ἄρχοντος διαδέχεσθαι, εὐθὺς σαφῶς
δηλῶσαι, ὡς τότε μέν λέγουσι χάριν πολλὴν εἴσεσθαι, ὕστερον δὲ
μεταχειρίσαντι τὸ πρᾶγμα ἢν τις ἀντιστῇ καὶ ὁτιοῦν ἢ τῇ ἀρχῇ
ἀνθαμιλλᾶται, οὐκ ἀνέξεσθαι· ἄρχων μὲν γὰρ οὐκ ἀκριβολογή-
σεσθαι, ὅσα δὲ ἔννομον καὶ δίκαιον εἴη ἀξιῶσαι, οὐδένα ἐάσειν
παραβῆναι.

οἱ δὲ ἅπαντες ὁμοίως δίκαιον εἶναι ἔλεγον καὶ ἐπιτήδειον ἄρχειν,
αὐτοὶ δὲ ὠφελήσειν μᾶλλον ἢ τῆς ἐξουσίας τι ἀφαιρεῖν πειρά-
σεσθαι.

CX.

Πειρωμένῳ δὲ πάνυ χαλεπὸν ἐγένετο κατέχειν τὸ χωρίον, τοσού-
των περιεστηκότων πολεμίων· εἰ δὲ μὴ τῇ τε ἀρετῇ ἀήσσητος ἦν,
καὶ τά τε τῶν θεῶν καὶ τῆς πόλεως ἐν τοῖς πρῶτον προὐθυμεῖτο,
οὐκ ἂν τοσαῦτα κινδυνεύειν ὑπέστη, ἐπεὶ πάντα σαφῶς προεῖδεν,
οὔτε νέος ὢν ἔτι οὔτε ἀξύνετος. τοὺς μὲν γὰρ ἐν τῇ πόλει ἤδη τὸ
πλέον τῷ δήμῳ ἐναντιουμένους· εἰ δὲ καὶ πάντες ἄλλως ἐφρόνουν,
πολλοῦ δεῖν τοῦ μὴ οἵους τ᾽ εἶναι πλείοσι μαχομένους ἀμύνεσθαι·
οὐδὲ τοὺς τὰ δήμου φρονοῦντας στρατιώτας διὰ τοσούτου ἀπεχόντας
ὠφέλειαν εἰκὸς εἶναι ἐν καιρῷ πέμψαι. οὐδὲ ἐλπίδα δὴ εἶναι
ἄλλην τοῖς ξυγκινδυνεύουσι πλὴν ἑαυτοῦ· ὥστε τοῖς μὲν ἱππεῦσιν
ἐξεῖναι, ἐπεὶ οὐκέτι περὶ πατρίδος δύναιντο μάχεσθαι, ὑποχωροῦσι
γοῦν καλῶς ἐς τὸ στράτευμα σώζεσθαι· δεῖν δὲ ἑαυτὸν ἢ νικήσαντα
ὀρθοῦσθαι ἢ ἐν ἀσθενεστάτῃ πόλει καρτεροῦντα σφαλῆναι. Ὁ δὲ
Λάμαχος καίπερ τὰ αὐτὰ δοκῶν κινδυνεύειν, σοφῶς μέντοι διεπρά-
ξατο ὥστε λόγῳ μόνον στρατηγῶν ἐκείνῳ πάντα ἔργῳ ἐπιτρέπειν,
ἐλπίζων δὴ κατορθώσας μὲν ἕξειν τὸ κλέος, εἰ δὲ μή, ἀναχώρησιν
γοῦν ὑπάρχειν.

CXI.

Ἐνταῦθα δὲ χρόνον τινὰ ἐπισχών, ἐπεὶ Ἱππίας Θήβηθεν ἐξορμώ-
μενος φόβον πάρεσχε μὴ ἐπὶ τὴν πόλιν δὴ ἔλθῃ, καταλιπών τι τοῦ
πεζοῦ καὶ τῆς παρασκευῆς ἐκείνῳ παρηκολούθει· ὁ δὲ γνοὺς διενοή-
σατο φθάσαι πρὶν ἐπελθεῖν τοὺς μέλλοντας μάχην συμβαλών,
ἐθελόντων δὲ ἐκείνων ἰσόρροπος ἐγένετό τις μάχη περὶ ἧς τοῖς τὰ
τοιαῦτα συγγράψασι καθ᾽ ἕκαστον δεδήλωται. τῷ δὲ Ἱππίᾳ ἀπέ-
θανε μὲν ὁ στρατηγός, τὸ δὲ σημεῖον ἑάλω, ὃ ὕστερον ἐκομίσαντο·
τοῦ δὲ δήμου πολλοὶ καὶ ἀγαθοὶ ἀπέθανον καὶ ἐλήφθησαν. καὶ ὁ
μὲν Νικίας ἐς Θεσπιὰς ἀφίκετο, ὁ δὲ Ἱππίας ἐς Κόρινθον ὅθεν ὁ
Ἀλκιβιάδης κατέδραμε τὴν χώραν πολλὰ δῃῶν καὶ βλάπτων.
ὥστε φοβουμένων τὸν Ἱππίαν τῶν οἴκοθεν, μετεπέμψατο τὸν
Νικίαν ὁ δῆμος εἰπὼν περὶ τὴν πόλιν καθῆσθαι· ἐπεὶ δὲ ἧκεν καὶ

E

παρῆν ὁ Ἱππίας ἐς Ἐλευσῖνα, ἐλθόντες πρέσβεις τινὲς ἠξίωσαν ἐς σύμβασιν ἐλθεῖν· ὁ δὲ τὸν θεὸν ἐμαρτύρετο ἦ μὴν ἄχθεσθαι ἐφ' οἷς ἔπαθον, καὶ ἵνα τὰ περὶ εἰρήνης πράσσοι ἐς πόλιν ἐθέλειν μεταστὰς ἃ αἰτοῦσι πυθέσθαι καὶ ἐς λόγους ἐλθεῖν.

CXII.

Τότε δὲ συγκαλέσας τοὺς ἑαυτοῦ, καὶ δηλώσας αὐτοῖς οἵῳ πράγματι ἐπιχειροῦσι, σαφῶς ἔφη εἰδέναι ὅτι δίκαιοί γε καὶ εὐσεβεῖς ὄντες οὐκ ἂν οὐδ' εἴ τι γένοιτο σφαλεῖεν ὧν γε ἅπαξ ἠξίωσαν ἄρχεσθαι· οὐ τοίνυν ἀποκνεῖν μὴ οὐ πάντα ἐξηγεῖσθαι τὸν κίνδυνον, ὃν ἔτι δύνανται φεύγειν, ὥστε ἐπιχειρήσαντες ἢν δεινὰ πάθωσι, αὐτοὶ προελόμενοι οὐκ ἂν δικαίως τὸν στρατηγὸν αἰτιάσασθαι. προκαλουμένων γὰρ τοιαῦτα ἐλθεῖν εἰκὸς τοὺς πολεμίους, καὶ τὰ ἔσχατα ὑπ' αὐτῶν παθεῖν σφᾶς, ὥστε μηδὲν δεινότερον μηδὲ ἐνθυμήσασθαι μηδένα. οὐ γὰρ ἀγανακτεῖν δεῖν ἢν οἰκίας ἴδωσι φλέγουσας, ἀλλ' αὐτοὺς μᾶλλον ἢν δέῃ καθάπτειν, οὐδὲ ἢν τοὺς ἑαυτῶν κλήρους δῃουμένους ὁρῶσι καὶ φανερῶς τεμνομένους· ἀνέχεσθαι μὲν οὖν καρτεροῦντας, προσβάλλοντας, φαύλως καὶ φειδωλῶς διαιτῶντας, καὶ εἰ τύχοι καὶ πεινῶντας καὶ πάνυ χαλεπῶς διακειμένους. οὐδὲ μὴν τοιαῦτα παθοῦσι φανερὰν σωτηρίας εἶναι ἐλπίδα, ἀλλὰ κινδυνεύειν παντὸς μᾶλλον τὸ τείχισμα ἢ τὸ χωρίον φυλάσσοντας, ὅπερ ἀτείχιστον ὂν ὡς ἀπὸ τοῦ ἀνθρωπίνου εἰκάσαι οὐκ ἂν κατασχεῖν τοσούτων γε πολεμίων μελλόντων ἐπιέναι.

CXIII.

Πάντα οὖν οὕτως ἡσυχάζοντα γνοὺς ὁ δῆμος, οὐδὲ κίνδυνον ἔτι ὄντα μή τι σφαλερὸν γένοιτο, σφόδρα δὴ τὸν στρατηγὸν ἐπόθει εἰς Σκοτίαν ὡς πρότερον καθῆσθαι. ὁ δὲ οὐδὲν παρ' ἐκείνων προσδεχόμενος ἐπὶ τὴν πόλιν ἐπορεύετο· ὥστε οὐχ εἶχον ὅπως ἐπ' ὠφέλειαν μεταπεμψάμενοι αὐτὸν αὖθις ἀπιέναι κελεύοιεν, μὴ συγγενόμενοι μηδὲ μισθὸν καὶ χάριν ἀποδόντες ὧν ὑπηρέτησε· πέμψαντες μέντοι ἠξίουν τοὺς μὲν ἄλλους ἐς Σκοτίαν ἀφεῖναι,

αὐτὸν δὲ ἐς τὴν πόλιν ἐλθεῖν μὴ πλείονας πεντακοσίων ἔχοντα
ἱππέων· ὁ δὲ ἀφεὶς ὅσους ἱκανοὺς ἡγεῖτο πρὸς τὰ ἐκεῖσε, αὐτὸς
προσῄει μετὰ ὁπλιτῶν καὶ ἱππέων ὡς πεντακισχιλίων, τοιούτοις
ἐξελόμενος οὓς πιστοὺς ἐσομένοις σαφῶς εἰδείη. ἀφικόμενος δὲ
ἐς Ἐβορακόν, τὸν Φάριον κατέλαβε κατέχοντα, ὃς ἀσμένως ἐδέξατο,
ὡς διὰ τοῦτο τοσούτους συλλέξαντα καὶ λαβόντα τὸ χωρίον, ἵνα
μὴ φθάσαντες ἐκεῖσε οἱ τοῦ δήμου ἐμποδὼν αὐτῷ γένοιντο δι'
Ἀγγλίας πορευομένῳ.

CXIV.

Γνοὺς δὲ ἐθαύμαζε μὲν ὁ Λαμβέρτης, ἰδὼν δὲ πολλῷ πλείονας
ὄντας τοὺς πολεμίους, ἐπεὶ ἀπεχώρησέ τι τῆς ἑαυτοῦ στρατιᾶς,
πρέσβεις ἔπεμψεν ὥστε ἐς λόγους ἐλθεῖν. πείσας δέ, ἄρχοντα
ἔφη δοκεῖν τὸν Ῥίχαρδον αὖθις καθιστάναι, αὐτὸς δὲ ὠφελήσειν
μεθ' ὅσων πείθειν δύναιτο. ὁ δὲ ἀνόητον μὲν τοῦτο ὂν καὶ
ἀδύνατον ἔγνω, πρότερον δὲ ἄμεινον ἡγούμενος τῷ στρατηγῷ
πιστὸς παρέμενεν, ὡς τὰ βασιλέως δὴ φρονοῦντι· ὥστε οὐκ ἤθελε
τὸν λόγον δέξασθαι. ἑκατέρων τοίνυν αὖθις πόλεμον παρασκευα-
ζόντων, αἰσθόμενος ὁ Λαμβέρτης ἕτερον λόχον ἀφεστῶτα πρὸς
τὸν πολέμιον, φυγῇ ἂν μόνον ᾤετο σωθῆναι ὡς ταχὺν δὴ ἔχων τὸν
ἵππον. τηρῶν δὲ ἐκεῖνος οὐδ' ἥσσω ἔχων ἵππον καὶ αὐτός, κατα-
λαβὼν ἐζώγρει, πολλὰ καὶ δεινὰ μάτην μαρτυρόμενον ὥστε ἀπο-
φυγεῖν.

CXV.

Ὁ δὲ Φίλιππος οὐκ ἐθέλων δὴ τοῖς ἐκεῖ πλέον συγγίγνεσθαι,
πρότερον μὲν οὔτε Αἰσχίνῃ οὔτε ἄλλον οὐδένα πρεσβεύτην πρὸς
ἑαυτὸν εἰσεδέχετο· δόξαν δὲ πεμφθῆναι τῇ Μεγαρέτῃ ἐπιστολὴν
ἔπεμψεν, ὡς ἐκεῖνον μὲν ἡδέως δέξεται, τοῖς δὲ ἄλλοις οὐδὲν ἐπι-
τιμήσει. ὅτι δὲ οὐκ ἄνευ κινδύνου ἀφίκετο, σημεῖον ἔτι καὶ νῦν
ἔχομεν συγγραφήν τινα θαυμαστήν, ἣν ἔγραψαν τῶν περὶ Αἰσχίνη
τινές, τῷ ἑαυτοῦ ἕκαστος αἵματι χρησάμενοι. ἐνταῦθα γὰρ

ἠγγιῶντο ἦ μὴν εἴπερ ἀγαθοί γέ εἰσι καὶ πιστοί, ἤν τι πάθῃ
ἀποδημῶν ὁ ἄγγελος, δίκην λήψεσθαι ἱκανὴν εἴτε παρὰ Φιλώνδου
εἴτε ἄλλου ὁτουοῦν ὃς ἂν αἴτιος γένηται. οὗτος γὰρ τοῖς ἐκεῖ
παντὸς μᾶλλον βδελυρὸς ἐφαίνετο εἶναι. ὥστε ταύτην τὴν
συγγραφὴν γράψαντες ἑπτὰ τῶν πάνυ πολιτῶν, οἵτινες ὕστερον
στασιαζούσης τῆς πόλεως σχεδὸν ἅπαντες λαμπροὶ ἐγένοντο, παρὰ
τὴν Αἰσχίνου γυναῖκα κατέθεντο, μέλλουσαν δὴ ὡς εἰκὸς ἐκπλα-
γῆναι μᾶλλον τῷ γε τοιούτῳ ἢ πεπισμένην θαρσῆσαι.

CXVI.

Διὰ ταύτην οὖν τὴν στρατείαν πολλῷ ἥσσονες ἐγένοντο τῷ
ἀξιώματι οἱ Λακεδαιμόνιοι, ὥστε τὴν ἡγεμονίαν οὐκέτι ἠξίουν ἔχειν
τοῦ μέλλοντος ξυνάγεσθαι στρατεύματος, οὐδὲ ἄλλως οὐδαμῶς
πρωτεύειν· ἀλλὰ πρέσβεις ἔκ τε Λακεδαίμονος πέμψαντες καὶ ἐκ
πασῶν τῶν ξυμμάχων πόλεων ἐς Ἀθήνας, ἐθέλειν ἔφασαν ἐκείνους
ναυαρχεῖν ἐφ' ᾧτε αὐτοὶ κατὰ γῆν στρατηγήσουσι. ταύτην δὲ
τὴν ξύμβασιν καίπερ ἀμφοτέρων ἀξίαν δοκοῦσαν εἶναι, τοιούτων
γε καὶ τοσούτων ὄντων, ὅμως οὐκ ἐδέξαντο, οἰόμενοι τοὺς ἐπιβάτας
τε καὶ τοῖς ἄλλοις τοῖς ἐπὶ νεῶν οὐδενὸς ἀξίους εἶναι πρὸς τοὺς
ἱππέας τε καὶ ὁπλίτας οἳ κατὰ γῆν ἐστρατεύοντο, πάντες ἐλεύθεροι
ὄντες καὶ πολῖται Ἀθηναῖοι, ὑπὸ Λακεδαιμονίοις μέλλοντες εἶναι.
ξυνεχώρησαν οὖν ὥστε κατὰ χρόνον διανέμειν τὴν ἀρχήν, ἑκατέρων
πέντε ἡμέρας ἐφεξῆς ἡγουμένων, ὥστε παντὸς ἄρχειν τοῦ τε πεζοῦ
καὶ τοῦ ναυτικοῦ. οὕτω δὲ ξυμβάντες φανεροί εἰσι φιλοτιμούμενοι
μᾶλλον ἢ τοῦ κοινῇ ξυμφέροντος ἐπιμελούμενοι· τοῦτο γὰρ σκοπεῖν
οὐχ οἷόν τε, οὕτω δι' ὀλίγου δέον ἑτέρους ἀνθ' ἑτέρων λόγῳ τε
βουλεύεσθαι καὶ ἔργῳ ἐπιχειρεῖν.

CXVII.

Τοὺς δὲ ὄρνιθας ὁ θεραπεύων τῷ στρατηγῷ ἀπήγγειλεν ὅτι οὕτω
προθύμως ἐσθίοιεν ὥστε τῶν σιτίων τι χαμαὶ καταβαλεῖν· ὅπερ
δὴ ἄριστος οἰωνός. μέλλοντι οὖν σημαίνειν τῷ στρατηγῷ προσ-

ἐλθὼν ὁ Παπίριος ψευδῶς ἔφη ἀγγεῖλαι τὸν ἄνδρα· τἀληθὲς γὰρ
εἰπεῖν τῶν ἑταίρων τινάς, τοῖς ὄρνιθας μὴ ὅτι προθύμως φαγεῖν
ἀλλ' οὐδὲ γεύσασθαι ἐθέλειν τοῦ σίτου· ὁ δὲ Καλῶς, ἔφη, ἐποίησας
τοῦτό μοι ἀπαγγείλας· εἰ δὲ ἐψεύσατο ἐκεῖνος τοὺς θεοὺς αὐτὸς
σκοπείτω. ἤγγειλε γάρ μοι ὡς ἄριστα ἔχειν τὰ ἱερά· ὥστε εὐθὺς
σημαίνω. ὁρᾶτε δὲ ὑμεῖς, ἔφη ἑκατονταρχαῖς τισὶ τοῖς παροῦσι,
ὅπως ἐν πρώτῃ τάξει μαχοῦνται οὗτός τε καὶ οἱ σὺν αὐτῷ. συνέβη
δὲ ἀκοντίῳ βεβλημένον τὸν ἄνδρα, πρὶν ἑκατέρους παιανίσαι,
καταπεσεῖν τεθνεῶτα. ἅπερ πυθόμενος ὁ στρατηγός, Οἱ θεοί, ἔφη,
παρόντες ἡμῖν τὸν αἴτιον δὴ ἐτιμωρήσαντο. ἔτι δὲ λέγοντος,
κόραξ τις ἔμπροσθεν πετόμενος μέγα ἐφθέγξατο· ὁ δὲ στρατηγὸς
εὐθὺς ἐσήμηνε, βοῶν ὅτι οὐδεπώποτε οἱ θεοὶ φανερώτερον δηλώσαιεν
παρόντες τε καὶ ὠφελοῦντες· ἄραντες δὲ τὸν παιᾶνα ἐν πολλῇ
δὴ ἐλπίδι ἐπῄεσαν.

CXVIII.

Νυκτὸς γὰρ ἐκεῖσε ἀφικόμενοι δεινὰ ἐπάσχομεν ὑπὸ ἀνέμου καὶ
ὕδατος μεγάλου καὶ χαλεποῦ. πολὺ γὰρ πορευσάμενοι οὐκ εἴχομεν
ὅποι κοιμώμεθα· εὑρόντες δὲ ἱερόν τι ἐν τῷ προαστείῳ καὶ καλύβας
τινὰς καὶ οἰκίας φαύλας, εἰς ταύτας αὐλισάμενοι καὶ καιρὸν
λαβόντες τοὺς ἔνδον προὐκαλεσάμεθα ἐνδοῦναι. ἐπεὶ δὲ τὸν κήρυκα
οὐκ ἤθελον τὸ πρῶτον δέχεσθαι ἀλλὰ τοῖς τόξοις ἐστοχάζοντο,
ἔχοντες ἡμεῖς γνωρίμους τινὰς ἐκείνοις λοχαγούς, ἐπέμψαμεν
δηλώσοντας ὅτι μέρος τι μέγα τῆς στρατιᾶς πάρεστι. χαλεπαί-
νοντες δὲ μάλιστα πολὺ ἐφ' ἡμᾶς ἔβαλλον, καίπερ οὐδὲν τόξευμα
ἀφέντας· νυκτὸς γὰρ οὐ προσήκειν προκαλεῖσθαι.

τέλος δὲ ξυνεχώρησεν ὁ ἄρχων ὥστε πρέσβεις δύο ἐκπέμπειν,
σκεψομένους δὴ μᾶλλον εἰ ἱκανοί ἐσμεν ἀναγκάζειν. λόγων δὲ
πᾶσαν σχεδὸν τὴν νύκτα γενομένων παρέλαβον ἅμα τῇ ἕῳ τὴν
πόλιν ἐπὶ καλοῖς ὡς νομίζεται. ἐγὼ δὲ τοσούτῳ ῥᾷον ὡμολόγησα
ἐπεὶ διακοσίους μὲν μάλιστα εἶχον ὁπλίτας, μηχανὰς δὲ καὶ κλί-
μακας οὔπω, οὐδὲ μὴν οὐδὲν ὅτῳ ἂν ἐβιαζόμην.

CXIX.

Ὁ δὲ ἐν ᾧ ταχὺ πορεύεται τότε πρῶτον ἔγνω ὅντινα τρόπον εἰκὸς τοὺς Μασσιλιώτας ἀμύνεσθαι· τούτων δὲ οὕτω χρήσιμος ἡ βοήθεια, ὥστε ἀφικόμενος εὐθὺς ἠξίου ἐς λόγους ἐλθεῖν τοῖς πεντεκαίδεκα ὧν ἦν ἡ ἀρχή· ἡκόντων δὲ προθύμως ἐς τὸ στρατόπεδον, ἔπειθε τῇ βουλῇ μᾶλλον τῇ ἐκ τῆς πόλεως πείθεσθαι ἢ ἰδιώτῃ ὑπήκοος γενέσθαι· οἱ δὲ πρὸς ἑκάτερον ἔφασαν διεστάναι δοκεῖν τὴν πόλιν, τοὺς μὲν πρὸς Καίσαρα, τοὺς δὲ πρὸς Πομπεῖον· χάριν δὲ αὐτοὶ ἀμφοτέροις πολλὴν ὀφείλοντες οὐδὲ ἱκανοὶ ὄντες τοιούτους ἀνταγωνιστὰς διαγνῶναι, οἴεσθαι δεῖν ἀμφοτέρους ὁμοίως ἐξώσασθαι.

ἐπεὶ δὲ τάχιστα οὗτοι ἀπῴχοντο, καταγόμενον τὸν ἐκείνων ναύαρχον ἐς τὸν λιμένα μετὰ τῶν νεῶν προθύμως οἱ πολῖται εἰσεδέξαντο. ὑπαρχόντων μὲν γὰρ τῶν ἄλλων, καὶ ἐς πάντα αὐτοὶ προθυμούμενοι, μόνον στρατηγὸν οὐκ εἶχον οὐδένα.

CXX.

Ὁ δὲ Ποστούμιος, ὡς πάντα αὐτῷ παρεσκεύαστο τοῖς πολεμίοις ἐπιθέσθαι, τοιόνδε αὖ τρόπον ἐσεμνύνετο. ὁ μὲν γὰρ Φάβιος τῶν ἐν τῇ Σαμνιτικῇ, ὡς εἴρηται, ἡγούμενος, Κομίνιον ἐπολιόρκει, ὅπερ τῶν Ῥωμαίων πρότερον ἑλόντων καὶ κατακαυσάντων οἱ Σαμνῖται πάλιν ἐτείχισαν. εἰπόντος δὲ ἐκείνου ὑποχωρεῖν ὁ Φάβιος τῇ βουλῇ ἔφη ταῦτα πείθεσθαι· ἐπ' αὐτὸ γὰρ τοῦτο ᾧ ἐπιχειρεῖ, στρατηγεῖν ἔτι προστετάχθαι. ὡς δὲ καὶ πρέσβεις παρὰ τῆς βουλῆς ἥκοντες ἀπεῖπον τῷ Ποστουμίῳ μὴ οἷς κελεύει ἐναντιοῦσθαι, ἀπεκρίνατο ἑαυτοῦ εἶναι στρατηγοῦ γε ὄντος τῇ βουλῇ ἐπιτάσσειν, ἀλλ' οὐκ ἐκείνων ἑαυτῷ. οἱ δὲ καὶ πρότερον μόλις ἂν οἰόμενοι οὕτως αὐθάδη ὄντα ἀναπείθειν, οὐ μέντοι οὕτως ὑβριστικῶς ἀποκρινεῖσθαι προσεδόκων· ἐπεὶ δὲ οὐδὲν αὐτοῖς εἴρητο πλὴν τὰ ἐπεσταλμένα ἀπαγγεῖλαι, οὐδὲ εἶχον ὅπως τῷ στρατηγῷ

ἀπειθοῖεν, ἀπῇεσαν οὐδὲν ἔτι πράξαντες. ὁ δὲ ἐς τὸ Κομίνιον
ἐχώρει, ὡς τὸν Φάβιον ἀναγκάσων· γνοὺς δὲ οὐδὲν ἐναντιούμενον
αὐτὸν οἴκαδε ἀπέπεμψε, καὶ ἀμφοτέρων αὐτὸς ἦρχε τῶν στρατευ-
μάτων.

CXXI.

Καὶ οὐ διὰ πολλοῦ πρὸς τὸν υἱὸν περιστραφεὶς ὃς περιέμενε
ὅ,τι κελεύσει ὡς αἰδούμενος δὴ μάλα, οὕτω προσεῖπε· Εἰ τὰ νῦν
διδόμενα τοσαῦτα ὄντα διεδέχου πολλὴν ἂν χάριν ἔδει σε ἔχειν·
ὅτῳ δὲ μᾶλλον, ὅστις παρὰ ζῶντος τοῦ πατρὸς ἑκουσίως προιέμενα
παρέλαβες. ταύτην δὲ καίπερ τοσαύτην οὖσαν ἀποδεδόσθαι νομιῶ
ἅπασαν, ἐὰν μόνον τοὺς ἀρχομένους τὰ δέοντα πράξῃς, τοιαῦτα
ἄρχων ὥστε ἃ νυνὶ δρῶ ἐπαίνου ἀλλὰ μὴ ψόγου ἄξια φανῆναι.
σὺ δὲ ὥσπερ ἦρξω οὕτω καὶ διατέλει, εὐσεβῶς καὶ δικαίως
καὶ ἐννόμως διάγων, καὶ τὸ μέγιστον τὰ τῶν θεῶν θεραπεύων·
καὶ ταῦτα δρῶντι δοῖέν σοι υἱὸν οἱ θεοί, ᾧτινι γηράσκων καὶ
νόσῳ ἀρρωστῶν τὴν ἀρχὴν δυνήσει εὐνοίᾳ τοιαύτῃ παραδοῦναι ὡς
καὶ ἐγὼ σοί. τοιαῦτα δὲ λέξας, ὡς ἐκεῖνος κλαίων πρὸς πόδας
ἤμελλε πεσὼν διϊσχυριεῖσθαι, ὅτι πάσῃ τέχνῃ διανοεῖται τοιούτου
πατρὸς ἄξιος γενέσθαι, ἄρας ἔπεσχε μετὰ πολλῶν δακρύων ἀσπαζό-
μενος· εἶτα δὲ ἀπειρηκὼς καὶ θαυμασίως ὡς ὠχρὸς γενόμενος ἐς
τὴν ἕδραν κατεκλίνετο, καὶ τὸν δῆμον ἐμβλέπων σμικρᾷ τῇ φωνῇ
τοὺς θεοὺς οὐχ ἅπαξ μόνον εὔξατο ἐπιμελεῖσθαι.

CXXII.

Ὁ δὲ βασιλεύς, ἵνα λανθάνοι δὴ δεινὸς ὢν προδότης, προσε-
ποιεῖτο ὡς φανερὰ γέγονε συνωμοσία τις τῶν Εὐγενῶν, ὥστε
αὐτὸν καταλαβεῖν, καὶ δι' ἀσφάλειαν ἀναγκασθῆναι τοιαῦτα
κολάζειν. καὶ τὸν Φενελῶνα τὸν ἐν Ἀγγλίᾳ προξενοῦντα πέμψας
ἐκέλευσε παρὰ τὴν βασίλειαν ἐξουσίαν παρασκευασάμενον τὰ

νεωστὶ γεγενημένα ἐξηγεῖσθαι. ὁ δὲ σπουδαῖός τε ὢν καὶ ἀγα-
νακτῶν δὴ ὅτι οὕτω ἄγριοι καὶ ἄπιστοι ἐφάνησαν οἱ περὶ τὸν
βασιλέα, οὐδὲ ἀπώκνει μὴ οὐκ αἰσχρὸν φάσκειν τὸ Γαλλικὸν
κεκλῆσθαι· ἀνάγκη δὲ ὅμως ἦν πείθεσθαι καὶ ὡς εἴρητο ἀπο-
λογεῖσθαι. οἱ δὲ Ἄγγλοι πάντες τοιούτῳ τρόπῳ ἐδέχοντο αὐτόν,
ὡς ἄξιον ἤδη ὂν τῶν ἐκεῖθεν γενομένων, καὶ οὕτω σεμνοὶ ἐφαίνοντο
ὥστε μηδὲν ἂν δεινότερον λέγεσθαι. πάντων γὰρ τῇ ὄψει σκυθρω-
πούντων, καὶ σιγῇ ὡσπερεὶ νυκτὸς ἐφ' ἅπαντα τὰ βασίλεια
ἡσυχαζόντων, ἀνδρῶν τε καὶ γυναικῶν ἑκατέρωσε πενθικῶς ἐχόντων,
οὐδενὸς οὔτε ἀσπαζομένου οὔτε εὐνοίᾳ προσβλέποντος εἰς αὐτὴν
τὴν βασίλειαν προήγετο.

CXXIII.

Ἡ δὲ Ἔλισσα, πυθομένη τά τε ἄλλα καὶ ὅτι ταῦτα ἀμφισβη-
τεῖται, τὸ πρᾶγμα ᾤετο σαφέστερον κατορθώσειν τῆς μέχρι τούτου
ἐλπίδος· ὥστε δόξαν ἅπαντα φανερὰ γενέσθαι, τοὺς πρέσβεις
ἐκέλευε πρὸς πόλιν ἥκοντας βουλεύεσθαι, ὡς διὰ τοσούτου βραδύ-
τερον πράσσοντας. ἐλθοῦσι δὲ τῶν πάνυ τινὰς βουλευτῶν προσέ-
θηκεν ὥστε συμπράσσειν. ἡ δὲ Μαρία ἀγνοοῦσα τοιαῦτα λάθρα
διανοουμένην, καὶ οἰομένη ἢ δείσαντα τὸν Μοραῖον ἢ αἰσχυνθέντα
ἀποκνήσειν ἔτι μηδὲν δεινὸν αὐτῆς κατηγορεῖν, ἥδεσθαι ἔφη ὅτι
ἀλλόσε ποι μεθιστᾶσι τὴν ἐξέτασιν, ὡς οὐδενὶ ἂν μᾶλλον ἐπιτρέ-
ψασα ἢ τῇ Ἐλίσσῃ, τῇ ἤδη μελλούσῃ παρεῖναι καὶ ἐπισκέψασθαι.
γενομένης οὖν αὖθις ἐν τῇ πόλει τῆς ἐξετάσεως, οἱ τῆς Μαρίας
πρέσβεις οὐδὲν μᾶλλον τοῦ πρὶν ἀπέσχοντο ὥστε μὴ οὐ παραγίγ-
νεσθαι.

CXXIV.

Ὠφέλιμον δὲ τοῦτο μάλιστα ἔφη ἔσεσθαι αὐτοῖς, ἢν ἑκατὸν
προσχωρήσωσι μάχιμοι ἄνδρες, οὓς πρότερον ἔδει ἐπὶ νεῶν εἶναι.
οὐδὲ γὰρ εἰ ἐσώθη τὸ ναυτικὸν οὐδὲν ἂν χρήσασθαι ἐπὶ ταύτην γε

τὴν στρατείαν· ἐπεὶ κατορθοῦσι μὲν οὐδὲν νεῶν ὄφελος, σφαλέντας
δὲ οὐδ' ἂν ἐφικέσθαι, διὰ τοσούτου ἐν τοῖς ἀνωτέρω ἀπόντας. δι' ὃ
ἄλλο τι σκοποῦντας καὶ φυγῆς τε καὶ τῶν τοιούτων ὡς εἰκὸς
ἄνδρας ἀγαθοὺς καταφρονοῦντας δεῖν ἔργον ᾧ ἐπεχείρησαν ἐκ-
τελέσαι, ὡς σφαλερὸν μὲν ὂν τὸ μεταγνῶναι τοῖς ἅπαξ ποι προ-
χωρήσασι· ἢν δὲ ἑαυτοῖς τε καὶ τῷ στρατηγῷ ὥσπερ καὶ πρότερον
πεποιθότες θαρσῶσι, σαφέστατα κατορθώσειν· αὐτὸς μὲν γὰρ
μένειν βεβουλεῖσθαι ἕως ἂν συνῇ εἷς τις ἄλλος· τοὺς δ' ἑτέρους,
ἤν τις δειλὸς ὢν μὴ ἐθέλῃ συγκινδυνεύων τῆς δόξης μετασχεῖν,
τούτους νὴ Δία χρῆναι τὴν μόνην ἔτι παροῦσαν ναῦν ἐσβάντας
οἴκαδε ὁρμᾶσθαι, ἵνα τοῖς ἐκεῖσε ἀγγείλωσι ὡς τόν τε στρατηγὸν
καὶ τοὺς στρατιώτας προδεδώκασι, καὶ σφᾶς αὐτοὺς περιμένωσι
πολλὴν τὴν λείαν κομιζομένους.

CXXV.

Ἁλουσῶν δὲ τῶν γεφυρῶν, ἔπεμψεν ὁ στρατηγὸς πρὸς τὸν
ἀδελφὸν ἄγγελόν τινα, ὃς πόρῳ τινὶ τῶν κάτω διαβὰς τὴν ξυμ-
φορὰν ἐς τὴν πόλιν κατήγγειλε. κήρυκα δὲ ἐκεῖσε πέμψαντες,
τοὺς ἐν τῇ μάχῃ τεθνηκότας ἐς πόλιν ἐφ' ἁμαξῶν κομισάμενοι
ἔθαψαν, εἴκοσι μάλιστα ὄντας ἰσχυροὺς καὶ καρτεροὺς ἄνδρας·
τῇ δὲ ἰσχύϊ ὅτε πλεῖστον ἔδει οὐδὲν δὴ ἐδύναντο χρῆσθαι, ὡς
πλήθους ἀπροσδοκήτους καταλαβόντος. τῶν δὲ πολεμίων πᾶσαν
ἐκείνην τὴν ἡμέραν τῇ πόλει παρακαθημένων, οὕτω δὴ τὰ ἔξω
φοβούμενοι καὶ ἔνδον δυσθυμοῦντές τε καὶ δεινὰ ποιούμενοι πάνυ
χαλεπῶς εἶχον. τοῖς δὲ πολίταις οἱ τὰ βασιλέως φρονοῦντες τὴν
ἀκρόπολιν ἐπῃτιῶντο ὡς ἐπικίνδυνον ἐσομένην· τὸν γὰρ ἄρχοντα
μετὰ τῶν ἑαυτοῦ ἐκεῖσε καταφυγόντας τὴν πόλιν ἀφύλακτον κατα-
λείψειν. ἐπεὶ δὲ ὁ στρατηγὸς διαρρήδην ἀπεῖπε μηδένα τῶν ἐκεῖ
ἔξω τοῦ χωρίου νυκτερίζειν, μὴ καὶ τοῦτο ἁλοίη, ἐλοιδοροῦντο
αὖθις οἱ πολῖται τοῖς ἐν τῇ ἀκροπόλει ἅπασιν· ὁ δὲ ὀλιγωρῶν οἷα
ἀδίκως σχετλιάζουσι σὺν τῷ θεῷ τήν τε πόλιν καὶ τὸ ἄκρον
ἐφύλασσε μέχρι οὗ ἀφίκετο ὁ ἀδελφός.

CXXVI.

Ἄλλα δὲ ἐμηχανᾶτο ὁ ὕπατος ἵνα τῇδε φανερὸν γένοιτο τὸ
πρᾶγμα· εὑρὼν γάρ τινας τῶν συμπρασσόντων τοῖς ἐκ τῆς πόλεως
συνωμόταις γράμματα ἔχοντας, ἐπεὶ ἀνέγνω ταῦτα, συλληφθῆναι
ἐκέλευσε τοὺς ἄνδρας καὶ χωρὶς ἕκαστον πρὸς τὴν βουλὴν ἐξήλεγχε
παρόντων ὧν αὐτοὶ ἐξέπεμπον, δείξας ἅμα ἃ αὐτοὶ ἐσφράγιζον
γράμματα. οἱ δὲ βουλευταὶ κρυφῇ ἐξήταζον τὰ ἐγκλήματα,
σκοποῦντες οἷα ἐδήλωσαν οἱ συνωμόται. ἰδίᾳ γὰρ ὑπὸ τούτων ὅ,τι
ἕκαστον ἔδει πράσσειν ἐμηνύετο, τὸν μὲν ἀποκτείνειν τὸν ὕπατον,
τὸν δὲ τὸ κοινὸν συλᾶν, ἕτερον δὲ ἐμπρῆσαι τὴν πόλιν· ἅμα δὲ καὶ
τὰ σημεῖα ἐλέγετο τὰ συγκείμενα, καὶ ὅπως δεήσοι διανέμειν τὴν
λείαν. ἐπεὶ δὲ ἐξελεγχθέντες κατεκρίθησαν, πρὸς τὸν δῆμον
ἀγορεύων οὐδὲν τεκμήριον παρεῖχε τῆς ἐπιβουλῆς, τοῦτο μόνον
δηλώσας ὡς φανεροί εἰσι τῷ Κατιλίνῃ συμπράσσοντες τῷ κοινῇ
ἐχθρῷ, καὶ τῶν Ἀλλοβρόγων πρεσβέσι τισὶ συγγενόμενοι.

CXXVII.

Βραδὺς δὲ πάντα ἦν καὶ ἄπορος ὁ Ἀντώνιος, ὥστε εὔνους
ὑπωπτεύετο εἶναι καὶ ἴσως καί τι συμπράσσειν τοῖς πολεμίοις οὓς
ἔδει καταστρέψασθαι. οἱ δὲ ὕπαρχοι ἔτυχον πρόθυμοι ὄντες καὶ
συνετοὶ ὥστε σώζεσθαι τὴν πολιτείαν· ὁ μὲν γὰρ Μέτελλος ἐπει-
γόμενος μετὰ μυρίων καὶ πεντακισχιλίων στρατιωτῶν, καὶ Πίκηνον
καὶ Οὐμβρίαν κατέχων φυλάσσων τε τὰ πρὸς βορέαν τοῦ ὄρους,
ἐν ἀταξίᾳ ὄντας τοὺς ἐκεῖ ἔπεσχε. καὶ ἐν Βρυττίῳ καὶ Ἀπου-
λίᾳ ἐπαναστάντας τινὰς ἀβούλως καὶ μετ' οὐδεμιᾶς παρασκευῆς
ταχέως ἐς ἡσυχίαν ἔθεντο· ἐπεὶ δὲ χειμὼν ἦν, εἰ ὁ Κατιλίνας τοῖς
περιβάλλοντας ἐδύνατο ἐκφυγεῖν, τοὺς Ἰτάλους ἂν ἀπέστησε καὶ
τὰ ἐπιτήδεια κατεσκευάσατο ὥστε τοῦ ἐπιγενομένου ἐνιαυτοῦ
πολεμεῖν. ἀλλὰ ἐν Φαισόλαις ὢν ἐπεὶ δήλους γενομένους ἔγνω
τοὺς συνωμότας καὶ ἡσσημένους, τὴν Πιστορικὴν διαβάς, εἴ πως
ἐς Γαλλίαν ἀφίκοιτο, ὡς τὰ ὄρη ἤμελλε ὑπερβαλεῖν, τὸν Μέτελλον
εὗρεν ἐναντιούμενον.

CXXVIII.

Ὁ μὲν οὖν Εὐρυμέδων δεινὰ ποιούμενος ὅτι ἡ μὲν χώρα τέμνεται, στρατιῶται δέ τινες μὴ ὅτι ὠφελοῦσιν ἀλλὰ καὶ δῃοῦσι τὰ μικρὰ ταῦτα χωρία ὅθεν μόνον ἐλπὶς ἦν πορίζεσθαι τὰ ἐπιτήδεια, τῶν δὲ Θερμαγόρου συλησάντων τινὰς τῶν ἑαυτοῦ προσελθὼν ἠξίωσε ἀποδοῦναί τε καὶ κατασχεῖν τοὺς ἄνδρας μηδὲν ληίζεσθαι. τοῦ δὲ φάσκοντος ὅτι περὶ ἐλευθερίας μαχόμενος ἐλεύθερος ἀξιοῖ εἶναι τὰ πάντα, ὡς πολλὰ ἀντειπόντες ἐλοιδοροῦντο, ὁ Θερμαγόρας τῷ δήμῳ ἐκέλευσε δηλῶσαι ἤν τι ἀδικῆται. ἀγανακτοῦντος δὲ τοῦ Εὐρυμέδοντος, ἐπεὶ ἐν φανερῷ ταῦτα ἐγίγνετο, ὁ στρατηγὸς καὶ αὐτὸς πολλὰ παθὼν ὑπ' ἐκείνου, βαρέως ἔφερεν εἰ ἡ πόλις οὕτω βλαβήσεται, καὶ τοσούτους ἐς οὐδὲν ἀναλώσουσι ὅ τε ἡγούμενος ἄπειρος ὤν, καὶ οἱ ἄλλοι ἀπειθοῦντες καὶ ἐν ἀταξίᾳ ὄντες. ὥστε συνεβουλεύοντο ἀμφότεροι ὁμοίως πρόθυμοι ὄντες ἐς τὸ κοινόν, εἴ πως μηχανὴν εὕροιεν· καὶ πρεσβεύτην ἐπὶ τὴν πόλιν ἔπεμψαν, οὐδὲν ἥδιον πράσσοντα ἢ τοιαῦτα δι' ὧν ἤμελλον οἱ ἐν τέλει ἀτιμωθῆναι εἴτε ἄξιοι δή εἰσι εἴτε καὶ οὔ· τοῦτον οὖν ἐκεῖθεν ἔπεμψαν τῷ δήμῳ δηλώσοντα τὸν Θερμαγόραν οἷα διαπράσσεται, ὑποπτεύειν τε αὐτὸν ὡς προδότης ὢν τὴν στρατίαν κάκιστα διῴκησεν.

CXXIX.

Καὶ τοὺς μὲν Ἱσπανοὺς ἔλαθε γενόμενον τοῦτο, πάντων κρυφῇ πρασσόντων· ὁ δὲ στρατηγὸς οὐδὲ καθεύδων ἤμελλεν ἀπροσδόκητος καταληφθῆναι. λαμπρᾶς δὲ τύχῃ σελήνης οὔσης ἐπεὶ ὀψὲ ἦν τοῦ θέρους τῶν φυλάκων τις πολλοὺς ἰδὼν Ἰνδοὺς διὰ μακροῦ σφίσι προσιόντας, εὐθὺς ἐμήνυσε τὸ πρᾶγμα. οἱ δὲ στρατιῶται εὕδοντες ὡς εἴρηται παρὰ τοῖς ὅπλοις, τῶν ἵππων πλησίον δεδεμένων καὶ παρεσκευασμένων, ταχὺ ἅπαντες τὰ ὅπλα ἀνέλαβον. ἐνταῦθα δὲ ὁ στρατηγὸς ἰδὼν τοὺς Ἰνδοὺς εὐλαβῶς τὸ πεδίον διαβαίνοντας, ὑπερέχοντας τῇ κεφαλῇ τοῦ σίτου ᾧ ἐπεκρύπτετο ὡς ἐπὶ τὸ πολὺ ἡ γῆ, οὐδαμῶς ἤθελεν ἐν τῷ τειχίσματι περιμένειν, ἀλλὰ

ἐκδραμὼν τοῖς πολεμίοις ἐπιθέσθαι ὑπὸ τὸ ὄρος ἀφιγμένοις. οἱ δὲ
λάθρα καὶ βραδέως ἐπιόντες οὐδὲ ἐκεῖθεν οὐδ᾽ ὁτιοῦν ἀκούοντες
πάντας ᾤοντο ὕπνῳ κεκοιμῆσθαι· ἐπεὶ δὲ τάχιστα ἐς τὸ καταντὲς
ἀφίκοντο, μεγάλῃ φωνῇ οἱ Ἱσπανοὶ ἄραντες τὸν παιᾶνα ἐξαίφνης
πανστρατιᾷ ἐφαίνοντο τοῦ τειχίσματος ἐξορμώμενοι καὶ τοῦ ὄρους
καταδραμόντες ἐκπεπληγμένοις ἐπέθεντο.

CXXX.

Τοιαῦτα τοίνυν ταρασσόμενος ὁ Βίβυλος καὶ ἀπορῶν, ἐπεὶ δη-
μάρχους τινὰς πείσας παρὰ τῷ δήμῳ κωλύειν τὸ πρᾶγμα οὐδὲν
μᾶλλον οὐδ᾽ οὕτως ἔπρασσεν, οἰωνίζεσθαι προσποιούμενος τὸ
λοιπὸν τοῦ ἐνιαυτοῦ ὅσιον εἶναι ἐκήρυξεν. ὡς δὲ οὔτ᾽ ἔννομον οὔτε
σύνηθες ἦν οὔτε δὴ ὅσιον ἐν τῷ τοιούτῳ δημοσίᾳ οὐδὲν πρᾶξαι,
τολμηρότατος ἐδόκει εἶναι ὁ τοῦ ἐνθυμίου ὀλιγωρῶν, καίπερ
φανερῶς ψευδοῦς ὄντος· τοῦ δὲ δήμου οὕτω θυμουμένου ὥστε καὶ
πάντων καταφρονεῖν, ἔδοξε ῥητῇ ἡμέρᾳ τὸ ψήφισμα ἐς τὴν ἐκκλη-
σίαν εἰσφέρειν. ἄθροοι δὲ ἕωθεν ἐς ἀγόραν συναγειρόμενοι ἵνα μὴ
τῶν ἑτέρων ἔμπλεως γένοιτο, ἥκοντος ὅμως τοῦ Βιβύλου καὶ αὐτῷ
τῷ Καίσαρι τολμηρῶς ἐναντιουμένου ἐς τὴν στοὰν τοῦ Διοσκούρων
ἔνθεν δημηγορεῖν ἤμελλεν, τέως μὲν παρεχώρουν· ὡς δὲ τῷ λόγῳ
λοιδορεῖν ἐπεχείρει, εὐθέως καταβαλόντες τῆς κλίμακος καὶ
ῥήξαντες τὰς ῥάβδους αὐτόν τε καὶ τοὺς συνόντας ἐπιθέμενοι
ἐτραυμάτιζον.

CXXXI.

Τῶν δὲ δημάρχων δύο τὸ μὲν διάδημα ἐκέλευσαν ἐκ τοῦ στεφάνου
περιαιρεῖν, τὸν δὲ περιθέντα τοῦτο τῷ ἀνδριάντι συλλαβεῖν· γνοὺς
δὲ ὁ Καῖσαρ πολλὰ καὶ δεινὰ ἐλοιδορεῖτο αὐτοῖς ὅτι εἰς ὀργὴν δὴ
ἑαυτῷ τὸ πλῆθος παροξύνουσιν, ὡς τυράννῳ κεκλῆσθαι ἐπιθυ-
μοῦντι· καὶ ἀπειπὼν μηκέτι δημαρχεῖν καὶ ἐκβαλὼν τῆς βουλῆς
(ὅπερ ἐξῆν τῷ γε τιμητῇ) ὀλοφύρασθαι ἅμα λέγεται ὡς δεινὰ

πάσχοι, ὅντινα φύσει φιλάνθρωπον ὄντα ἢ τἀνάντια δεῖ πράσσειν ἑαυτῷ ἢ ὑβριζόμενον ἀνέχεσθαι. καὶ οὕτω φασὶν ἀγανακτεῖν αὐτὸν τοῖς ταῦτα ἐργασαμένοις, ὥστε καὶ τὸν πατέρα ἠξίωσε τὸν τοῦ Καικετίου ἐξώσασθαι τὸν υἱόν, ὡς αὐτὸς ἦν πείθηται τοῖν ἑτέροιν ἱκανὴν τροφὴν παρέξων. ὁ δὲ γέρων ῥᾷον ἂν ἔφη αὐτὸν πάντας τοὺς παῖδας ἀφελεῖν ἢ ἕνα πεῖσαι ἐξώσασθαι ὡς οὐκέτι ἄξιον ὄντα ὑπὸ πατρὸς τρέφεσθαι.

CXXXII.

Τοιούτους οὖν τοὺς νεανίας ἔτρεφεν ὁ Σεβαστός, ἄλλην οὐδεμίαν ἐλπίδα ἔχων πρίν γε ἄνδρες γένοιντο οἱ υἱεῖς· ὥστε ἠξίου αὐτοὺς ἑαυτῷ τε καὶ τῇ πόλει πάντα ὑπηρετεῖν, καὶ ἐς βαρβάρων μεθόρια ἀπέπεμψε καὶ τὰ πορρωτάτω χωρία ὥστε μὴ ταῖς οἴκοι ἡδοναῖς διαφθαρῆναι. σαφῶς μὲν γὰρ ἤδη ὅτι ἀπόντες μὲν φίλοι ἂν γένοιντο τῷ πλήθει μᾶλλον ἢ ἔγγυθεν συνδιαιτώμενοι· Τιβέριον μὲν τοίνυν ἐς Παννωνίαν ἔπεμψε τοὺς ἐκεῖσε ἐπαναστάντας καταστρεψόμενος, τὸν δὲ Δροῦσον ἐς Γαλλίαν τὰ τῆς ἀρχῆς αὐτοῦ ἐς πόλιν ἥκοιτος διοικήσων. τὰ δὲ ἔθνη τὰ πέρα τῶν Ἄλπων βαρέως ἔτι φέροντα ὅσα ἔτασσον οἱ ἐκ τῆς πόλεως τελεῖν, ἐξετάσεως ἐν Λουγδύνῳ γενομένης τοῦ τε πλήθους καὶ τῶν χρημάτων, καὶ πλείονος διὰ τοῦτο ταχθέντος τοῦ φόρου, πολλῷ δὴ μᾶλλον ὡς εἰκὸς ἐδυσχέραινεν. τῶν δὲ Γερμάνων τηρούντων καὶ πρότερον ἦν καιρὸν λάβωσι, τότε δὲ παρασκευαζομένων ὥστε τὸν Ῥῆνον διαβῆναι, προεῖπεν ὁ Δροῦσος ὅστις πιστὸς εἴη τῷ βασιλεῖ πάντας ἐν Λουγδύνῳ βωμὸν καταστῆναι.

CXXXIII.

Γιοὺς δὲ ὁ Ὄθων ἀνέλπιστα ὄντα τὰ πράγματα ἡσσημένους τε τῇ περὶ ἀρχῆς μάχῃ τοὺς ἑαυτοῦ βουλευσάμενος τί χρὴ δρᾶν πάντας συνεκάλεσε· οὐδὲ ῥᾴδιον δὴ ἦν ἐς ἡσυχίαν καταστῆναι οἵτινες τόλμῃ τε καὶ ὀργῇ ἔκφρονες γενόμενοι τὴν πόλιν ἔτι οἷόν

τε ἐβόων σώζειν οὐδὲ ἀνελπίδα δεῖν εἶναι τὸν ἄρχοντα ᾧ πιστοὶ
ἔτι εἰσὶν οἱ στρατιῶται· ὠφελήσειν γὰρ ἢν μὴ ἀθυμήσῃ ὥστε
πάντα κατορθῶσαι. ὁ δὲ ἐπῄνει μὲν τῆς εὐνοίας, κλαίων δὲ οὐ
τοσούτου ἔφη ἄξιον σωθῆναι. τὸν γὰρ πόλεμον, ὡς οὐκ αὐτὸς
ἤρξατο, οὕτως οὐδὲ αἴτιος δοκεῖν βούλεσθαι τοῦ μὴ διαλύεσθαι·
οὐδὲ μὴν οὔτε τιμωρίας ἐπιθυμεῖν οὔτε παραμυθίας, καὶ τοῦτο δεῖν
τῆς ἀρετῆς νομίζειν τεκμήριον, ὅτι μέλλων ἀποθανεῖν οὐδένα
αἰτιᾶται.

τοιαῦτα δὲ παρακελευσάμενος ἐς τὴν σκηνὴν ἀπεχώρησε· θόρυ-
βον δὲ οὐ διὰ μακροῦ ἀκούσας ἐπεὶ ἐς τὸ στρατόπεδον ἧκε ἤρετο
τί πράσσοιεν· γνοὺς δὲ ἀποκτείνειν ἀπειλοῦντας τοὺς στρατιώτας
ἤν τις ἀπιέναι ἐπιχειρῇ, καὶ τοῖς ἡγουμένοις καταμεμψάμενος,
πάλιν ἀπῆλθε. δύο δὲ μαχαίρας μεταπεμψάμενος καὶ πεῖραν
ποιησάμενος ὁποτέρα ἐστὶν ὀξυτέρα καὶ ταύτην προελόμενος ὥστε
χρήσασθαι ἐφ᾽ ἑαυτὸν ἡσύχως κατακείμενος τὸ τελευταῖον ἐκοιμήθη.

CXXXIV.

Τὸν δὲ ὡς μάλιστα ταῦτα πράξαντα μετεπέμψατο ὁ τύραννος,
ἔτι ἀγνοοῦντα ὅτι φανερὸς γεγένηται, καὶ παρ᾽ ἑαυτὸν καθίσας
ἠγόρευεν, ἀπειπὼν μὴ ὑπολαβεῖν· παρεσκεύαστο γὰρ αὐτῷ ἅπαντα,
ὥσπερ εἰώθει καὶ ξυγγράψαι εἴ τι περὶ τῶν μεγίστων μέλλοι λέγειν.
διεξῆλθεν οὖν οἷα εὐεργέτησεν αὐτόν, καίπερ ἐχθρὸν ὄντα καὶ
πατρὸς ἐχθροῦ γεγονότα· σώσας γὰρ μὴ θανεῖν καὶ πλοῦτον δεδω-
κέναι καὶ τιμάς, ὥστε καὶ ἱερέα καταστῆσαι πολλῶν τῶν περὶ
ἑαυτὸν προελόμενος. Σὺ δὲ τοσαῦτα, ἔφη, ὠφελημένος εἶτα
ἀποκτεῖναί με διανοεῖ; ὁ δὲ καὶ πρότερον δυσχεραίνων τότε δὴ
οὐκέτι ἠνέσχετο σιωπῶν ἀλλὰ διϊσχυρίσατο ἦ μὴν μηδὲν τοιοῦτον
ἐπιβουλεῦσαι· ὁ δὲ τύραννος, Ἀλλὰ ὑπέσχου γάρ, ἔφη, μηδὲν
ὑπολαβὼν ἀντερεῖν· καὶ ἅμα ἡσύχως διεξῄει τὰ περὶ τοὺς ξυνε-
στῶτας ἅπαντα, καὶ τελευτῶν ἐπήρετο τί ἄρα βουλόμενος ταῦτα
διανοοῖτο· Πῶς γάρ, ἔφη, ἄρχειν ἂν ἠξίοις, ὅστις οὐδ᾽ ἰδιώτης ὢν
ἄξιον οὐδὲν διαπράσσει;

CXXXV.

Οἱ δὲ Ὁλλάνδιοι ἐν τοιούτῳ κινδύνῳ περιειλημμένοι κατὰ τύχην τινὰ ἐσώθησαν. τοῦ γὰρ ἄρχοντος ἐξαίφνης τελευτῶντος οἱ στρατιῶται δυσχεραίνοντές τε διὰ μισθοῦ ἔνδειαν, καὶ ἀτακτοῦντες ὡς οὐδενὸς ἡγουμένου, βιαίως ἐπαναστάντες πάντα ἐτάρασσον. πορθοῦντες γὰρ καὶ συλῶντες Μαστρίχιον καὶ Ἀντέρπην τοὺς ἐνοικοῦντας ἐπὶ πολὺ ἀπέκτεινον, τὰς ἑτέρας πόλεις τὰ αὐτὰ δράσειν ἀπειλοῦντες· ὥστε πάντες πλὴν Λυξιπόλεως κοινῇ ξυγχωρήσαντες ὥστε ἀλλήλοις ἀμύνειν τόν τε Ὀράγγιον καὶ τοὺς Ὁλλανδίους ἐπὶ βοηθείᾳ ἐπήγοντο. καὶ ξυνέβη ὥστε σπονδὰς ποιήσασθαι, ἐφ' ᾧτε ἕκαστοι τοὺς ἀλλοφύλους πειράσονται ἐκβαλεῖν, καὶ ἐλεύθεροι ὥσπερ τὸ ἀρχαῖον γενέσθαι. ἄρχων τοίνυν καταστὰς ὁ Ἰωάννης, νόθος ὢν καὶ Φιλίππου ἀδελφός, ἐπεὶ ἐς Λυξίπολιν ἀφίκετο, τὸν μὲν δῆμον οὕτω τετειχισμένον εὗρε τοὺς δὲ Ἰσπανοὺς τοῖς χωρίοις διεσπαρμένους, ὥστε οὐχ ἱκανὸς ὢν ἐναντιοῦσθαι ἃ ᾔτουν ξυνεχώρει. καὶ ἐκπεσόντων ἐκείνων τέλος ἀναπνεῦσαί τι ἐδόκει ὁ δῆμος τῆς κακοπαθείας.

CXXXVI.

Ὁ δὲ Κόρτης, μὴ ὅτι ἠγανάκτει ἐπὶ τῷ βιαίῳ ἢ καὶ αὐτὸς τοιαῦτα ἀντέλεγε, ἀλλὰ μετρίως μᾶλλον οὐδὲν ἔφη ἧσσον θέλειν ἢ παρὰ τὰ εἰρημένα τι δρᾶσαι. καὶ αὐτὸς μὲν ἥδιον ἂν αὐτοῦ μένων κέρδος παρὰ τῶν βαρβάρων προσκτᾶσθαι· ἐπεὶ δὲ ἄλλως ἐκείνοις δοκεῖ ξυγχωρήσας ἀπιέναι κελεύσειν, ὥσπερ καὶ βούλονται. καὶ τῇ ὑστεραίᾳ ἐκήρυξεν ἑτοίμους εἶναι πάντας εἰς τὰς ναῦς ἐμβῆναι ὥστε ἐπὶ Κύβης πλεῖν.

ἀκούσαντες δὲ ἐν πολλῷ δὴ θορύβῳ ἦσαν· οἱ μὲν γὰρ πρότερον βοῶντες ὥστε πλεῖν, μεταβαλόντες ὥσπερ εἰώθασιν οἱ ῥᾷον τυχόντες ὧν ἐφίενται, τότε δὴ δεινὸν ἐποιοῦντο, οἱ δὲ φίλοι τοῦ Κόρτου μεγάλῃ τῇ φωνῇ ἐσχετλίαζον, καὶ ἄθροοι περὶ τὴν σκηνὴν γειόμενοι καὶ προδεδόσθαι φάσκοντες ἠξίωσαν ἀναθέσθαι ἃ ἐκήρυξε.

ἥκειν μὲν γὰρ ἐπὶ τῷ ἀποικίαν καταστῆσαι ἣν ἱκανοὶ ὦσι τὰ περὶ
τὴν χώραν, νῦν δὲ μανθάνειν ὅτι οὐκ ἐᾷ ὁ ἄρχων. ἀξιοῦν δὲ
ἄλλους, τὴν γῆν κυριωτέρους ὄντας κτήσασθαι, ὡς οὐκ ἐκείνου
οὖσαν ἀλλὰ τοῖς οἴκοι ἐξευρεθεῖσαν, ὥστε ἀποικίαν δεῖν καταστῆσαι
ᾗ τὰ τούτων φυλάξουσιν, ἀλλὰ μὴ μάτην κερδαίνοντας διατρίβειν
μηδὲ οἴκαδε ἀπιέναι, οὗ ἐκ τῶν παρόντων οὐδὲν αἴσχιον.

CXXXVII.

Ὁ δὲ πρότερον μηχανήν τινα διανοούμενος τότε δὴ ἐβούλευσε
πρᾶξαι. εἰδὼς γὰρ ὅσα μὲν αὐτός τε καὶ οἱ ἄποικοι νεωστὶ
ἔπρασσον, μὴ συνεπαινοῦντος τοῦ βασιλέως, πάντα ἂν ἄκυρα
γενόμενα, τὸν δὲ Φελάσκιον, ὡς μέγα παρ' ἐκείνῳ δυνάμενον, ἢν
ἀποστάντα γνῷ, οὐδὲν ἂν ἄλλο διαπραξάμενον ἢ ὥστε λαθόντα
ἀπολέσαι, φθάσαι δὴ οὖν βουλόμενος ἐν νῷ εἶχε ναῦς οἴκαδε
πέμψας αὐτῷ τῷ βασιλεῖ μηνῦσαι ὅσα τε καὶ οἷα ἐξεῦρε, καὶ
πείθειν ἢν δύνηται ἐπαινέσαι. καὶ μὴν καὶ εὐνούστερον παρέχειν
διενοήσατο, τοιαῦτα δωρησάμενος ὥστε μεγάλα φανῆναι οἷα
ὠφέλησε. κοινολογησάμενος οὖν τοῖς λοχαγοῖς αὐτούς τε ἔπειθε
τὸ ἑαυτῶν μέρος μεθεῖναι, καὶ τοιαῦτα τοὺς ἄνδρας αἰτῆσαι, ὡς
προθυμουμένου ταῦτα τοῦ στρατηγοῦ, καὶ αὐτοῦ ἐν τοῖς πρῶτον
τὸ ἑαυτοῦ προέντος, οὐχ ἧσσον ὃν τοῦ βασιλεῖ προσήκοντος.
ἕκαστον μὲν γὰρ ὀλίγον τι μεθιέντα κοινῇ μέγα τι δῶρον εἰσοίσειν
καὶ ἄξιον ἐκείνου ᾧ δωροῦνται. καὶ ταῦτα νῦν ἐνδόντας εἰκὸς εἶναι
τῶν τε γενομένων συγγνώμης τυχεῖν καὶ τὸ λοιπὸν χάριν κατα-
θέσθαι, καὶ ἔπειτα πολὺ πλείω ἐπικτήσεσθαι, ἀσφαλῶς τὸν
ἐκεῖθεν πλοῦτον ἔχοντας.

CXXXVIII.

Ὁ δὲ πάντα πράξας ὅσα πρὸς τὴν πόλιν ἔδει καὶ οὐδὲν ὧι
ᾔτησε λαβών, οὕτω παρ' ὀλίγον ὅμως ἔθετο, ὥστε μὴ ὅπως ἐπαύ-

σατο ἀλλ' ἔτι καὶ μᾶλλον προὐθυμεῖτο. ἔπειτα οὖν τῷ Ἰβηρίας
βασιλεῖ ἐπηγγέλλετο, ὡς ἐν τῇ ἐκείνου πάλαι ἤδη μετοικῶν, ὥστε
δεύτερον αὐτὸν ἡγεῖτο, ᾧ δεῖ ὑπηρετεῖν. καὶ διὰ πάντα ἐν πολλῇ
ἐλπίδι ἦν παρὰ τοῦτον ἥκων, ὡς αὐτὸν μὲν τολμηρόν τε ὄντα καὶ
τῆς ναυτικῆς οὐκ ἀνεπιστήμονα, καὶ μέγα δὴ φρονοῦντα ἐπὶ τῷ
βοηθεῖν τοῖς τῆς γῆς τὰ ἀνεύρετα ἐρευνῶσι, τοὺς δὲ ἐνοικοῦντας
νεῶν οὐδενὸς ἧσσον ἐμπείρους ὄντας, καὶ ἥκιστα ἂν ἐκπλαγέντας
τῷ ἀηθές τι κινδυνεύειν. τοῖς δὲ ἐδόκει, εἰδόσιν αὐτὸν τέχνῃ ἅμα
καὶ ἀρετῇ διάφορον ὄντα, οὔτε ἀνόητον οὐδὲν εἰκὸς εἶναι διανοεῖ-
σθαι, οὔτε ὑποπτεύεσθαι ὡς κακῶς σφίσι φρονοῦντα· ὥστε ἀσμένως
ἥκουεν αὐτοῦ ὁ βασιλεύς.

CXXXIX.

Μάταια δὲ ἀπέφαινεν ὄντα καὶ ἐπικίνδυνα ἃ ἔγραψεν ὁ Βελεύς,
ὡς τὸ βασιλικὸν καθαιροῦντα· τούτῳ δὲ ὅστις καὶ λόγῳ ἐπι-
χειροίη, φανερὸν δεῖν πολέμιον νομίζειν. τὸ γὰρ μὴ ἐᾶν χρῆσθαι
τῇ βασιλείᾳ ἐξουσίᾳ, τί διαφέρει, ἔφη, τοῦ ἀπαρνεῖσθαι μηδὲ εἶναι
βασίλειαν; ἐκείνοις δέ, καίπερ σαφῶς εἰδόσιν ὅτι οὕτω φιλάν-
θρωπός ἐστιν ὥστε εἰκότως ὑβρίζειν τοὺς ἀρχομένους, ἀνόητον
μέντοι ἐς τυράννους ἀσελγέστερόν τι νεανιεύεσθαι. δεῖν γὰρ τὸν
περὶ τοῦ λαγὼ μῦθον μνημονεύειν, ὅστις εἰρημένον πάντα τὰ
κεράσφορα ἐκπεσεῖν παρὰ τοῦ βασιλέως εὐθέως ἀπῴχετο μὴ κέρα
δὴ ἀντὶ ὤτων δοκοίη φορεῖν. τῷ δὲ μύθῳ ἀπεσήμαινε δήπου,
ὅστις τὰ τοιαῦτα καὶ ἀκοῦσαι ἐθέλοι μὴ ἐπιτιμῶν, μηδὲ τοῦτον
ἔξω εἶναι τοῦ κινδύνου. ὥστε εὐλαβητέον, ἔφη, μὴ εἰ οὕτως ἔτι
πολυπραγμονοῖεν, ἐκείνη τὴν ἑαυτῆς δύναμιν φυλάσσουσα, ἐπεὶ οἷα
τε ἐστὶ τοὺς ἐλευθέρους εἶναι ἀξιοῦντας καταδουλῶσαι καὶ ἃ ἂν
δοκῇ πράσσειν, ὅμοια δράσῃ τῷ Γαλλίας τυράννῳ καὶ (τὸ λεγό-
μενον) τὴν ἀρχὴν ἐξελευθεροῖ μηκέτι ἐπιτροπεύεσθαι.

CXL.

Καὶ οἱ μὲν ὑπὲρ τῶν ἀρχόντων λέγοντες σφόδρα ἐκέλευον
ἀποκτεῖναι, οἱ δὲ ἐξ ἐναντίας οὐχ ἧσσον ἀντέλεγον, ὡς εἰκὸς δὴ

ἦν τόν γε δῆμον μὴ ἐθέλειν κυρίαν εἶναι περὶ θανάτου τὴν βουλὴν·
οὐ γὰρ ἔννομον εἶναι εἰ μὴ φεύγειν ἐκείνους ἢ δεδέσθαι. καὶ οἱ
μὲν ὑπωπτεύοντο ὡς διεφθαρμένοι ἢ οὐκέτι πιστοὶ ὄντες, ὁ δὲ Κάτων
δικαίως δὴ ἐφαίνετο λέγειν ὑπὲρ τῶν ὀλίγων, ὅτι πολέμιοί εἰσιν οἱ
κατεγνωσμένοι, ἀλλ' οὐκέτι πολῖται, ἐπεὶ τοῖς πολεμίοις συμπράσ-
σοντες ἄτιμοι ἐγένοντο. καὶ αὐτός γε ὁ Κικέρων ἀποκτεῖναι
ἠξίωσεν· οὐδέτεροι μέντοι τῷ νόμῳ ἀκριβῶς ἐχρῶντο, τὸ συμφέρον
καὶ τὸ ἐπιτήδειον μᾶλλον σκοποῦντες. τέλος δὲ ἔδοξε μὴ φεί-
δεσθαι, τῷ δὲ στρατηγῷ τολμᾶν προθυμουμένῳ συνήνεσεν ἡ
βουλή.

CXLI.

Ἐδυσχέραινε δ' οὐχ ἧσσον ἡ Μαρία τὴν κρίσιν, ὥστε πάσῃ
τέχνῃ καὶ μηχανῇ χρησαμένη ἡ Ἔλισσα μόλις πως ἔπεισε τοῖς
συγκειμένοις ἐμμένειν. οὐ γὰρ ἔφη ἐλέγξειν, ἢν μὴ κελεύῃ καὶ
συνεπαινῇ ἐκείνη, ἀλλὰ ἀπολογουμένην μόνον ὡς φίλη ἀκούσεσθαι,
ὡς ἃ συκοφαντοῦσιν οἱ πολέμιοι πάντα ῥᾴδιον ἐσόμενον ἐξελέγξαι·
ἢν δὲ μὴ πάνυ πείθῃ, ἀλλὰ αὐτὴ γοῦν προθυμήσεσθαι ὥστε μέτριόν
τι συμβῆναι, ὡς οὔποτε διανοουμένη ἐς δίκην τοὺς ἀποστάντας
ὑπηκόους τὴν ἄρχουσαν προσκαλεῖσθαι, ἀλλὰ μᾶλλον αὐτοὺς
κρίνεσθαι περὶ ὧν ἔδρασαν. ἐπεὶ δὲ τοιαῦτα εὐπρεπῶς ἐπαγγελλο-
μένη ἔπεισε, συνεχώρησεν ἡ Μαρία ὥστε συνηγόρους πέμψαι
οἵτινες πρὸς τοὺς ἐκείνης δικαστὰς ἀπολογήσονται.

CXLII.

Κατηγοροῦντος δὲ τοῦ Κικέρωνος ὀλίγα μὲν ἀντεῖπεν ὁ Κατι-
λίνας δεινὰ δὲ ὅμως ἀπειλῶν· ἐπεὶ δὲ ἀπεχώρησε, ἐπιστολὴν
πέμψας πρὸς τοὺς πάνυ τινὰς τῶν πολιτῶν, πρὸς Μασσιλίαν ἔφη
ἐν νῷ ἔχειν ἑκὼν φεύγειν. τῷ δὲ Κατίλῳ ὃν οἰκειότατον ἑαυτῷ
ἢ ἐνόμιζεν ἢ νομίζειν προσεποιεῖτο, φανερῶς ἤδη ἐδήλου ὅτι τῶν
ἐχθρῶν βίᾳ χρωμένων τὰ ἔσχατα ἀναγκάζεται βουλεῦσαι, οὐδὲ

ἀνέξεται οὐκέτι τοὺς μὲν κακοὺς τιμωμένους καὶ ἀρχὴν ἐπιτετραμμένους αὐτὸς δὲ διὰ ἄδικον ὑποψίαν ἀπωθούμενος· συνελόντι δὲ εἰπεῖν, ἤδη βεβουλεῖσθαι νεωτερίζειν τὰ πράγματα. τοῦτο γὰρ δῆλος ἦν διανοούμενος, ἐπεὶ λόγῳ γε ἠπείλει ὡς προστάτης τῶν πενήτων καὶ ταλαιπωρουμένων ἐσόμενος τῶν ἔν τε τῇ πόλει καὶ πάσῃ Ἰταλίᾳ. Ἀρρέτιον δὲ ἀφικόμενος καὶ πάντα ὡς στρατηγὸς πράσσων ἐς τὸ Μαλλίου στρατόπεδον πιστοῦ ὄντος προσῄει· οὗτος γὰρ προεκπεμφθεὶς ὡς φανερῶς ἤδη ἀποστήσων τὰ χωρία τοὺς ἀγροίκους προθύμως ἐπώτρυνε.

CXLIII.

Ταῦτα δὲ ἀκούσαντες, οἱ Ἰσπανοὶ τὸν μὲν Νάριον οὐχ ἧσσον ὑπώπτευον ὡς προδιδόντα τὰ πράγματα· ὁ δὲ Κόλυμβος σαφῶς γνοὺς οὐ καιρὸν ὄντα ἀκριβῶς ἐξετάσαι τὰ πεπραγμένα αὐτῷ, πειθόντων πολλῶν λοχαγῶν αὐτόν τε συλλαβεῖν καὶ τοῖς βαρβάροις ἐπιθέμενον δίκην λαβεῖν τῶν ἀποθανόντων, οὐδαμῶς ἤθελεν. δεῖν γὰρ φίλον τινὰ προσθέσθαι τῶν αὐτόθεν ὥστε ῥᾷον τὴν ἀποικίαν καταστῆσαι, καὶ μὴ μάτην ἀκαίρῳ βίᾳ χρησαμένους καὶ ἀναγκάζοντας τοὺς βαρβάρους κοινῇ τι ἐπιβουλεύειν ἐν πολλῷ ἤδη κινδύνῳ γενέσθαι. ἀνωφελὲς γὰρ οἰόμενος δίκην λαβεῖν ὧν ἤδη ἔπαθεν, εὐλαβεῖτο μᾶλλον ὅπως τοῦ λοιποῦ μηδὲν ἔτι ἀδικήσεται, καὶ χωρίον ἑλόμενος ἐπιτηδειότερον καὶ ὑγιεινότερον τοῦ Νεοδανοῦ, ἐν μεγάλῳ καταστὰς πεδίῳ παρὰ λιμένι οὐ μικρῷ τὸν τόπον ὡς ἐς πόλιν περιέγραφε, πάντας ἐργάζεσθαι ἀναγκάζων ὡς πᾶσιν ὁμοίως δέον ἀσφαλείας. καὶ οὐ διὰ πολλοῦ κοινῇ πονοῦντες τάς τε οἰκίας καὶ τὰ τείχη ἐς τοῦτο ἐμετεώριζον ὥστε ἀσφαλῆ εἶναι καταφυγήν.

CXLIV.

Ὁ δὲ οὐκ ἠγνόει ἐν οἵῳ δὴ κινδύνῳ ἐστί, γνοὺς καὶ πρότερον δι' ἄγνοιαν καὶ φόβον δυσκολαίνοντας τοὺς ἄνδρας, καὶ φοβούμενος μὴ φανερῶς μέλλουσιν ἀπειθεῖν. οὐδαμῶς μέντοι ἐταράχθη,

ἀλλὰ οὐδὲν προσεποιεῖτο συνιέναι ὧν ἐμηχανῶντο, τῇ μὲν διανοίᾳ
θορυβούμενος τῇ δὲ ὄψει πάνυ εὐψυχος ὤν, ὡσπερεὶ ἡδόμενός τε
ἐφ' οἷς κατώρθωσε καὶ περιγενήσεσθαι πεποιθώς. ἄλλοτε μὲν
γὰρ πάσῃ τέχνῃ θωπεύων παρεμυθεῖτο, ἄλλοτε δὲ ἐπὶ τὸ μεῖζον
διεξιὼν οἷου πλούτου τε καὶ δόξης μέλλουσι τυγχάνειν τοὺς
τοιούτων ἐπιθυμοῦντας ἔπειθε· ἔστι δὲ ὅτε καὶ ἀναγκάζειν ἐπειρᾶτο
τῷ λόγῳ, ἀπειλήσας οἷα τιμωρήσεται ὁ τύραννος, ἢν τόν τε θεὸν
ἐπιχειρῶν μεγαλύνειν καὶ τὴν ἑαυτῶν δόξαν κρείσσω ἁπάντων
ἀποδεῖξαι οὕτως μαλακισθέντων ἐκείνων σφαλήσεται. τοιαῦτα
δὲ λέξας οὐκ ὀλίγον τι ἔπειθεν αὐτοὺς καὶ ἀπέτρεπεν, καίπερ ναύτας
ὄντας καὶ ἀτάκτους, ὥστε μὴ ὅτι ὧν βιάζεσθαι ἤμελλον ἀπείχοντο
ἀλλὰ καὶ ὡς πρότερον αὐτῷ συνείποντο.

CXLV.

Καταγόμενος δὲ ἐς Δομιγγῶνα ὀκτωκαίδεκα ναῦς κατέλαβε
γεμούσας ἤδη καὶ οἴκαδε μελλούσας ἀποπλεῖν, ὥστε τῷ ἄρχοντι
εὐθὺς ἐδήλωσεν ὅποι τε ὥρμηται καὶ τὴν ξυμφορὰν δι' ἣν ἔδει
ἄλλοσε τραπέσθαι. ᾔτησε τοίνυν ἐξεῖναι ἐς τὸν λιμένα ἐσπλεῖν,
ἵνα τήν τε ναῦν μεταλλάξαι πειρῷτο, καὶ ἅμα ἀσφαλὴς εἴη, ὡς
διὰ πολλὰ σημεῖα εἰδὼς (ξυνετὸς γὰρ ἦν καὶ ἔμπειρος τῶν τοιούτων)
χαλεπὸν μέλλοντα χειμῶνα γενήσεσθαι. δι' αὐτὸ δὲ τοῦτο
παρῄνει ἡμέρας τινὰς περιμένειν πρὶν τὰς ναῦς ἐφ' Ἰσπανίας
ἐκπέμψαι. ὁ δὲ οὔτε ἃ ᾔτησεν εἴα οὔτε οἷς ξυνεβούλευσεν ἐπεί-
θετο· ὥστε ὁ Κόλυμβος, καίπερ αὐτὸς εὑρών τε καὶ κτησάμενος
τὴν χώραν, οὐδὲ ἐπιβῆναι ἠδύνατο, ἐν ᾧ πάντας ἂν ἔδει μηδὲ ξένον
ἀπῶσαι. ὁ δὲ ἄρχων, ἐν καιρῷ δὴ νουθετούμενος, δέον ὡς μάλιστα
προσσχεῖν τὸν νοῦν, ὡς μαινομένου αὐτοῦ ὠλιγώρησεν, ὅστις
ὑβρίζων δῆθεν προειπεῖν προσεποιεῖτο ἃ μηδεὶς δύναιτο ἀνθρώπων
προορᾶν.

CXLVI.

Καὶ τῇ μὲν πρώτῃ ἡμέρᾳ γαλήνης οὔσης ὀλίγον τι προῄει, τῇ
δὲ δευτεραίᾳ τὰς Χλωριάδας ἀποκρύψαντες πολλοὶ τῶν ναυτῶν

ἤδη καὶ πρότερον ἀθυμοῦντες καὶ ἐκπεπληγμένοι ἐφ' οἵῳ δὴ ἐπι-
χειροῖσι, κοπτόμενοι καὶ δεδακρυμένοι οὐκέτι ἔφασαν τὴν γῆν
ὄψεσθαι. ὁ δὲ παρεμυθεῖτο λέγων σαφῶς κατορθώσειν, καὶ
ἐκεῖσε ἀφικομένοις ἵναπερ ὥρμηνται θαυμάσιον ὅσον τὸν πλοῦτον
κτήσεσθαι. οὕτω δὲ διὰ βραχέος γνοὺς ἀθύμους ὄντας, ᾔσθετο
πολλαῖς δὴ ἀπορίαις περιπίπτων, οὐ μόνον ὅσα ἀνάγκη εἴη παθεῖν
τοιαῦτα πειρωμένους, ἀλλὰ καὶ διότι ἀμαθεῖς εἰσι καὶ δειλοὶ οἱ
συνεπόμενοι· ὥστε οὐχ ἧσσον ἔμπειρον δεῖ γενέσθαι τοῦ τῆς
γνώμης ἄρχειν τῶν ἀνθρώπων ἢ ναυτικῆς τε τέχνης καὶ ἀρετῆς, εἴ
γε ἃ διανοεῖται ἐξευρεῖν ἐκτελέσαι μέλλει.

PART IV.

(1.)—RHETORICAL.

CXLVII.

Καὶ ἐγὼ γάρ, ὦ ἄνδρες, πρὸς εὐψύχους τινὰς ἀμφισβητῶ οἵτινες οὐδὲν διὰ φόβον πράσσουσιν, ἀλλὰ καίπερ ἐγνωκότες τὸν κίνδυνον αἰσχρὸν ἡγοῦνται ὡς φοβουμένους εὐλαβεῖσθαι. φόβου δὲ δύο ἐστὶν εἴδη, τὸ μὲν λυμαινόμενον τὴν διάνοιαν καὶ γελοῖον ἀποφαῖνον τὸν ἔχοντα οὐδὲ ἱκανὸν ἔργου οὐδενὸς ἄρχειν· τὸ δὲ ἕτερον ἀλλοῖον· τούτῳ γὰρ προορῶν τις τὰ μέλλοντα κακὰ καὶ μετρήσας, οἶδε μεθ' ὅσης ἰσχύος ἐναντιώσεται, καὶ τὸ εἴκειν παραβάλλει τῷ ἀντιστῆναι ἢ νικᾶσθαι, ὁπότερον πλείω ἔχει κακά, ὥστε, ἢν οἴηται τελευτῶν ἡσσήσεσθαι, ἀσφάλειαν πιστὴν ἐν καιρῷ ζητεῖ παρασκευάζειν. τοιοῦτος δὲ φόβος ὡς ἐγὼ δοξάζω οὐδεμίαν δὴ αἰσχύνην ἐπιφέρει τῷ πειθομένῳ. εἰ δέ τις περὶ τοιαῦτα μηδένα φησὶν ἄνδρα ἐς φόβον τρέπεσθαι, πῶς οὐ φενακίζει; οἵ τε γὰρ νῦν μηδὲν προσποιούμενοι δεδιέναι, ἐπειδὰν ἐν κινδύνῳ μέλλωσιν εἶναι πρῶτοι ἐκπλαγήσονται, καὶ τοιαύτη ἀεὶ πέφυκεν ἡ διὰ μακροῦ ἀρετή. ὅσα γὰρ τοῖς Ἰβερνίοις συνεχωρήσαμεν σχεδὸν ἅπαντα διὰ φόβον πέπρακται.

CXLVIII.

Ἔτι δὲ ἐν τῇ νέᾳ ἐκκλησίᾳ ἀπορίαν λέγουσιν ἔσεσθαι τῶν συνετῶν καὶ φρονίμων ἀνδρῶν· πάντας γὰρ μετρίους καὶ φαύλους αἱρεθήσεσθαι, ὥστε τὴν πολιτείαν αἰσχυνθῆναι. τὸ δὲ δικαίως καὶ προθύμως καὶ ἀπὸ μετρίας δαπάνης πολιτεύεσθαι, αὕτη, ὦ ἄνδρες, ἡ ἀρίστη που σύνεσις, ἧς σαφῶς οἶδα τούτους οὐχ ἧσσον

τῶν προτέρων εὐπορήσοντας. ἡ μὲν γὰρ ἐκκλησία οὐ ῥητορικῆς
δημηγορίας ἐστὶν ἀγών, ἐφ' ὅνπερ ὄχλος συλλέγεται τῶν ῥητόρων
ἀκροασόμενος ὥσπερ τῶν ἐν θεάτρῳ χόρων· εἰ δὲ μὴ οὕτως ἔχει,
ἀλλὰ ἐν δήμῳ δεῖ δημηγορίαν εἶναι, ὡς κόσμον τινὰ ἐξ ἀνάγκης
προσκείμενον, πῶς οὐκ ἀεὶ ἔν γε δήμῳ εὑρήσομεν; πάντα γὰρ δὴ
ἴσμεν τά τε σώματος πέρι καὶ τῆς διανοίας ὁμοίως ὅπου ἐπιτη-
δειότατα ἔχει ἐνταῦθα πλεῖστον γιγνόμενα· ὥσπερ γὰρ ἦν βαθεῖαν
μὲν καὶ πυκνὴν γῆν εὕρῃς ἐνταῦθα δρῦς οἶδα αὐξανομένας, ἦν δὲ
χθαμάλην καὶ ὑγράν, κλήθρας καὶ ἰτέας, οὕτω καὶ ἐν ἐλευθέρᾳ
πόλει καὶ δήμῳ φύσει γίγνεται ἡ ῥητορική, καὶ ἐνταῦθα ἀεὶ
πλεῖστον καὶ ἀφθονώτατον αὐξήσεται.

CXLIX.

Νῦν δή, ὅτε παντόθεν καὶ ἐκ πάσης γῆς ὄλεθρος ἐκείνοις ἐπικρέ-
μαται, οἴπερ μάτην τοῖς νεωτερίζουσιν ἐναντιοῦνται, ὅτε τῶν ἐν
ἠπείρῳ τυραννίδων ἡ σεμνοτάτη σχεδὸν παρόντων ἡμῶν ἐξώλης
γεγένηται, ὅτε ὁ τετταράκοντα βασιλέων τῶν ἐφεξῆς ἔκγονος
φεύγων παρ' ἡμῖν ἐν τῷ βασιλείῳ ἀκλεῶς κέκειθεν, ὅτε πάντα τὰ
ἀρχαῖα ὁρῶμεν ἀνατρεπόμενα, καὶ μεγάλας πόλεις διολλιμένας,
ὅτε ἡ ἡμετέρα πατρὶς τὴν πάλαι ἀρετὴν ἔτι σώζει, καὶ φυλάσσουσιν
ἔτι οἱ ἄνθρωποι τὰ πατρόθεν μνημεῖα μετὰ πόθου τινὸς ἰσχυροῦ
ὃν οὐδεὶς οἶδε πόσον χρόνον ἔτι παραμενεῖ, νῦν ἄρα ἐν τῇδε τῇ
ἀκμῇ καὶ καιρῷ τοῦ σώζεσθαι, σύμβουλα παρακαλεῖτε μὴ φθόνον
καὶ στάσιν, μηδὲ τὸ μέγα φρονεῖν ἐπὶ τῷ ταὐτὰ ἀεὶ καὶ μάτην
πολιτεύεσθαι, ἀλλὰ τὸ ξυνετόν, καὶ τὰ πάλαι πράγματα, καὶ τὴν
τῶν προτέρων μνήμην, καὶ τὰ σημεῖα τοῦ θαυμασίου τούτου καὶ
δεινοτάτου καιροῦ. καὶ ἀξίως ψηφίζεσθε ὧν τήνδε τὴν ἐκκλησίαν
ὑμεῖς τε πρότερον ἠλπίζετε, καὶ οἱ ἔπειτα ἀεὶ μνημονεύσουσι, καὶ τὴν
πόλιν δεινοῦ ἐφεστῶτος κινδύνου ἕως ἔτι ἔξεστιν ἀνορθοῦτε. εἴθε
γάρ, ὦ Ζεῦ καὶ Θεοί, μηδεὶς τῶν τὸν νόμον τόνδε ἀποψηφιζομένων,
ἦν ἄρα ἀποψηφίζησθε, μήποτε τὴν ψῆφον μάτην μεταγνοίη, τοὺς
νόμους ἰδὼν λελυμένους, συγχεομένας τὰς τάξεις, συλώμενα τὰ
χρήματα, καὶ πάντα τὰ ἀνθρώπινα ἀνατετραμμένα.

CL.

Εἰ γὰρ μέγα τὸ ἀσφαλῶς ἅ τις ἔχει κεκτῆσθαι, εἰ διὰ τοῦτο πάντα τἆλλα διῴκηται, καὶ ἐκ τούτου ἐπιστήμη τε πᾶσα ἐγένετο καὶ ἐμπορία, καὶ πάνθ' ὅσα ἐργάζονται ἢ ὠφελοῦνται οἱ ἄνθρωποι, πάνθ' ὅσα τῶν παρ' ὠκεάνῳ βαρβάρων διαφέρομεν, μαρτύρομαι μὴ δεῖν ὡς κτήματα ὄντα ἐκεῖνα σέβεσθαι ἃ οὐδὲ τὸ παράπαν κτήματά ἐστι. εἰ γὰρ τὰ ἀδίκως ἐν τῇ πόλει καθεστηκότα, ἵνα σώζητε ὥστε μὴ μισούμενα ὑπὸ τοῦ δήμου διαφθαρῆναι, διὰ τοῦτο ὡς κτήματα ὄντα ἀξιοῦτε διαφυλάξαι, πῶς οὐ προσδοκᾶν ἀνάγκη τὰ κτήματα οὐχ ἧσσον ἐκείνων μισεῖσθαι; τοὺς γὰρ τὰ διάφορα ὁμοῦ συμμιγνύντας, ἵνα συναμφότερα σώζηται, εὐλαβεῖσθαι δεῖ μὴ συναμφότερα διαφθαρῇ. λέγοντες γὰρ ὡς οὐδαμῶς ἀδικώτερόν ἐστι μὴ ἐὰν τοὺς πάνυ τῶν πολιτῶν τοὺς βουλευτὰς αἱρεῖσθαι, ἢ τὰ κτήματα ἀποστερῆσαι, ὁρᾶτε μὴ τοὺς ἀμαθεῖς καὶ ἀβελτέρους πείθητε ὡς τοῦτο οὐχ ἧσσον ἐκείνου δίκαιον. ὅτι δὲ οὐ ψευδῶς προφασίζομαι τοῦτον λέγων τὸν κίνδυνον, σαφέστατα ἐδήλωσεν ὅσα οὗτοι νῦν δὴ ἐδημηγόρουν.

CLI.

Οὕτω διὰ τὸ ἐπιθυμεῖν τινὲς ἐξαπατῶνται, κἂν αὐτοὶ νεωστὶ παθόντες τἀληθῆ ὦσι μεμαθηκότες.

ὧν γὰρ ἠξίωσεν οὔτε μεθέστηκεν ὁ δῆμος οὔτε μὴ μεταστῇ. πάντα γὰρ ἀκούσας ὅσα περὶ τούτου τινὲς ἐδημηγόρησαν, τοῦτο μόνον ἐνθυμοῦμαι, ὅτι οἱ τοιαῦτα τὸ δεύτερον θρυλοῦντες οὔτε τὸν καιρὸν συνιεῖσιν ἐφ' ᾧ δεῖ πολιτεύεσθαι οὔτε τὸν δῆμον οὗ ἄρχειν ἀξιοῦσιν· ὥστε πάντα τὰ περὶ τούτου λεγόμενα καθ' ἓν τοῦτο ἐξηπατημένοι λέγουσι, νομίζοντες ὅσα κοινῇ περὶ τοῦ νόμου ἐθορύβει ὁ δῆμος παράνοιάν τινα εἶναι, καὶ ἐξαίφνης ὁπόθεν δήποτε γεγονότα αὖθις οὐ βραδύτερον ἀφανισθέντα ἀπολεῖσθαι. καὶ ταῦτα νομίζοντες προσδοκῶσι δῆθεν μεταστῆναι μέλλειν τὸν δῆμον, τοῦτο ἀεί τε ζητοῦντες καὶ εἴτε ὁρῶσί τι εἴτε ἀκούουσι γενόμενον πάντα τούτου σημεῖα ὑπονοοῦντες. καὶ μὴν καὶ ἐκείνῳ μοι δοκοῦσιν ὅμοιοι εἶναι τῷ ὑπὸ Ὁρατίου λεγομένῳ, ὃς ἐπὶ ταῖς ὄχθαις κείμενος τοῦ ποταμοῦ ἀεί ποτε προσδοκᾷ τὸ ὕδωρ ἐλλιπὸν παραχωρήσειν, οὔτε ἄφθονον καὶ βαθεῖαν εἰδὼς οὖσαν τὴν κρήνην ὅθεν ἐξώρμηται, οὔτε ἀίδιον ῥέον καὶ ῥευσόμενον. οὕτω καὶ οἵδε ἐξαπατῶνται μυρίας δὴ μηχανὰς ἐξευρόντες.

CLII.

Ἐγὼ δὲ κατά γε τοῦτο οὐδὲν περὶ αὐτοῦ τοῦ πράγματος ἀμφισβητῶ τῷ ἐξ ἐναντίου λέξαντι. ἐκεῖνος μὲν γὰρ οἴεται οὐ διὰ πολλοῦ εἰκὸς εἶναι καιρὸν παραγενήσεσθαι ὅτε βιαίως δεήσει τοὺς ἀτακτοῦντας κατασχεῖν, καὶ πάντας τοὺς τοῖς συμμάχοις εὖ φρονοῦντας ἀνάγκη ἔσται βοηθεῖν, ἐγὼ δὲ ἤδη νομίζω παρεῖναι. οὐ μὴν ἀλλὰ ἄδικα ἔπαθον οἱ σύμμαχοι, τοιαῦτα μὲν οὖν ὥστε ἐγὼ οὐκ ἂν τοῖς ἄρχουσι προσεχώρησα εἰ μὴ διανοουμένους ἤδη τὸ ἄδικον ἀνορθῶσαι. τοιαῦτα δὲ ἐκείνων παθόντων καὶ δέον ἀνορθοῦν, διὰ ταῦτα οἴεσθε δεῖν τὸ πάντων ἀδικώτατον μεθεῖναι, καὶ τοὺς μὲν νόμους περιορᾶν ὑπὸ βιαίου ὄχλου προπηλακιζομένους, οἰκίας ὀρυομένας καὶ καιομένας, τοὺς ἡσυχάζοντας τῶν πολιτῶν σφαζομένους; ἀλλὰ νὴ Δία ἀδίκως διανέμεται τὰ ἱερά. τί δέ, ἢν κἀγὼ ὁμολογῶ; πῶς ὠφέλιμόν ἐστι περὶ τῶν ἱερῶν τότε ἀμφισβητεῖν ὅτε οὐδὲ τῶν βεβήλων οὐδὲν ἀσφαλές; εἶτα δὲ φόβον πειρᾶσθε παρέχειν καὶ τοὺς φόνῳ καὶ λῃστείᾳ καὶ πυρὶ χρωμένους παῦσαι κωλύετε, ὡς ἢν βιάζεσθαι ἐπιχειρῶμεν στάσεως δὴ γενησομένης. ἡμεῖς δὲ ἐς τοῦτο ἥκομεν ὥστε τοῦ τοιούτου μηδὲν φροντίζειν.

CLIII.

Ἔστιν οὖν ἐμποδίζειν τὸ πρᾶγμα, ἔστι πρὸς βίαν πρᾶξαι· ἔστι δὲ καὶ μετὰ φόνου, ὃ μὴ γένοιτο ὦ Ζεῦ καὶ θεοί· κωλῦσαι δὲ οὐκ ἔστι. οὐ γὰρ μάτην ἐς τοσοῦτο τετάρακται ὁ δῆμος οὐδ' ἐπὶ

τοσοῦτον χρόνον, ὅσον ἐνταῦθα ἑωράκαμεν. εἴτε γὰρ εἰρήνην
ἀγόντων εἴτε στασιαζόντων, εἴτε ἑῶντος τοῦ νόμου εἴτε καὶ οὔ,
εἴτε πεισάντων τὴν ἐκκλησίαν εἴτε βιαζομένων, πανταχῇ γοῦν δεῖ
γενέσθαι τὸ πρᾶγμα. ἅπερ οὖν οὐκ ἔστι κωλῦσαι, ταῦτα θέλοιτ'
ἂν ὅπως καλῶς ἕξει διατάσσειν, καὶ ὥσπερ ἐν πόλει τὰς πύλας
ἀνοίξατε τοῖς ὑπὲρ τὰ τείχη μέλλουσιν ἐπεισπηδήσεσθαι. ταῦτα
δὲ ποιήσασιν ὑμῖν ὡς τὸ πρόσθεν οὕτως ἔτι καὶ νῦν ἔσται τὴν
πολιτείαν ἐπαινεῖν, ὡς, ὅσα μὲν ὑπὸ χρόνου καὶ τύχης ἔπαθεν
ἅπαντα τὰ ἀνθρώπινα, κἂν σοφώτατα ᾖ καὶ ἰσχυρότατα, τούτων
οὐκ ἀξιοῖ ἀθῷος εἶναι, ὅθεν δὲ ἀπαλλαγήσεται τοῦ κακοῦ αὐτὴ ἐξ
ἑαυτῆς πορίεται. ὥστε πολλὰ ἤδη καὶ καλὰ εὐδοκιμήσασα ἡ
πόλις καὶ τοῦτο ἔτι κάλλιον καὶ λαμπρότερον· εὐδοκιμήσει, ὅτι
ἅπαντα ὅσα βίᾳ χρώμενοι καὶ φόνῳ ζητοῦσιν οἱ ἄλλοι, ἔσθ' ὅτε
καὶ μάτην ζητοῦντες, ταῦτα ἡμεῖς εὐρήκαμεν, μετ' εἰρήνης καὶ
νόμων τὴν πολιτείαν ἐπανορθοῦντες.

CLIV.

Οἶμαι δὲ τοὺς σπουδαίους τῶν πολιτῶν, οὓς μόνους ἀξιῶ
πείθειν, οὔτε εὐσεβῆ ταῦτα πράττειν οὔτε τῇ σοφίᾳ καὶ τῇ
ἐμπειρίᾳ προσήκοντα, οἵτινες συμφέρειν μὲν ὡς μάλιστα ὁμολο-
γοῦσι τῇ πόλει τὸ πᾶσιν ἐξεῖναι παρρησίᾳ χρῆσθαι, ὅταν δέ τινες
ἀδίκως χρῶνται, ἀγανακτοῦσι καὶ δεινὸν ποιοῦνται. ὅστις γὰρ ἐξ
ὧν ἂν ἄνθρωποί γε κατασκευάζωσιν ἀπαξάπαντα ἐλπίζει ὠφελεῖ-
σθαι, ἄλογα δὴ προσδοκῶν τοὺς θεοὺς τῷ ὄντι αἰτιᾶται τῇ κοινῇ
πάντων τύχῃ μεμφόμενος. οὕτω δὲ καὶ οὗτοι, ἅπερ οὐκ εὖ ἔχειν
οἴονται, ταῦτα ἢ αὐτοὶ ψευδῶς πλάσσουσι ἢ μικρὰ ὄντα μεγάλα
προσποιοῦνται εἶναι. οἱ γὰρ ἡμέτεροι νόμοι εἴ τινες ἄλλοι
σώζουσι τοὺς πολίτας, οὐ μόνον τοὺς σώμασι καὶ χρήμασιν ἀδικου-
μένους, ἀλλὰ καὶ ἐάν τις λόγῳ παρ' ἑτέρων τι πάσχῃ. ὅστις γὰρ
τὴν ἀξίωσιν ὑπ' ἄλλου ὑβρίζεται ἢ ἀδικεῖται, τούτῳ ἔξεστι δίκην
λαμβάνειν· ἐὰν δὲ ὑπὸ ῥᾳθυμίας ἢ ἀμελείας ἢ κακῆς αἰσχύνης μὴ
ἐθέλῃ τοῖς νόμοις σώζεσθαι, οὗτος οὔτε ἑαυτῷ τὰ δίκαια πράσσει

οὔτε τοῖς ἑτέροις τὰ δέοντα· εἰ δέ τινες ἀνόητοι ὄντες μὴ πιστοὺς νομίζουσι τοὺς δικαστὰς εἶναι καὶ τοῦ μὲν ὑπὸ τῶν ὁμοίων κριθῆναι ἀπεχόμενοι βιαιότερόν πως δίκην λαμβάνειν πειρῶνται, τούτοις τίς ἂν ἀμφισβητοίη μὴ οὐχ ἑαυτοῖς ἐχθίους εἶναι ἢ ἐκείνοις οὓς λοιδορίας γράφονται;

CLV.

Ἢν δὲ κατορθώσας καὶ πείσῃς ὥστε ἐκεῖνον φυγεῖν, ὅπερ συναινούσης τῆς βουλῆς ῥᾳδίως ἂν γένοιτο, πῶς ἐλπίζεις, τοσούτων ὑπολελειμμένων οἳ φίλοι ὄντες ἀεὶ πάντα διαπράξονται ὥστε κατελθεῖν, τοῦτο αὐτὸς κωλῦσαι ἢ ἐμποδίζειν· ἀδύνατον μὲν οὖν ἔσται, οὐδὲ σπουδαζόντων οὕτω καὶ φιλούντων αὐτὸν ἁπάντων οὐδέποτε ἂν κατασχοίης. ἢν δὲ τῶν φανερῶς αὐτῷ εὖ φρονούντων τοὺς μεγίστους πειρᾷ ἐκβάλλειν, ἄλλο τι πλείονας ἕξεις τοὺς δυσμενῶς ἔχοντας καὶ ἐναντιουμένους; κάτεισι γὰρ δήπου διὰ βραχέος, καὶ τοῦτο μόνον διαπράξει, ὥστε ἀγαθὸν ἐκβαλὼν κακὸν ἀνακομίσασθαι. πῶς γὰρ οὐκ εἰκὸς παροξυνθῆναι, ὑπὸ τῶν καταγόντων διεφθαρμένον τὴν φύσιν, καὶ τοῖς τοσαῦτα ὠφελήσασιν μὴ θέλειν, ἢν σωφρονῇ, ἐναντιοῦσθαι; εἰ δὲ νομίμως ἐπιβουλεύετε ἀποκτείνειν, ἐπαρκοῦντος τοῦ στρατηγοῦ, οὐδὲ τοῦτο οἷόν τε· σωθήσεται γὰρ διὰ τὸ ὑμᾶς μὲν διεφθάρθαι αὐτὸς δὲ πλούσιος γεγενῆσθαι.

CLVI.

Ἐπεὶ δὲ ἐκεῖνοι μὲν ἐμοὶ ἠπίστουν, δέον πιστεύειν, ἐγὼ δὲ σοὶ πάντα ἐπεποίθειν, διὰ ταῦτα αὐτός τε ἀπολόμενος καὶ τοὺς φίλους ἀπολέσας, μέμφομαι ὅμως παντὸς μᾶλλον ἐμαυτῷ, ὅστις ᾠόμην σὲ ἐκ τῆς σαυτοῦ ἐκπεσόντα ἐμὲ ἂν δύνασθαι ἐν τῇ ἐμῇ σῶσαι. καὶ ἐγὼ μὲν ὡς ἀσαφὴς καὶ ἀστάθμητος ἡ τύχη ἅλις ἤδη μεμαθηκὼς οὔτε ὕβριζόν πω εὐτυχῶν οὔτε δυστυχήσας ἀθυμήσω, εἰδὼς αὐτὴν ῥᾳδίως ἄν, ἢν θέλῃ, μεταβαλοῦσαν χαρίσασθαι· εἰ

δὲ μή, ἀλλὰ κακὴ οὖσα διατελεῖ, παρ' οὐδὲν δὴ νομιῶ, ὡς φαῦλόν
τι ὂν ἐν τοιαύτῃ πόλει διάγειν ὅπου ἥττονος ποιοῦνται τοὺς νόμους
ἢ ὧν ἂν ἐπιθυμῇ ὁ δεῖνα. εἰ γὰρ ἑλέσθαι ἐξείη, ἐκείνη μοι ἂν εἴη
πατρίς, ὅπου ἀσφαλῶς δυναίμην τά τε χρήματα ἔχειν καὶ τοὺς
φίλους, ἀλλ' οὐχ αὕτη, ἐν ᾗ τὰ μὲν ῥᾳδίως ἀφαιρεῖται, οἱ δὲ τὰ
ἑαυτῶν σώσοντες μάλιστα δεόμενον ἐμὲ ἐγκαταλείποισι. τοῖς
γὰρ σοφοῖς τε καὶ ἀγαθοῖς ἥδιον ἀεὶ ἀποῦσιν ἀκούειν ὅσα πάσχει
ἡ πόλις ἢ παροῦσιν εἰσορᾶν, καὶ κάλλιον ἐλευθέρως ἀποστῆναι ἢ
δουλικῶς πολιτεύεσθαι.

CLVII.

Ταύτῃ δὲ, ὦ ἄνδρες, προσέχετε· ὄντος γὰρ περὶ Κλωδίου τοῦ
ἀγῶνος τοῦδε, ἐπεὶ ἐλεύθερος ὁ θυμός, καὶ ἃ ἂν βούλησθε ἐνθυ-
μεῖσθαι ἐγχωρεῖ ὥσπερ καὶ ὁρῶσιν αἰσθάνεσθαι, οὕτω καὶ νῦν τῇ
διανοίᾳ ἅπερ μέλλω λέγειν ἐννοεῖτε. τίθετε τοίνυν ἐμὲ ἀναπεί-
θοντα ὑμᾶς τουτονὶ ἀπολῦσαι, ἐφ' ᾧτε τὸν Κλώδιον ἀναβιῶναι.
διὰ τί οὖν φανεροί ἐστε τῇ ὄψει δεδοικότες; ποῖα δὴ ζῶντος ἂν
ἐκείνου ἐπάσχετε οἵτινες τεθνεῶτα τοσοῦτον δειμαίνετε, τῇ διανοίᾳ
μόνον ἐνθυμούμενοι; καὶ μὲν δὴ εἰ αὐτὸς ὁ Πομπεῖος, ἀρετήν τε
καὶ τύχην τοιαύτην ἔχων ὥστε οἷς ἐπεχείρησε μηδένα ἄλλον
τολμῆσαι, οὗτος εἰ ἑλέσθαι δύναιτο ἢ τὸν Κλώδιον ἐξετάζειν πῶς
ἄρα ἀπώλετο, ἢ αὐτὸν ἐκ νεκρῶν ἀναστῆσαι, πότερον ἂν οἴεσθε
αἱρεῖσθαι; ἐγὼ μὲν οἴομαι, καίπερ θέλοντα κατὰ φιλίαν ἀναστῆ-
σαι, ἀλλὰ τῆς πατρίδος ὅμως ἂν φροντίζοντα ἀποκνῆσαι. καθῆσθε
τοίνυν ἐκείνῳ τεθνεῶτι τιμωροῦντες, ὃν εἰ ἐξείη οὐκ ἂν ἐῶτε ἀνα-
βιῶναι, καὶ νόμῳ τὸν φόνον τοιούτῳ ἐξετάζετε, ὃν εἰ ἐκεῖνον ἅμα
ἔδει ζῶν γενέσθαι, οὐδ' ἂν ἐθέμεθα τὸ παράπαν.

CLVIII.

Ἄρχοντος δὲ τοῦ Κλωδίου πολλὴν ἐνομίζετε ἀνάγκην εἶναι
φοβεῖσθαι μή τι νεωτερισθῇ, ἢν μὴ ὕπατος γένηται ἐκεῖνος ὁ

μόνος οἷός τε ὢν ἀρετῇ τε καὶ δυνάμει κατασχεῖν. τῶν δ' ἐν τῇ
πόλει πάντων ἐς τὸν Μίλωνα σκοπούντων, τίς οὐκ ἂν εὐθὺς ἐχειρο-
τόνησεν, ὅστις οὕτω ἑαυτόν τε φόβου ἂν ἀπέλισε καὶ τὴν πόλιν
τοῦ ἐσχάτου κινδύνου; νῦν δὲ ἐκείνου ἀπολομένου, οὗτος οὐδὲ
μεγάλα πονῶν τῷ πρότερον ἴσος φαίνεται. πρότερον γὰρ θαυ-
μασίως εὐδοκιμῶν, καὶ πλεῖον ἀεὶ καθ' ἡμέραν ὅσῳ τοῖς Κλωδιανοῖς
ἐκώλυε τὴν ὕβριν, θανόντος τοῦ Κλωδίου ἐν οὐδενὶ ἔτι λόγῳ
ὢν ἐφαίνετο. ὑμεῖς μὲν γὰρ τοσοῦτον ὠφελεῖσθε, ὥστε μηδένα ἔτι
τῶν πολιτῶν φοβεῖσθαι, τῷ δὲ Μίλωνι τῳδὶ ἀπόλωλε καὶ καιρός
τις τοῦ ἀγαθὸς φανῆναι, καὶ φίλοι οἱ σπουδάζοντες περὶ αὐτοῦ,
καὶ ἀφορμὴ τοῦ διὰ παντὸς εὐκλεὴς γενέσθαι. ζῶντος μὲν οὖν
τοῦ Κλωδίου, οὐδεὶς ἤμελλε τῷδε περὶ τῆς ἀρχῆς ἀμφισβητεῖν,
νυνὶ δὲ τεθνηκότος ἀμφισβητοῦσιν· ὥστε ὁ Μίλων θανόντος τοῦ
ἐχθροῦ μὴ ὅτι ὠφέληται ἀλλὰ ἀτεχνῶς κάκιον διάκειται τοῦ
πρόσθεν.

CLIX.

Σκόπει δέ, ὦ Κατιλῖνα, ὡς σιωπῶσι καὶ ἥσυχοί εἰσιν οἱ
παρόντες. πότερον εἷς τις τῶν βουλευτῶν μὴ ὅτι ἀγανακτεῖ ἀλλὰ
καὶ ὁτιοῦν λέγειν ἐθέλει; πότερον ἅπερ σιγῶντες διαρρήδην λέγουσι
τῇ φωνῇ δεῖ ἔτι μᾶλλον δηλῶσαι; εἰ δὲ τοιαῦτα τῷ χρηστῷ
νεανίᾳ εἶπον, τῷ Σεστῷ, ἢ τῷ ἀγαθῷ Μάρκῳ Μαρκέλλῳ, πάλαι
δὴ ἐπαναστάντες ἂν ἐμοὶ οἱ βουλευταὶ βιαίως ἂν ἐχρῶντο τῷ
ὑπάτῳ ἐν αὐτῷ τούτῳ τῷ νεῷ, καὶ δικαίως γε πράσσοντες. περὶ
δὲ σοῦ, ὦ Κατιλῖνα, συναινοῦσί που σιγῶντες, ἡσυχάζοντες
ψήφισμα ποιοῦνται, οὐδὲν λέγοντες συγχωρεῖν ὁμολογοῦσι. οὐδὲ
μὴν οὗτοι μόνον, ὧν τὸ μὲν ἀξίωμα τιμῆσαι προσποιεῖ τῆς δὲ
σωτηρίας ὀλιγωρεῖς, ἀλλὰ καὶ οἵδε οἱ ἀγαθοὶ καὶ σπουδαῖοι
ἱππεῖς, καὶ ἄλλοι ἐλλόγιμοι πολῖται, οἵπερ τὴν ἴσοδον τῆς βουλῆς
φυλάσσουσι· οὓς ἰδεῖν σοὶ ἐξῆν ὅσοι πάρεισι, καὶ εἰδέναι οἷα
φρονοῦσι, καὶ μὴν καὶ ἀκούειν οὐ διὰ μακροῦ αὐτοῖς μέγα
βοῶντας, πάλαι ὑπ' ἐμοῦ μόγις κωλυομένους μὴ ἐς χεῖρας σοὶ

ἐλθεῖν καὶ βίᾳ ἐπιθέσθαι. καίτοι τούτους ἅπαντας ἐγγυῶμαι ἦ μὴν ἐς αὐτὰς τὰς πύλας σὲ προπέμψειν, ἢν μόνον ἐθέλῃς ταύτης τῆς πόλεως ἐξιέναι ἣν τοσοῦτον ἤδη χρόνον ἐπιβουλεύεις ἀπολλύναι.

CLX.

Τῇ πόλει τοίνυν σεμνότατα τοῦτο μαρτυρομένῃ, καὶ πᾶσι τοῖς ταὐτὰ μεμφομένοις, ἐν βραχεῖ οὕτως ἀποκρινοῦμαι, ὡς εἰ συμφέρειν μᾶλλον ᾠόμην ἐκεῖνον ἀποκτεῖναι, οὐδ' ἂν ἐλάχιστον χρόνον τὸν βίαιον ἄνδρα ἂν εἴασα περιγενέσθαι. εἰ γὰρ οἱ πρότερον εὐδόκιμοι ὄντες καὶ ἀξιώτατοι πολῖται, τὸν Σατυρνῖνον, τοὺς Γράκχους, τὸν Φλάκκον, πολλοὺς ἑτέρους ἀποκτιννύντες, οὐχ ὅπως ᾔσχυναν ἑαυτοὺς ἀλλὰ μέγιστον κλέος ἐκτήσαντο, οὐ δὴ μὴ ἐπίφθονος ἐγὼ τοῖς ἔπειτα γένωμαι τουτονὶ τὸν μιαιφόνον ἀποσφάζων. καίτοι εἰ σαφέστατα ἤμελλον, ἀλλ' ἀεὶ πέπεισμαι, ὡς ὅσα τις δι' ἀρετὴν φθονεῖται κλέος μᾶλλον ἢ φθόνον δεῖ ποιεῖσθαι. εἰσὶ δὲ καὶ τῶν βουλευτῶν ἔνιοι, οἵτινες τοὺς μέλλοντας κινδύνους ἢ οὐχ ὁρῶσιν, ἢ ὁρῶντες οὐ δοκοῦσιν, ἀλλὰ δειλῶς ψηφιζόμενοι τούτῳ μὲν ἐλπίδα παρέχουσιν, τοῖς δὲ συνωμόταις ὀλιγωροῦντες τὴν δύναμιν αὐξάνουσιν. οὗτοι δὲ τῷ ἀξιώματι οὐ παρὰ τοῖς ἀδίκοις μόνον μέγα δύνανται, ἀλλὰ καὶ παρὰ τοῖς εὐήθεσιν, καὶ σαφῶς ἄν, εἰ παρ' ἐμοῦ οὑτοσὶ ἄξια ἔπαθεν ὧν ἔδρασεν, βίας καὶ ὕβρεως ἂν ἐμοῦ κατηγόρουν.

CLXI.

Λέγουσι δέ τινες, ὦ ἄνδρες Ῥωμαῖοι, ὅτι ἐγὼ δὴ τουτονὶ ἐξέβαλον· ἀλλὰ μὴν εἴ τι λόγῳ οἷός τ' εἴην, οὐκ ἂν ἀποκνοίην μὴ οὐ καὶ τούτους ἐκβαλεῖν. ἀλλὰ νὴ Δία οὕτω φοβερός τις ἦν καὶ μέτριος, ὥστε λέγοντος τοῦ ὑπάτου οὐκ ἠνέσχετο· φεύγειν δὲ ἐμοῦ κελεύσαντος εὐθὺς πειθόμενος ἀπῴχετο. Ἐχθὲς δὲ ὅτε παρὰ·τοσοῦτον ἦλθον μὴ οἴκοι ὑπὸ τούτων ἀποθανεῖν ἐς Διὸς συγκαλέσας τὴν

βουλὴν πάντα ἐμήνυσα· ἀφικόμενον δὲ τουτονὶ τίς προσεῖπε τῶν
ἐκεῖ; τίς ἡσπάζετο; ὅλως δέ, πότερον πολίτην αὐτὸν ἀπονενοη-
μένον ἐνόμιζον, καὶ οὐ μᾶλλον πολέμιον μιαρώτατον; ἐξέστησαν
γοῦν οἱ ὑπατεύσαντες μὴ τοιούτῳ παρακαθῆσθαι, πᾶσαν τὴν
ἐκεῖθεν ἕδραν ἐρημοῦντες. ἐνταῦθα δὲ ἐγώ, ὁ βίαιος ἄρχων, ὁ ἐνὶ
δὴ λόγῳ τοὺς πολίτας ἐκβάλλων, ἠρόμην τοῦτον, εἰ τοῖς νυκτὸς
παρὰ Μάρκῳ συλλεγεῖσι παρεγένετο. ἐπεὶ δὲ ὁ πάντων ἀνθρώπων
ἀναιδέστατος ἐκπλαγεὶς τῷ τοιαῦτα ἑαυτῷ συνειδέναι οὐδὲν ἀντεῖπεν,
τότε δὴ τοῖς βουλευταῖς ἕκαστα διηγησάμην· ὅσα τε ἐκείνῃ τῇ
νυκτὶ ἐπράχθη, καὶ ὅπου αὐτὸς ἦν, καὶ τί τῇ ὑστεραίᾳ μέλλει
γενέσθαι, καὶ τὸν πάντα πόλεμον ὅπως διενοήθη ποιεῖσθαι.

CLXII.

Ἐξέπεσον οὖν, ὦ ἄνδρες, δεινοῦ ὄντος τοῦ καιροῦ καὶ ὧν ἐγὼ
πολιτευόμενος μέμνημαι πάντων κακίστου· ἢν δέ ποτε κατέλθωσι,
δεινότερος ἔσται πολλῷ καὶ κακίων. κατίασι μὲν γὰρ ἐναντιου-
μένης πάσης τῆς πόλεως, ὁμοφρονούσης ὡς οὐδεπώποτε πρότερον
περὶ οὐδενὸς τῶν ἡμετέρων πραγμάτων, οὐδὲ τηνικαῦτα, ὅτε οἱ
Ἱσπανοὶ ἐπέπλεον, ἢ ἐπὶ τῇ ἀντιπέραν ἀκτῇ ἐστρατοπέδευντο οἱ
Γάλλοι. κατίασι δὲ ταῦτα κατέχειν βεβουλευμένοι, ἅπερ ὡς
ἄδικα ὄντα ὁ δῆμος καθελεῖν ἐψήφισται. καὶ κατελθόντες οὕτω
μόνον καθεστάναι δυνήσονται ἢν ὅσα πάντες ἐβουλεύσαμεν βιαίως
καταπατῶσιν· σφαλέντες δέ, ἢν ἄρα σφαλῶσιν, πᾶσαν ἴσως τὴν
πολιτείαν ἡμῶν συναπολοῦσιν. τοιοῦτον δὲ τὸν κίνδυνον, ἢν
τῇ πόλει περιεστάναι φαίνηται, ἡμῖν καὶ δέον ἔσται καὶ προσῆκον
τὸν φιλάνθρωπον ἡμῶν βασιλέα, ὅπως χρὴ ἀπαλλαγῆναι, νουθε-
τῆσαι, καὶ ὅσα ἐννόμως ψηφιεῖται ὁ δῆμος τοῖς δικαίως ἄρχουσι
κοινώσασθαι. κἂν γὰρ ἕτεροι φαῦλοι ὄντες καὶ ἀνόητοι ἄνθρωποι
κάκιστα διαπρασσόμενοι τῇ πόλει λυμήνωνται, ἀλλὰ ὑμᾶς ὅμως
πέποιθα ἀρετῇ καὶ σοφίᾳ καὶ συνέσει ἱκανοῖς ἐσομένους δια-
σῶσαι.

(2.)—PLATONIC.

CLXIII.

Τὸν δὲ συγγραφέα δεῖ τῶν πολεμικῶν τι ἐπιστήμονα ὄντα, τῶν ὅπλων τε καὶ μηχανῶν, καὶ πόλεμον συνεῖναι ὡς διατάττεται, ἀλλὰ μὴ τοιοῦτόν τινα εἶναι οἷος διὰ παντὸς οἰκουρῶν πάντα παρ' ἄλλων μαθεῖν. τὸ δὲ μέγιστον, ἐλεύθερος ἔστω τὴν διάνοιαν, μήτε ἐλπίζων μήτε φοβούμενος μηδένα, ἵνα μὴ ὅμοια πάθῃ τοῖς ἀδίκοις δικασταῖς, οἵτινες πρὸς τὸ ἑαυτοῖς συμφέρον ἀπολύοισί τε καὶ κατακρίνουσιν· ἀλλὰ οὔτε τῶν πάνυ ἀνδρῶν οὐδένα χρὴ δεδιέναι οὔτ' οὖν τῶν δήμων, ἐπεὶ ἀμαθοῦς γε εἶναι, εἴ τι μὴ καλῶς ἀπέβη, τούτου τὸν ἐξηγούμενον ἐπαιτιᾶσθαι. ὅσοι γὰρ ναυμαχοῦντές πω εἴτε ἡττήθησαν εἴτε ἔφυγον, οὐ μέντοι οὗτος οὔτε κατέδυσε τὰς ναῦς οὔτε ἐδίωκεν· εἰ γὰρ ἱκανός γε ἦν, ἐναντία τοῖς γενομένοις συγγράψας, καὶ ἐκεῖνα ἐπανορθοῦν, ῥᾳδίως που ἂν ὁ Θουκυδίδης τά τε τῶν Ἐπιπολῶν τειχίσματα τῇ γραφίδι μόνον χρησάμενος ἂν καθεῖλεν, καὶ πάσας ἂν τὰς Ἑρμοκράτους ναῦς ἠφάνισεν, καὶ μὴν καὶ τοὺς Ἀθηναίους περὶ πᾶσαν τὴν Σικελίαν πλέοντας ἂν προῆγεν ὥστε τήν τε Ἰταλίαν ἅπασαν καταστρέψασθαι καὶ τὸ τοῦ Ἀλκιβιάδου ἐκτελέσαι· ἀλλ' ἐπεὶ οὐχ οἷός τ' ἐστὶ τὸν δαίμονα ἀναπεῖσαι ὥστε ἀναθέσθαι τὸ γενόμενον, μᾶλλόν που προσήκει ἀκριβῶς τὰ συμβάντα διεξιέναι.

CLXIV.

Ἐγὼ δὲ, ἀποιχομένου τοῦ Ἀλκιβιάδου, πρότερον μὲν γὰρ ᾐσχυνόμην τι λέγειν, νῦν δὲ πρὸς τὸν Σωκράτη ὅσον οὐ κλαίων μεταστραφείς, ὡς δεινά, ἔφην, ὦ Σώκρατες, ταῦτα ἔλεξας· πῶς δ' οὐκ αἰσχύνει ἀνδρὸς οἵου ἐμοῦ οὕτω τῷ λόγῳ καταφρονῶν, κἂν σοῦ νεώτερος δὴ ὦ καὶ ἧσσον δεινὸς τῷ διαλέγεσθαι; ἐπεὶ οἶσθά γε

που ἐμέ, ὡς ἐξόν μοι οἴκοι ἐν Ῥόδῳ πλουτήσαντι καὶ ἐμπόρου τοῦ
ἐπίκληρον, ὡς ὁ πατήρ μοι διενοεῖτο, ἀγαγομένῳ, οὕτως ἀβροδιαίτως
διάγειν, ἀπὸ πολλῶν νεῶν τε καὶ ἐργαστηρίων τὰς προσόδους
ἐκδεχομένῳ, ὅμως δὲ ἀντὶ τοῦ πλούτου τὴν ἀλήθειαν προειλόμην,
οἴκοθεν δὲ ἐκδημήσας Ἀθήναζε ἀφικόμην ἐπὶ τὴν σοφίαν, τοῖς
σοφισταῖς πάντα τὰ χρήματα ἑκάστῳ ἐφεξῆς ἀναλίσκων, ἀσπα-
ζόμενος εἰ Ἱππίου τε καὶ Πώλου ἀκροῴμην καὶ Γοργίου καὶ
Πρωταγόρου, καὶ δὴ καὶ σοῦ τὸ τελευταῖον, ὦ ἀναιδέστατε· οὐδενὸς
γὰρ ἐκ νέου ἐπιθυμῶ καὶ ἐφίεμαι μᾶλλον ἢ τῆς ἀληθείας, οἵα τις
τυγχάνει οὖσα, οὐδὲ γενναιότερον οὐδὲν ἡγοῦμαι τοῦ γνῶναι τὸ
δίκαιον καὶ γνόντα ἀσκεῖν.

CLXV.

Διὰ δὲ τὸ ἐλπίζειν τοιαῦτά τε πάντα ὠφελοῦνται οἱ ἄνθρωποι
καὶ οὐχ ἥκιστα τοῦτο, ὅτι ἱκανόν ἐστι κωλύειν μὴ τὰ παρόντα
ἀγαθὰ περὶ πλείονος ποιεῖσθαι. τίς γὰρ οὐκ ἀκήκοεν τὸν μέγαν
Καίσαρα, ἐπεὶ πάντα τὰ ὄντα δωρεὰς διέδωκε τοῖς φίλοις, ἐρομένου
του τί ἄρα ἑαυτῷ ὑπολείπει, ἀντειπεῖν ὅτι ἐλπίδα. φύσει γὰρ
μεγαλόθυμος ὢν τὰ μὲν ἀσφαλῶς ὑπάρχοντα οὐδαμοῦ ἐνόμιζεν,
παντὶ δὲ θυμῷ ἄλλου τινὸς ἐφίετο, ὧν ἑώρα τιμιωτέρου. ταῦτα
δὲ ἀκούσαντες ἔσθ' ὅ,τι μαθεῖν που ἕκαστος ἐφ' ἑαυτοῦ δυνά-
μεθα, κἂν μὴ αὐτὸς νουθετήσω. ὅσα δὲ περὶ τοῦ τεύχους λέγεται
τῆς Πανδώρας, ἅπερ ἐν τοῖς βαρβάροις, ὡς εἰκάζοισί τινες τῶν
σοφῶν, ἐμυθολογοῦντο διαδεδεγμένοι τὸν περὶ τῶν πρώτων ἀνθρώ-
πων λόγον, ὡς κατ' ἀρχὴν ἥμαρτον, ταῦτα οὖν λέγοντες ἐδήλωσαν
ἀθλιώτατον ἡγούμενοι τὸν παρόντα βίον, ἣν μὴ ἐλπὶς προσῇ.
ὡς γὰρ τὰ ἔσχατα κακὰ ἀποσημαίνοντες, τῷ προγόνῳ φασὶ τὴν
Πανδώραν, κατά γε τὸν τῶν πάλαι ἱερέων λόγον, μέγα τι τεῦχος
δωρήσασθαι. τοῦ δὲ ἀνοίξαντος, ἐξελθεῖν εὐθὺς πάντα τὰ πήματα
καὶ κακὰ τὰ ἀνθρώπινα, ἅτινα οὐδείς πω πρότερον ἔπαθε. τὴν δὲ
ἐλπίδα τέως ἔνδον μετὰ τοσούτων τε καὶ τοιούτων ἐγκεκλεισμένην,
τῶν ἑτέρων ἀποπτομένων οὐ συνακολουθῆσαι, ἀλλὰ τῷ στόματι
προσφῦσαν αὖθις κατακλεισθῆναι.

G

CLXVI.

Καὶ μὴν ἕτοιμός εἰμι, ἔφη ὁ βασιλεύς· ὁρᾷς γάρ, ὡς ἁρμόττει·
καὶ ἅμα πρὸς τὸ ἔνοπτρον μετεστράφη, ὡσπερεὶ τὴν ἐσθῆτα αὖθις
διασκεψόμενος. οἱ δὲ θεράποντες οἷς εἴρητο σύρμα ἐνεγκεῖν
ἐξαίρειν τι προσποιησάμενοι ἐκ τῆς γῆς ἐβάδιζον ὡς σύρμα
μετέωρον φέροντες, οὐδὲ ἐτόλμων δὴ φανεροὶ εἶναι οὐδὲν πάνυ
ὁρῶντες. ἐπόμπευεν οὖν ὑπὸ καλλίστῳ στεγάσματι ὁ βασιλεύς·
τὸ δὲ πλῆθος ἐν ταῖς ὁδοῖς καὶ ἐπ' οἰκιῶν συνειλεγμένον ἐβόα ὅσῳ
πάντων κάλλιστα φορεῖ τὰ ἱμάτια, τό τε σύρμα θαυμάζοντες καὶ
τὸ ἁρμόττειν ὧδε ἅπαντα. τὸ δὲ μηδὲν ἰδεῖν τὸ παράπαν οὐδεὶς δὴ
ὡμολόγει, ὡς ἢ ἀβέλτερος ἂν δόξας εἶναι ἢ περὶ τὴν τέχνην
ἀχρεῖος, ὥστε μηδεπώποτε μᾶλλον ἐπαινεῖσθαι τῶν βασιλείων
ἐσθημάτων μηδέν. τέλος δὲ παιδίον τι ἰδὸν Ἀλλὰ γυμνός, ἔφη,
ἐκεῖνος· ὁ δὲ πατὴρ ὑπολαβὼν Ἀκούετε δή, ἔφη, φλυαροῦντος τοῦ
νηπίου τουδί. ὑπειπόντες δὲ τῷ πλησίον ἕκαστος τὸ τοῦ παιδίου,
τελευτῶντες ἐβόων ἅπαντες ὅτι Γυμνός ἐστι. ἐκπλαγεὶς δὲ ὁ
βασιλεὺς ὡς λεγόντων δή τι, ἐνεθυμεῖτο ὅμως ὅτι περαίνειν δεῖ τὰ
τῆς πομπῆς· οἱ δὲ θεράποντες ἔτι σεμνότερον ἐβάδιζον τοῦ πρόσθεν,
τὸ σύρμα τὸ μηδαμοῦ δὴ παρὸν βαστάζοντες.

CLXVII.

Ὁ δὲ λαβὼν καὶ τῷ ἑτέρῳ γέροντι δοὺς Ἰδού, ἔφη, ταῦτα λαβὼν
ἄποιχου, καὶ εὐτυχοίης· πάντα γὰρ ἔχεις. ὁ δὲ καὶ πῶς; ἔφη,
τοῦτον γάρ τὸν κάλαμον δέκα δαρεικῶν φὴς ἄξιον εἶναι; Εἰ δὲ
μή, ἀντεῖπεν ὁ ἄρχων, οὐδεὶς ἐμοῦ ἀναισθητότερος· γνώσεσθε γὰρ
εἰ οὐχ ἱκανός εἰμι καὶ πᾶσαν ἣν δέῃ τὴν πολιτείαν διοικεῖν.
εἰπὼν δέ, τὸν κάλαμον ἐκέλευσε παρόντων ἁπάντων διαθραῦσαι·
τούτου δὲ γενομένου ἐξέπεσον δὴ οἱ δαρεικοί. θαυμάσαντες δὲ οἱ
καθήμενοι, καὶ ὡς Σόλωνα τὸν ἄρχοντα ἐπαινοῦντες, ἐπήροντο πῶς
ἄρα ἤκαζεν ἐνεῖναι τοὺς δαρεικοὺς τῷ καλάμῳ. ὁ δὲ κατανοῆσαι
μὲν ἔφη ὅτι ἐκεῖνος ἡνίκα ὀμόσαι ἤμελλε τὸν κάλαμον τῷ διώκοντι

παρέδωκεν ἔχειν, καὶ ὀμόσας ἦ μὴν τὸ ἀργύριον ἐς τὰς χεῖρας
ἀποδεδωκέναι αὖθις παρέλαβεν. τοῦτο δὲ γνόντι οἱ παραστῆναι
ὅτι ἐκεῖσε ἄρα ἔγκειται τὸ ἀργύριον. ἐκ δὲ τούτων δεῖ μαθεῖν
περὶ τῶν ἀρχόντων, ὅτι ἐνίοτε μὲν ἄφρονες πεφύκασι, πολλάκις δὲ
ἡγουμένου τοῦ θεοῦ ὀρθῶς ἂν δικάζοιεν.

CLXVIII.

Προάγει δὲ ἄλλα τε πολλὰ τοὺς ἀνθρώπους, ὥστε ταύταις
προκόπτειν ταῖς τέχναις τε καὶ ἐπιστήμαις αἵτινες μάλιστα παρ'
αὐτοῖς εὐδοκιμοῦσιν, καὶ οὐχ ἥκιστα τὸ δόξης ἐφίεσθαι, φύσει
ἅπασιν ἐγγενόμενον· ὅπερ τῇ μὲν ὑπερβολῇ μεμπτὸν ἂν εἴη,
ἁπλῶς δὲ οὐ δεῖ καταπαῦσαι. οἵ τε γὰρ πρότερον πλεῖστα ἐν τοῖς
Ῥωμαίοις ἐπαινούμενοι τοῦτο δοκοῦσι σφόδρα θεραπεύειν, καὶ ὁ
Κικέρων, σοφώτατός τε ὢν καὶ ἐν τοῖς πρῶτον τὴν πατρίδα ὠφελῶν,
ὑπερφυῶς ὡς ἐπεθύμει τοῦ κλέους, καὶ τὸν Λυκκεῖον πολλῇ
σπουδῇ ἀεὶ ἔπειθεν ὥστε τὰ τότε συγγράφοντα ἀκριβῶς σπουδάζειν
περὶ τὰ ἑαυτῷ ἄρχοντι πεπραγμένα, καὶ μὴν καὶ διὰ τάχους περαί-
νειν ἵνα ζῶν ἔτι τῆς δόξης ἀπολαύσῃ τῆς ἔπειτα τεθνεῶτι μελλούσης
γενέσθαι. καὶ τὸ μὲν τοιαῦτα φιλοτιμεῖσθαι μεγαλοθύμου δή
ἐστι· τὸ δὲ ἄγαν μεμπτόν, ὅστις οὐδὲ ἀπώκνει μὴ οὐ πείθειν τὸν
συγγράφοντα τὸ ἀκριβὲς ἀφέντα τῶν λεγομένων τῷ ἐπαίνῳ καὶ
πέρα προβῆναι τοῦ ὄντος. τὸ αὐτὸ δὲ ἔπαθε δόξης πέρι Πλίνιος
ὁ νεώτερος, σωφρονύνην μέντοι καὶ αἰδῶ πλείονα ἀποδειξάμενος.

CLXIX.

Οὐδεὶς ἠμφεσβήτησέ πω μὴ οὐ πᾶσιν ἐξεῖναι λῃστὰς πολέμῳ
ἐπελθεῖν κἂν μήτε παροικῶσι μήτε ἀδικῶσιν. πότερον διὰ τὸ
μηδεμίαν αὐτοῖς καθεστάναι οἴκησιν; ἀλλ' ἐν ἐκείνῳ τῷ πολέμῳ
ᾧ Πομπεῖος τοὺς λῃστὰς κατεστρέψατο, μέγιστον τοῦτο καὶ
δικαιότατον εὐδοκιμήσας, πόλεις τε κατεῖχον οἱ λῃσταὶ καὶ
ἐμπόρια οὐκ ὀλίγα καὶ τῆς Κιλικίας ἐπὶ πολύ, ὥσπερ καὶ οἱ νῦν
καταφυγὴν καὶ ἕδραν κατεσκευασμένοι εἰσὶ τὴν Ἀλγερίαν. οὐδὲ

γὰρ οἱ θῆρες ἧσσον ἄγριοι εἰλεούς γε ἐνοικοῦντες. ἀλλὰ διὰ τοῦτ᾽
ἴσως, ὅτι ὥσπερ νεφέλη ἐπικρέμαται ὁ κίνδυνος, ἄδηλος ὢν ὅπῃ
ἐπισκήψει, ὥστε πᾶσιν ὁμοίως προσήκειν; εὔλογόν γ᾽ ἂν εἴη
τοῦτο, ἐλλείπει μέντοι τι, οὐδὲ μὴν λέγουσι τοῦτο ὡς ἐπὶ τὸ πολύ·
τὸ γὰρ ἀληθὲς καὶ πᾶσιν ὁμολογούμενον ἐκεῖνο οἶμαι εἶναι, ὅτι
κοινῇ εἰσι πάντων πολέμιοι ἀνθρώπων, ὥστε πάντας ἐπιστρατεύειν
δεῖ, οὐ κατὰ τὸ ἑκάστῳ μᾶλλον φοβερὸν ἢ κατὰ τὸ κοινῇ ἅπασι
συμφέρον· ὥσπερ γάρ εἰσι νόμῳ τινὲς σπονδαὶ γεγραμμέναι ἐπὶ
τῷ ἑκάστους τοὺς ἑαυτῶν τιμωρεῖσθαι πολεμίους, οὕτω καὶ φύσει
τις ἅπασι καθέστηκεν ἄγραπτος συνωμοσία ἐπὶ τοὺς κοινῇ πολε-
μίους συγκειμένη. πρὸς τούτους τοίνυν ὥσπερ οὐδὲν δεῖ πόλεμον
διαρρήδην καταγγεῖλαι, οὕτως οὐδὲ ἔγκλημα ἐπιφέρειν τοὺς ἀδι-
κουμένους· τὰ γὰρ τοιαῦτα πάντα φύσει ὑπάρχει πρός γε τοὺς
λῃστάς.

CLXX.

Φ. Ἐπεὶ οὖν οὐχ ὁμονοοῦμεν, σκοπῶμεν ὅπως ἂν ἄριστα τοῦτο
διεξίοιμεν. τὴν γὰρ ἀρχὴν πρὸς τοῦ ἄρχοντος φῇς εἶναι. ἢ οὔ;

Α. φημὶ γάρ.

Φ. καὶ κακοῦ ὄντος;

Α. πάνυ γε.

Φ. οἱ δὲ ἀρχόμενοι καὶ οὕτως ὀρθῶς ἂν ποιοῖεν πειθαρχοῦντες;

Α. θεῖον γὰρ τὸ κράτος.

Φ. οἱ πολλοὶ οὖν τοῦ ἑνὸς ἕνεκα κακοῦ ἀδικοῖντ᾽ ἄν, οὗτος δὲ
μόνος ἂν ὠφελοῖτο, καὶ τοῦτο ἐπὶ φίλοις οὖσι τοῖς θεοῖς.

Α. πάνυ γε, ὡς τοῦ κράτους θεόθεν δοθέντος.

Φ. τῇδε δὲ σκόπει· Ἆρ᾽ οἷόν τε ἀγαθοὺς ὄντας τοὺς θεοὺς ἐπι-
θυμεῖν τὸν ἕνα κακὸν τοὺς πολλοὺς βλάψαι, εἴτε ἀγαθοὺς ὄντας
εἴτε κακούς, καὶ τοῦτο χαίροντα;

Α. ἥκιστα· ἢν γάρ τι φανῇ ἁμαρτών, ὁποῖον ἂν ᾖ τὸ ἁμάρ-
τημα, δίκην δώσει.

Φ. τοὺς μέντοι θεούς, εἴ γε ἀπεῖπον μὴ ἀντιστῆναι, τοὺς πολλοὺς
ἀδικεῖσθαι βούλεσθαι ἀνάγκη.

Α. ἴσως.

Φ. οἴδε οὖν ἀγαθοὶ ὄντες τοὺς ἀγαθοὺς κακῶν τυχεῖν βούλονται· ἔνιοι γὰρ τῶν πολλῶν ἀγαθοί· τοῦτο δὲ ἄτοπον.

Α. ἔοικε γάρ.

CLXXI.

Φασὶ τοίνυν Δία Μένιππον τὸν φιλόσοφον αὖθις ἐς οὐρανὸν ἀράμενον, ἵνα χαρίζοιτο αὐτῷ, θυρίδα παρὰ θρήνει κειμένην ἀνοῖξαι. ἀρθείσης δὲ ταύτης τοιοῦτον θόρυβον καὶ βοὴν ἐξαναστῆναι, ὥστε θαυμάσαντα ἐκεῖνον τί τοῦτο ἐστίν ἐρωτᾶν· τὸν δὲ ἀποκρίνασθαι τὰς εὐχὰς εἶναι τὰς ἀπὸ τῶν ἀνθρώπων. τὸν δὲ Μένιππον, παντοίων ὁμοῦ φθογγῶν συμμεμιγμένων, ὥστε μόνου Διὸς ὦτα διακρῖναι, πολλοὺς ὅμως ἀκοῦσαι πλοῦτον καὶ τιμὴν καὶ μακρὸν βίον ἑτέρους ἑτέρᾳ γλώσσῃ καὶ φωνῇ ὀνομάζοντας. παυσαμένου δὲ τοῦ πρώτου θορύβου, ἀνεῳγμένης ἔτι τῆς θυρίδος, ἔπειτα χωρὶς μᾶλλον καὶ διακεκριμένας ἐξελθεῖν τὰς φθογγάς. δεινὴν δέ τιν' εἶναι ἣν πρώτην ἀκοῦσαι εὐχήν, Ἀθήνηθεν ὡς Δία ἐξιεμένην, ὥστε μείζω γενέσθαι τῷ εὐχομένῳ καὶ τὴν σοφίαν καὶ τὸν πωγῶνα. ἀναγνόντα δὲ τὴν φωνὴν τὸν Μένιππον, τὸν φίλον εἰδέναι εὐξάμενον Λύκανδρον τὸν φιλόσοφον.

CLXXII.

Ἔπειτα δὲ ἄλλον τινὰ νεωστὶ ναῦν γεμίσαντα, τῷ Διΐ εὐχόμενον ὑποσχέσθαι, ἢν ἐπιμελούμενος πλούτου ἐμπλέαν καταγάγῃ, ἦ μὴν ἔκπωμα ἀργυροῦν ἀναθήσειν. τὸν δὲ οὐδεμίαν δὴ τῷδε χάριν εἰδότα, τὰ ὦτα ἐπιμελέστερον καθέντα φωνῆς ἀκοῦσαί τινος δεινὰ ποιουμένου οἷα ὑπ' Ἐφεσίας του χήρας πέπονθεν, καὶ οἶκτον ἐκείνῃ ἐνθεῖναι αἰτοῦντος. τὸν δὲ φάσκειν σπουδαῖον εἶναι τὸν ἄνθρωπον, πολλὰ θυμιάματα δωρησάμενον· ἀνθ' ὧν εὖ φρονοῦντα αὐτῷ οὐχ ὑπακούσεσθαι. ὑπολαβεῖν δὲ ἐκ τούτου θαυμασίους ὅσους ἄνδρας, ὑπὲρ τυράννου παρόντος εὐχομένους ὥστε πάντ' ἀγαθὰ λαβεῖν. ταῦτα δὲ γλίσχρως καὶ λιπαρῶς προσαιτήσαντας,

αὖθις ψιθυρίσμασι σμικροῖς τοὺς αὐτοὺς χρησαμένους σχετλιάζειν
τῷ Διὶ ἀγανακτοῦντας εἰ ἀργὸς κεῖται ὁ κεραυνὸς ὥστε τοιούτῳ
ὄντι ζῆν ἔτι ἐξεῖναι· θαυμάζοντος δὲ τοῦ Μενίππου, οὕτω θυμοῦσθαι
τὸν Δία ψευδομένοις τοῖς ἀνθρώποις ὥστε τὰ μὲν ἀποφυσῶντα τὰ
ἕτερα ἀποδέξασθαι.

CLXXIII.

Οὐ μὴν τοὺς σοφοὺς μέμφομαι ὅτι τοὺς πλουσίους θωπεύουσί
τε καὶ ὑπηρετεῖν προαιροῦνται. καλῶς γὰρ ὁ Διογένης ἐρωτῶντός
ποτε καὶ σκώπτοντός τινος, Διὰ τί τοῖς πλουσίοις παρακολου-
θοῖεν οἱ φιλόσοφοι, ἀλλ᾽ οὐ τοῖς φιλοσόφοις οἱ πλούσιοι, σωφρόνως
ἀπεκρίνατο καὶ ἅμα δριμέως πως, ὅτι οἱ μὲν ἐπίστανται ὅτου
δέονται, οἱ δὲ οὔ. ὡσαύτως δὲ ὁ Ἄντιππος, ἐπεὶ Διονύσιόν τι
προσαιτῶν οὐδὲ λόγου τυχὼν προσέπεσε· ὁ δὲ ἐπισχὼν καὶ δοὺς
λόγον ἐχαρίσατο· σπουδάζων δέ τις περὶ φιλοσοφίας ἐπετίμησε
τῷ Ἀριστίππῳ εἰ οὕτως ᾔσχυνε τὴν φιλοσοφίαν ὥστε ἰδίᾳ τι
αἰτῶν τυράννῳ προσκυνεῖν.

CLXXIV.

Φ. Ὁμολογεῖς οὖν ἀδύνατος εἶναι ὑπολαβεῖν ὅπως τῶν αἰσθητῶν
τι ὑπάρχειν οἷόν τε, μὴ ἐν ψυχῇ ὄν. ἢ οὔ;

ΓΛ. ὁμολογῶ γάρ.

Φ. ὅμως δὲ ἅπερ οὐδὲ ὑπολαβεῖν οἷός τ᾽ εἶ ταῦτα διϊσχυρίζει
ἀληθῆ εἶναι.

ΓΛ. ἀλλ᾽ οὖν ἀμηχανῶ τί δεῖ ἐννοεῖν· ἔστι δὲ ἃ ἐμποδὼν ἔτι
μοι ὑπάρχει· ἄλλο τι τὰ πόρρω ἀπόντα σαφῶς δύναμαι ὁρᾶν, οἷον
τὴν σελήνην καὶ τὰ ἄστρα διὰ μακροῦ ὄντα αἰσθανόμεθα; τοῦτο
δὲ τῇ αἰσθήσει που ἐμάθομεν.

Φ. οὔκουν καὶ καθεύδων τοιαῦτα ὄναρ γιγνώσκεις;

ΓΛ. πάνυ μὲν οὖν.

Φ. φαίνεται δὲ πάντα ὁμοίως πόρρω ἀπεῖναι, ἢ οὔ;

ΓΛ. φαίνεται γάρ.

Φ. οὐ μέντοι τὰ ὄναρ φανέντα διὰ τοῦτο νομίζεις χωρὶς εἶναι τῆς ψυχῆς.

ΓΛ. οὐδαμῶς.

Φ. οὐκ ἂν ὀρθῶς ἄρα ὑπολάβοις τὰ αἰσθητὰ ἔξω εἶναι τῆς ψυχῆς, κἂν τοιαῦτα δοκῇ εἶναι ἢ τῇδέ πως αἰσθώμεθα αὐτῶν.

ΓΛ. συγχωρεῖν ἀνάγκη.

CLXXV.

Σ. Φέρε νυν, πρὸς λόγον σὲ ἄττα ἔρωμαι· οἶδα γὰρ ἀποκρινοί-μενόν σε ῥᾳδίως καὶ εὐπροσηγόρως. Ἄλλο τι, ὦ Πεισίστρατε, εὐδαιμονέστερον σεαυτῷ ἐδόκεις διακεῖσθαι, ὁπότε χάριν εἰδὼς τοῖς θεοῖς πολύ τι θύσας τυγχάνοις ;

Π. οὐ γὰρ ἀσεβής εἰμι, ὦ Σόλων, ἀλλὰ πολλὰ ἤδη τοιαῦτα αὐτοῖς θύσας ἀεὶ εὐδαιμονέστερος ἐγενόμην.

Σ. πότερον δεομένοις τῆς θυσίας ;

Π. οὐδὲ γὰρ δήπου τῶν γε βροτείων οὐδενός· διὰ δὲ τοῦτο ἦν εὐδαίμων, ὅτι ἅπερ ἔμαθον δεῖν πρᾶξαι, ταῦτα ἔπρασσον.

Σ. εὐσεβῶς γὰρ ἔλεξας, ὦ φίλε, καὶ σπουδαίως ἅμα καὶ εὐλόγως, οὐ γὰρ ἐδέοντο τῆς θυσίας οἱ θεοί· πῶς γάρ, οἵτινες πάντα ἔδοσαν, οὗτοι καὶ ὁτουοῦν ἂν δέοιντο ; δέονται δὲ οἱ Ἀθηναῖοι, ἀναγκαίως τινὸς καὶ ἐνδεῶς πρὸς σοῦ ἔχοντες, αὐτοῦ δὴ τούτου λέγω ὅπερ σὺ ἀφελὼν μετὰ οὐδεμίας δαπάνης ἂν ἀποδοίης. ὡμολόγεις γοῦν εὐδαιμονέστερος ἀεὶ γενέσθαι, ὁπότε τοῖς θεοῖς τι ἀναθείης, ἐξὸν αὐτῷ κατ᾽ οἰκίαν χρῆσθαι· ἴσθι τοίνυν μηδὲν ἧσσον τοιοῦτος ἐσόμενος ἢν ἅπερ ἀπεστέρησας τοῖς πολίταις ἀποδῷς, ὡς ἐκείνων οὐ ταῦτα μόνον, ἢν καιρὸς ᾖ, σαφέστατα μελλόντων ἁρπάζειν, ἀλλὰ καὶ καὶ τὰ χρήματα συλῆσαι καὶ δὴ καὶ ἀποκτεῖναι.

NOTES AND ALTERNATIVE VERSIONS
AND CORRIGENDA.

PART I.

1. 9. ἀποτρέποιεν is oblique delib. § 10. The ordinary conditional ἀπ. ἄν might be used, but the other is more idiomatic.

   11. ξυντακεῖν is governed by δεῖν, θανεῖσθαι orat. obliq.

   15. πλείονα τὸν φόρον] Tertiary predicate, 'their tribute more,' lit.

2. 5. γέγραφε] Vivid, § 31. Comp. § 148.

   11. ἀνοίξας] Literal word for 'opened:' perhaps better say ἀνελίξας, 'unrolled,' as a classical book was a roll.

   14. τῷ Τίτῳ] Observe the reg. usage of *dative* after perf. pass.

4. 2. Read πρᾷος for πραΰς, which seems not to occur masc. sing.

   15. ἂν ἔλεγον] 'I would have been saying' literally, because the supposition is excluded.

5. 1. ὠμός is a better word than νηλεής, which seems to be only poetical.

   3. τῶν ... φίλων] Observe the gen. of separation, used idiomatically after λελειμμένος.

   7. τελευτῶν] § 156.

7. 2. οὔ φησι is found even after εἰ, the οὐ really belonging to the dependent verb, so that οὔ φησι = 'he denies.'

   4. If πειρώμενοι ... ψευδόμενος is felt to be too harsh, say τῷ ψεύδεσθαι ὑπερβαλεῖν.

10. 10. ἥσσων] Perhaps ἐλάσσων would be a better word, as ἥσσων rather means 'inferior.'

11. 3. ἐθαύμαζεν ... εἰ] § 32.

   7. μὴ ... δέξασθαι] § 130.

12. 2. ἐπεὶ ... δύνασθαι] Inf., because it is part of the pretence, and so oblique. See § 38.

Ex. line

15. 8. παρὰ τῇ θεᾷ] It would perhaps be rather neater to use the pregnant construction, παρὰ τὴν θεάν, implying *motion to* the temple.

18. 4. After τὸν ἄρκτον should be read πλὴν τῶν χηλῶν.

19. 4. οὐ διὰ πολλοῦ] Observe that adverbs of *time* tend to come *early* in the sentence.

   8. *at Athens* must be translated by *to Athens*, since it must qualify the *verb* and not (as in English) the substantive.

22. 4. Perhaps ὡς instead of οἷπερ would be a little easier ; and in that case it would be all orat. obliq. afterwards.

   11. ἦσαν] For the facts exclude the supposition.

23. 1. βασιλεύειν is commoner, so that the statement about ἄρχεσθαι in § 168 is misleading.

25. 2. κεῖται is more usual than τέθειται.

29. 1. τῷ Παδίῳ] Dat. acc. to the regular usage of ὁ αὐτός.

33. 10. Observe οὐ γὰρ νεῖν ; the γάρ *implies* the answer, so that the point is capable of being delicately given in Greek.

34. 6. ζῶν] Observe the present participle, regularly used of past time (as the tense expresses only *extension*, and does not define the time) with an adverb (here πρότερον) to fix the period.

38. 12. μὴ ψεύδεται] The pres. ind. is much the most dramatic and vivid tense to use here, cf. § 192 (*a*).

40. 6. μέλλειν takes pres. fut. and aorist inf. equally.

   8. μὴ οὐ] § 132.

42. 7. Before μανθάνων is omitted by an oversight ἕνα ἐνιαυτόν.

PART II.

58. 10. εἰρημένον] § 164.

59. μεταγνόντα] Acc., because the verb understood is not 'he says that,' in which case, by inf. attraction, it would be μεταγνούς, but 'he bids me say that.'

60. 8. περιμένοντες ἐς ὕλην] Not ἐν ὕλῃ, for the construction is pregnant, 'going to a wood and waiting there.'

   11. πρὶν . . . ἔδησεν] § 81.

Ex. line

66. 3. οὐδὲν ὅ,τι οὐκ] § 151.

67. 2. μᾶλλον] Usually where we say 'not so much,' the Greeks (with their wonted delicacy of statement) say οὐ μᾶλλον, 'not more.' So οὐχ ἥκιστα for 'principally,' etc.

72. 15. δῆθεν suggests that *they thought it was* poison.

74. 9. ἐξεπηδάτην . . . συνῆλθον] The dual and plural are constantly found together : in fact, the dual is only a form of the plural, and a dual noun is found often with a plural verb.

75. 5. Perhaps it is better to say simply ἄριστον καὶ σοφώτατον εἶναι.

76. 5. ὀφείλοι] § 36.

83. 11. διαλιπόντα . . . ἔσεσθαι] This change to acc. inf. is common as the orat. obliq. proceeds, though usually after a full stop or colon. We might read διαλιπὼν . . . ἕτοιμος ἔσοιτο.

87. 5. ἦσθα, ἐδήλους] § 35 (3). Supposition excluded by facts.

90. 2. μηδενὶ] § 128.

PART III.

95. 5. 'To Fabius in Etruria' must be ' . . . to Etruria,' as both clauses have to be grouped round the *verb.*

103. 6. ὅθεν by a not uncommon attraction for ἐκεῖθεν οὗ, which may be put instead if preferred.

104. 5. For ἔτι it might be a little clearer to read ἔτι μᾶλλον.

105. 10. οἷος ἄν τις] Of course the verb εἴη is readily understood from εἶναι.

106. 12. ὡς . . . ἀκολουθήσοντας] This idiomatic use of ὡς with the *acc.* (instead of gen. abs.) should be observed, which occurs when there is a notion of orat. obliq. (supposing, knowing, asserting).

107. 16. Perhaps for εὖ πρὸς β. διέκειτο use the simpler ὃν εὔνουν ὄντα ἠπίσταντο τῷ βασιλεῖ.

108. 8. 'It was vain to argue.' This *means* 'they did argue . . . and the man did not listen,' and so I have translated.

Ex.   line

109. 4. ἄρχοντα] I mean 'before a general was proclaimed,' not 'before he was proclaimed general,' which would be ἄρχων. The other is a more delicate way of saying it.

10. ὡς . . . εἴσεσθαι] § 38.

110. 7. δεῖν τοῦ μή] The idiomatic redundant μή, in accordance with the principle of § 130.

113. 9. τὰ ἐκεῖσε] Observe this device.

116. The last sentence being so extremely idiomatic in the English is of necessity much recast.

117. The last word ἐπήεσαν I have ventured to insert for the sake of the directness so much desired in Greek.

118. 10. If this sudden oratio obliqua is thought harsh (though I believe it is natural) insert ἔφασκον after προσήκειν.

119. 5. ἐκ τῆς πόλεως] As so often where we say 'in the city.'

121. 'God bless you! God bless you!' The repetition is unnatural in Greek, and so is best given by οὐχ ἅπαξ, or some such turn.

124. 1. ἔφη is inserted to make clear the oratio obliqua.

127. 4. ὥστε σῴζεσθαι . . .] Some such device as this is necessary, for the English idiom, 'fortunately,' 'unfortunately,' is entirely foreign to Greek.

128. 16. τοῦτον οὖν] οὖν is common in this *resumptive* usage.

130. 10. ἔμπλεως is given in Liddell and Scott as having two terminations, though πλέως makes πλέα in fem. Is this true? I have, however, assumed it.

11. τοῦ agrees with ἱεροῦ, as usual.
'respect or fear' has been accidentally omitted. Insert after παρεχώρουν, εἴτε ὑπ' αἰδοῦς εἴτε καὶ φοβούμενοι.

132. 5. ἀπόντες μὲν has no δέ to answer; but this is natural, as the μᾶλλον clause is substituted.

13. ἐδυσχέραινεν is strictly in agreement with ἔθνη: but really (being so far off) a Greek would probably have written the plural.

134.   9. **καὶ πρότερον ἁ.**] I have ventured to insert here 'the uneasy auditor,' as the more natural place.   If this is thought harsh, insert in line 5, after οὖν, δυσχεραίνοντος ὅμως ἐκείνου.

135.   8. The second ὥστε sounds clumsy.   Read ἐπὶ τῷ.

    11. The note suggests σπουδάζειν for 'pursue.'   But it is neater as done in the version.

136.   12. **ἀναθέσθαι**] Metaph. from draughts, 'to take back a move.'

139.   9. **παρὰ τοῦ βασιλέως**] παρά, 'from the side of,' 'from the house of,' gives the notion of *the court*, 'the king's surroundings.'

    9. **ἐκπεσεῖν**] § 191.

    16. **ἐξελευθεροῖ** is subj.

140.   3. **περὶ θανάτου**] I have put this rather than what the note recommends, to avoid repeating ἀποκτεῖναι.

144.   3. **μέλλουσιν**] § 192 (*a*).

PART IV.

163.   8. **εἶναι**] To express the oblique,—§ 38.

    18. **ἀναθέσθαι**] See Ex. 136. Note.

164.   4. **ἀνδρὸς οἵου ἐμοῦ**] § 153.

165.   11. 'The tradition of the fall of man' is translated at some length ; but, not being a Greek idea, the technical theological terms have to be *interpreted*.

167.   5. **εἰ οὐχ ἱκανός εἰμι**] In spite of § 127, εἰ may have οὐ after it wherever the εἰ is not really conditional, but as here, *e.g.*= 'whether.'

    13. **ἐκεῖσε ἔγκειται**] Pregn. constr., 'has been put into that.'

169.   8. **εἰλεός** seems the more accurate form.

172.   7. **ἀνθ' ὧν**, with inf.,—§ 38.

Edinburgh University Press:

T. AND A. CONSTABLE, PRINTERS TO HER MAJESTY.

SCENES FROM GREEK PLAYS

RUGBY EDITION

Abridged and adapted for the use of Schools, by

ARTHUR SIDGWICK, M.A.

ASSISTANT-MASTER AT RUGBY SCHOOL, AND FORMERLY FELLOW OF
TRINITY COLLEGE, CAMBRIDGE.

Small 8vo.   1s. 6d. each.

ARISTOPHANES.

THE CLOUDS.   THE FROGS.   THE KNIGHTS.   PLUTUS.

EURIPIDES.

IPHIGENIA IN TAURIS.   THE CYCLOPS.   ION.
ELECTRA.   ALCESTIS.   BACCHÆ.   HECUBA.

Recommended in the *Guide to the Choice of Classical Books*, by J. B.
Mayor, M.A., Professor of Classical Literature at King's College, late
Fellow and Tutor of St. John's College, Cambridge.

A FIRST GREEK WRITER

BY THE SAME AUTHOR.

[*In Preparation.*

RIVINGTONS, LONDON, OXFORD, AND CAMBRIDGE

CATENA CLASSICORUM.

A Series of Classical Authors. Edited by Members of both Universities, under the Direction of the REV. ARTHUR HOLMES, M.A., *late Senior Fellow and Dean of Clare College, Cambridge, and Preacher at the Chapel Royal, Whitehall;* and the REV. CHARLES BIGG, D.D., *late Senior Student and Tutor of Christ Church, Oxford: Principal of Brighton College.*

SOPHOCLIS TRAGOEDIAE.

THE ELECTRA, 3s. 6d. THE AJAX, 3s. 6d. Edited by R. C. JEBB, M.A., Professor of Greek at the University of Glasgow, late Fellow and Tutor of Trinity College, Cambridge.

JUVENALIS SATIRAE.

Edited by G. A. SIMCOX, M.A., Fellow and Classical Lecturer of Queen's College, Oxford. 5s.

THUCYDIDIS HISTORIA.

Edited by CHAS. BIGG, D.D., late Senior Student and Tutor of Christ Church, Oxford; Principal of Brighton College. Books I. and II., with Introductions. 6s.
Books III. and IV. Edited by G. A. SIMCOX, M.A. 6s.

DEMOSTHENIS ORATIONES PUBLICAE.

THE OLYNTHIACS, 2s. 6d. THE PHILIPPICS, 3s. DE FALSA LEGATIONE, 6s. Edited by G. H. HESLOP, M.A., late Fellow and Assistant Tutor of Queen's College, Oxford; Head Master of St. Bees.

ARISTOPHANIS COMOEDIAE.

THE ACHARNIANS and THE KNIGHTS, 4s. THE CLOUDS, 3s. 6d. THE WASPS, 3s. 6d. Edited by W. C. GREEN, M.A., late Fellow of King's College, Cambridge; Assistant Master at Rugby School.
An Edition of "THE ACHARNIANS and THE KNIGHTS," Revised and especially adapted for Use in Schools. 4s.

ISOCRATIS ORATIONES.

AD DEMONICUM ET PANEGYRICUS. 4s. 6d. Edited by JOHN EDWIN SANDYS, M.A., Fellow and Tutor of St. John's College, Cambridge, and Public Orator of the University.

PERSII SATIRAE.

Edited by A. PRETOR, M.A., Fellow of St. Catherine's College, Cambridge, Classical Lecturer of Trinity Hall. 3s. 6d.

HOMERI ILIAS.

Edited by S. H. REYNOLDS, M.A., late Fellow and Tutor of Brasenose College, Oxford. Books I. to XII. 6s.

TERENTI COMOEDIAE.

ANDRIA ET EUNUCHUS, 4s. 6d. ANDRIA, with Introduction on Prosody, 3s. 6d. Edited by T. L. PAPILLON, M.A., Fellow of New College, Oxford, late Fellow of Merton.

DEMOSTHENIS ORATIONES.

DE CORONA. 5s. Edited by the Rev. ARTHUR HOLMES, M.A., Senior Fellow and Dean of Clare College, Cambridge, and late Preacher at the Chapel Royal, Whitehall.

HERODOTI HISTORIA.

Edited by H. G. WOODS, M.A., Fellow and Tutor of Trinity College, Oxford.
Book I. 6s. Book II. 5s.

TACITI HISTORIA.

Edited by W. H. SIMCOX, M.A., Fellow of Queen's College, Oxford.
Books I. and II. 6s. Books III. IV. and V. 6s.

HORATI OPERA.

Edited by J. M. MARSHALL, M.A., Under Master of Dulwich College, late Fellow and Lecturer of Brasenose College, Oxford.
VOL. I. THE ODES, CARMEN SECULARE, AND EPODES. 7s. 6d.

RIVINGTONS
London, Oxford, and Cambridge.

3, WATERLOO PLACE, PALL MALL.

February, 1877.

𝔅ooks for 𝔖chools and ℭolleges

PUBLISHED BY

MESSRS. RIVINGTON

HISTORY

English History for the Use of Public Schools.

By the Rev. J. FRANCK BRIGHT, M.A., *Fellow of University College, and Historical Lecturer at Balliol, New, and University Colleges, Oxford; late Master of the Modern School at Marlborough College.*

With numerous Maps and Plans. Crown 8vo.

This work is divided into three Periods of convenient and handy size, especially adapted for use in Schools, as well as for Students reading special portions of History for local and other Examinations.

Period I.—MEDIÆVAL MONARCHY : The departure of the Romans, to Richard III. From A.D. 449 to A.D. 1485. 4s. 6d.

Period II.—PERSONAL MONARCHY : Henry VII. to James II. From A.D. 1485 to A.D. 1688. 5s.

Period III.—CONSTITUTIONAL MONARCHY : William and Mary, to the present time. From A.D. 1688 to A.D. 1837. [*Now Ready.*

"It is a relief to meet with a piece of sterling, careful work like this first instalment of Mr. Bright's English History. . . A careful examination of its pages can hardly fail to suggest that it has cost the compiler a great deal of trouble, and is likely, in consequence, to save both teacher and learner a proportionate amount. For the use for which it is especially designed —that of a text-book in our public schools —it is excellently adapted."—*Academy.*

"An air of good common sense pervades it ; the style is entirely free from affectation or inflation, and is at the same time tolerably clear and easy to follow."
Athenæum.

"We do not know a book more suitable for school use, or one more likely to stimulate in boys an intelligent interest in constitutional and social history. We confess to having read the greater part of it with a very real pleasure."—*Educational Times.*

"It is written in a clear, straightforward, sensible way, and contains as much instruction as possible, put in a way that can be easily understood."—*Examiner.*

"It is a critical and thoughtful examination of the growth of this great nation ; and

while the facts are given always with clearness and force, the student is led to understand and to reflect not merely upon the events themselves, but upon a number of interesting and important considerations arising out of these events."
School Board Chronicle.

"A model of what a clear, attractive, well-arranged, and trustworthy manual of historical information ought to be."
Glasgow Herald.

"We can speak with entire satisfaction of the style in which the work is done, Mr. Bright's is a lucid, steady, vigorous style, which leaves nothing in doubt, and is comprehensive and thoroughly practical."
Liverpool Albion.

"Admirably adapted for the purpose intended, and should rank high as a text-book in all educational establishments."
Civil Service Gazette.

"Mr. Bright has done his work, as it seems to us, in a very careful manner."
Scotsman.

"The narrative is clear and concise, and illustrated by useful plans and maps."
Notes and Queries.

(*See Specimen Page, No.* 1.)

LONDON, OXFORD, AND CAMBRIDGE.

HISTORICAL HANDBOOKS

Edited by

OSCAR BROWNING, M.A.,

FELLOW OF KING'S COLLEGE, CAMBRIDGE.

Crown 8vo.

(*See Specimen Pages, Nos.* 3 *and* 4.)

HISTORY OF THE ENGLISH INSTITUTIONS.

By PHILIP V. SMITH, M.A., *Barrister-at-Law; Fellow of King's College, Cambridge.* 3*s.* 6*d.*

CONTENTS.

Social and Local Development of the Constitution.

Origin of the English Institutions—The People—Local Government.

Constituents of the Central Authority.

The King—Parliament—The King's Council.

Central Government.

Legislation—Judicature—The Executive—Taxation—Chronological Table. Index and Glossary.

ENGLISH HISTORY IN THE XIVTH CENTURY.

By CHARLES H. PEARSON, M.A., *Head Master of the Presbyterian Ladies' College, Melbourne, late Fellow of Oriel College, Oxford.* 3*s.* 6*d.*

CONTENTS.

Introduction—State of Scotland in the Thirteenth Century—Misgovernment of Edward II.—Death of Edward II.—First Years of Edward III.—The War with France —Subjugation of France—The Loss of the French Conquests—The Results of Foreign Aggression—The Minority of Richard II.—Richard's Government—Richard's Tyranny and Fall.

THE REIGN OF LEWIS XI.

By P. F. WILLERT, M.A., *Fellow of Exeter College, Oxford.* With Map. 3*s.* 6*d.*

LONDON, OXFORD, AND CAMBRIDGE.

HISTORICAL HANDBOOKS—continued.

THE ROMAN EMPIRE. A.D. 395–800.

By A. M. CURTEIS, M.A., *Assistant-Master at Sherborne School, late Fellow of Trinity College, Oxford.*

With Maps. 3s. 6d.

CONTENTS.

Administrative and Legal Unity—The Christian Church in the First Four Centuries—The Barbarians on the Frontier—Century IV.—Church and State in Constantinople, Eutropius and Chrysostom—Chrysostom and the Empress Eudoxia—Alaric and the Visigoths, 396–419—Genseric and the Vandals, 423–533—Attila and the Huns, 435–453—The "Change of Government," commonly called the Fall of the Western Empire, 475–526—The Emperor Justinian, 527–565—The Empire in relation to the Barbarians of the East, 450–650—Mohammed and Mohammedanism, 622–711—The Popes and the Lombards in Italy, 540–740—The Franks and the Papacy, 500–800—Synopsis of Historical Events—Index.

MAPS.

Central Europe, about A.D. 400.—The Roman Empire at the beginning of the sixth Century.—Italy, 600–750.—Europe in the time of Charles the Great.

"We have very carefully examined the chapters on the 'Barbarians,' the Visigoths, the Vandals, and the Huns, and can pronounce them the best condensed account that we have read of the westerly migrations."—*Athenæum.*

"An admirable specimen of careful condensation and good arrangement, and as a school book it will assuredly possess a high value."—*Scotsman.*

"The period with which it deals is neglected in schools for want of text-books, but is full of most important historical teaching. Mr. Curteis' little book is admirably written for teaching purposes ; it is clear, definite, well-arranged, and interesting."—*Academy.*

"Appears to be a good school book for the higher forms."—*Westminster Review.*

"Will prove of great service to students, and we commend it to the notice of those who intend competing in the Civil Service Examinations. Mr. Curteis has executed his task with great care and judgment."

Civil Service Gazette.

HISTORY OF MODERN ENGLISH LAW.

By Sir ROLAND KNYVET WILSON, Bart., M.A., *Barrister-at-Law ; late Fellow of King's College, Cambridge.*

3s. 6d.

CONTENTS.

The English Law in the Time of Blackstone.

The Form in which it was Enunciated—Property, Contract, and Absolute Duties—Wrongs and Remedies, Civil and Criminal—Procedure—Laws relating to Special Classes of Persons.

Life and Work of Bentham.

Biography—The Writings of Bentham—Early Attempts at Law Reform.

Legal Changes since 1825.

Changes as to the Form in which the Law is Enunciated—Changes in the Law of Property, Contract, and Absolute Duties—Changes in the Laws as to Wrongs and Remedies—Changes in the Laws relating to Procedure and Evidence—Changes in the Laws relating to Special Classes of Persons—Chronological Table of Cases and Statutes—Index.

HISTORICAL HANDBOOKS—continued.

HISTORY OF FRENCH LITERATURE.

Adapted from the French of M. DEMOGEOT, *by* C. BRIDGE.
3*s.* 6*d.*

"**An** excellent manual."—*Athenæum.*
"A clever adaptation."—*London Quarterly Review.*
"It is clear, idiomatic, and flowing, possessing all the characteristics of good English composition. Its perusal will furnish abundant evidence of the richness and variety of French literature, of which it is

a good and sufficient **handbook**."—*British Quarterly Review.*
"We cannot too highly commend this careful analysis of the characteristics of the great French writer."—*Standard.*
"Unlike most manuals, it is readable as well as accurate."—*Echo.*

THE GREAT REBELLION.

By the EDITOR.

HISTORY OF THE FRENCH REVOLUTION.

By the Rev. J. FRANCK BRIGHT, M.A., *Fellow of University College, and Historical Lecturer at Balliol, New, and University Colleges, Oxford; late Master of the Modern School at Marlborough College.*

THE AGE OF CHATHAM.

By Sir W. R. ANSON, Bart., M.A., *Fellow of All Souls' College, and Vinerian Reader of Law, Oxford.*

THE AGE OF PITT.

By the Same.

THE SUPREMACY OF ATHENS.

By R. C. JEBB, M.A. *Cambridge, Professor of Greek at the University of Glasgow.*

THE ROMAN REVOLUTION. From B.C. 133 to the Battle of Actium.

By H. F. PELHAM, M.A., *Fellow and Lecturer of Exeter College, Oxford.*

HISTORY OF THE UNITED STATES.

By SIR GEORGE YOUNG, BART., M.A., *late Fellow of Trinity College, Cambridge.*

HISTORY OF ROMAN POLITICAL INSTITUTIONS.

By J. S. REID, M.L., *Christ's College, Cambridge.*

HISTORICAL BIOGRAPHIES

Edited by

THE REV. M. CREIGHTON, M.A.,

LATE FELLOW AND TUTOR OF MERTON COLLEGE, OXFORD.

With Maps and Plans.   Small 8vo.

The most important and the most difficult point in Historical Teaching is to awaken a real interest in the minds of Beginners. For this purpose concise handbooks are seldom useful. General sketches, however accurate in their outlines of political or constitutional development, and however well adapted to dispel false ideas, still do not make history a living thing to the *young*. They are most valuable as maps on which to trace the route beforehand and show its direction, but they will seldom allure any one to take a walk.

The object of this series of Historical Biographies is to try and select from English History a few men whose lives were lived in stirring times. The intention is to treat their lives and times in some little detail, and to group round them the most distinctive features of the periods before and after those in which they lived.

It is hoped that in this way interest may be awakened without any sacrifice of accuracy, and that personal sympathies may be kindled without forgetfulness of the principles involved.

It may be added that round the lives of individuals it will be possible to bring together facts of social life in a clearer way, and to reproduce a more vivid picture of particular times than is possible in a historical handbook.

By reading short Biographies a few clear ideas may be formed in the pupil's mind, which may stimulate to further reading. A vivid impression of one period, however short, will carry the pupil onward and give more general histories an interest in their turn. Something, at least, will be gained if the pupil realises that men in past times lived and moved in the same sort of way as they do at present.

The following Biographies:—

Now ready, 2s. 6d. each.

1. SIMON DE MONTFORT.   2. THE BLACK PRINCE.

In preparation.

3. SIR WALTER RALEIGH.   4. OLIVER CROMWELL.
5. THE DUKE OF MARLBOROUGH.   6. THE DUKE OF WELLINGTON.

History of the Church under the Roman Empire, A.D. 30-476.

By the Rev. A. D. CRAKE, B.A., *Chaplain of All Saints' School, Bloxham.*

Crown 8vo.   7s. 6d.

A History of England for Children.

By GEORGE DAVYS, D.D., *formerly Bishop of Peterborough.*
New Edition.   18mo.   1s. 6d.
With twelve Coloured Illustrations.   Square cr. 8vo.   3s. 6d.

LONDON, OXFORD, AND CAMBRIDGE.

ENGLISH

ENGLISH SCHOOL-CLASSICS

With Introductions, and Notes at the end of each Book.

Edited by FRANCIS STORR, B.A.,

CHIEF MASTER OF MODERN SUBJECTS AT MERCHANT TAYLORS' SCHOOL, LATE SCHOLAR
OF TRINITY COLLEGE, CAMBRIDGE, AND BELL UNIVERSITY SCHOLAR.

Small 8vo.

THOMSON'S SEASONS: Winter.
With Introduction to the Series, by the Rev. J. FRANCK BRIGHT, M.A., Fellow of
University College, and Historical Lecturer at Balliol, New, and University Colleges,
Oxford; late Master of the Modern School at Marlborough College. 1*s*.

COWPER'S TASK.
By FRANCIS STORR, B.A., Chief Master of Modern Subjects at Merchant Taylors'
School. 2*s*.
    Part I. (Book I.—The Sofa; Book II.—The Timepiece) 9*d*.   Part II. (Book III.
—The Garden; Book IV.—The Winter Evening) 9*d*.   Part III. (Book V.—The
Winter Morning Walk; Book VI.—The Winter Walk at Noon) 9*d*.

SCOTT'S LAY OF THE LAST MINSTREL.
By J. SURTEES PHILLPOTTS, M.A., Head Master of Bedford School, formerly
Fellow of New College, Oxford. 2*s*. 6*d*.
    Part I. (Canto I., with Introduction, &c.) 9*d*.   Part II. (Cantos II. and **III.**) 9*d*.
Part III. (Cantos IV. and V.) 9*d*.   Part IV. (Canto VI.) 9*d*.

SCOTT'S LADY OF THE LAKE.
By R. W. TAYLOR, M.A., Assistant-Master at Rugby School. 2*s*.
    Part I. (Cantos I. and II.) 9*d*.   Part II. (Cantos III. and IV.) 9*d*.   Part III.
(Cantos V. and VI.) 9*d*.

NOTES TO SCOTT'S WAVERLEY.
By H. W. EVE, M.A., Head-Master of University College School, London. 1*s*., or
with the Text, 2*s*. 6*d*.

TWENTY OF BACON'S ESSAYS.
By FRANCIS STORR, B.A., Chief Master of Modern Subjects at Merchant Taylors'
School. 1*s*.

SIMPLE POEMS.
Edited by W. E. MULLINS, M.A., Assistant-Master at Marlborough College. 8*d*.

SELECTIONS FROM WORDSWORTH'S POEMS.
By H. H. TURNER, B.A., late Scholar of Trinity College, Cambridge. 1*s*.

WORDSWORTH'S EXCURSION: The Wanderer.
By H. H. TURNER, B.A., late Scholar of Trinity College, Cambridge. 1*s*.

MILTON'S PARADISE LOST.
By FRANCIS STORR, B.A., Chief Master of Modern Subjects at Merchant Taylors'
School.
    Book I. 9*d*.   Book II. 9*d*.

ENGLISH SCHOOL-CLASSICS—continued.

SELECTIONS FROM THE SPECTATOR.
By OSMUND AIRY, M.A., Assistant-Master at Wellington College. 1s.

BROWNE'S RELIGIO MEDICI.
By W. P. SMITH, M.A., Assistant-Master at Winchester College. 1s.

GOLDSMITH'S TRAVELLER AND DESERTED VILLAGE.
By C. SANKEY, M.A., Assistant-Master at Marlborough College. 1s.

EXTRACTS FROM GOLDSMITH'S VICAR OF WAKEFIELD.
By C. SANKEY, M.A., Assistant-Master at Marlborough College. 1s.

POEMS SELECTED FROM THE WORKS OF ROBERT BURNS.
By A. M. BELL, M.A., Balliol College, Oxford. 2s.

MACAULAY'S ESSAYS.
MOORE'S LIFE OF BYRON. By FRANCIS STORR, B.A. 9d.
BOSWELL'S LIFE OF JOHNSON. By FRANCIS STORR, B.A. 9d.
HALLAM'S CONSTITUTIONAL HISTORY. By H. F. BOYD, late Scholar of
Brasenose College, Oxford. 1s.

SOUTHEY'S LIFE OF NELSON.
By W. E. MULLINS, M.A., Assistant-Master at Marlborough College.

*** *The General Introduction to the Series will be found in* Thomson's WINTER.

(*See Specimen Pages, Nos.* 5 *and* 6.)

OPINIONS OF TUTORS AND SCHOOLMASTERS.

"Nothing can be better than the idea and the execution of the English School-Classics, edited by Mr. Storr. Their cheapness and excellence encourage us to the hope that the study of our own language, too long neglected in our schools, may take its proper place in our curriculum, and may be the means of inspiring that taste for literature which it is one of the chief objects of education to give, and which is apt to be lost sight of in the modern style of teaching Greek and Latin Classics with a view to success in examinations."—*Oscar Browning, M.A., Fellow of King's College, Cambridge.*

"I think the plan of them is excellent; and those volumes which I have used I have found carefully and judiciously edited, neither passing over difficulties, nor preventing thought and work on the pupil's part by excessive annotation."—*Rev. C. B. Hutchinson, M.A., Assistant-Master at Rugby School.*

"I think that these books are likely to prove most valuable. There is great variety in the choice of authors. The notes seem sensible, as far as I have been able to examine them, and give just enough help, and not too much; and the size of each volume is so small, that in most cases it need not form more than one term's work.

Something of the kind was greatly wanted." —*E. E. Bowen, M.A., Master of the Modern Side, Harrow School.*

"I have used some of the volumes of your English School-Classics for several months in my ordinary form work, and I have recommended others to be set as subjects for different examinations for which the boys have to prepare themselves. I shall certainly continue to use them, as I have found them to be very well suited to the wants of my form."—*C. M. Bull, M.A., Master of the Modern School at Marlborough College.*

"I have no hesitation in saying that the volumes of your Series which I have examined appear to me far better adapted for school use than any others which have come under my notice. The notes are sufficiently full to supply all the information which a boy needs to understand the text without superseding the necessity of his thinking. The occasional questions call the learner's attention to points which he can decide from his own resources. The general plan, and the execution of the volumes which have come before me, leave little to be desired in a School Edition of the English Classics."—*The Rev. Chas. Grant Chittenden, M.A., The Grange, Hoddesdon, Herts.*

LONDON, OXFORD, AND CAMBRIDGE.

SELECT PLAYS OF SHAKSPERE

RUGBY EDITION.

With Introduction and Notes to each Play.

Small 8vo.

AS YOU LIKE IT. 2s.   HAMLET. 2s. 6d.

MACBETH. 2s.   KING LEAR. 2s. 6d.

> *Edited by the* Rev. CHARLES E. MOBERLY, M.A., *Assistant-Master at Rugby School, and formerly Scholar of Balliol College, Oxford.*

CORIOLANUS. 2s. 6d.

> *Edited by* ROBERT WHITELAW, M.A., *Assistant-Master at Rugby School, formerly Fellow of Trinity College, Cambridge.*

THE TEMPEST.

> *Edited by* J. SURTEES PHILLPOTTS, M.A., *Head-Master of Bedford Grammar School, formerly Fellow of New College, Oxford.*
>
> With Notes at the end of the Volume. 2s.

THE MERCHANT OF VENICE.

> *Edited by* R. W. TAYLOR, M.A., *Assistant-Master at Rugby School.*
> With Notes at the end of the Volume.
>
> [*In preparation.*

Dictionary of the English Language.

> *By* R. G. LATHAM, M.A., M.D., *late Fellow of King's College, Cambridge.*
>
> Abridged from Dr. Latham's Edition of Johnson's English Dictionary. In 1 vol. medium 8vo. 24s.

The Rudiments of English Grammar and Composition.

> *By* J. HAMBLIN SMITH, M.A., *of Gonville and Caius College, and late Lecturer at St. Peter's College, Cambridge.*
>
> Crown 8vo. 2s. 6d.

LONDON, OXFORD, AND CAMBRIDGE.

MATHEMATICS

RIVINGTONS' MATHEMATICAL SERIES

The following Schools, amongst many others, use this Series :—Eton : Harrow : Rugby : Winchester : Charterhouse : Marlborough : Shrewsbury : Cheltenham : Clifton : City of London School : Haileybury : Tonbridge : Fettes College, Edinburgh : H.M.'s Dockyard Schools, Sheerness and Devonport : Hurstpierpoint : King William's College, Isle of Man : St. Peter's, Clifton, York : Birmingham : Bedford : Felsted : Christ's College, Finchley : Liverpool College : Windermere College : Eastbourne College : Competitive College, Bath : Brentwood : Perse School, Cambridge : Queen's College, Cork. Also in use in the Royal Naval College, Greenwich : H.M. Training Ships : the Owen's College, Manchester : Harvard College, U.S. : the Grammar and High Schools of Canada : Melbourne University, Australia : the other Colonies : and some of the Government Schools in India.

OPINIONS OF TUTORS AND SCHOOLMASTERS.

"A person who carefully studies these books will have a thorough and accurate knowledge of the subjects on which they treat."—*H. A. Morgan, M.A., Tutor of Jesus College, Cambridge.*

"We have for some time used your Mathematical books in our Lecture Room, and find them well arranged, and well calculated to clear up the difficulties of the subjects. The examples also are numerous and well-selected."—*N. M. Ferrers, M.A., Fellow and Tutor of Gonville and Caius College, Cambridge.*

"I have used in my Lecture Room Mr. Hamblin Smith's text-books with very great advantage."—*James Porter, M.A., Master of St. Peter's College, Cambridge.*

"For beginners there could be no better books, as I have found when examining different schools."—*A. W. W. Steel, M.A., Fellow and Assistant-Tutor of Gonville and Caius College, Cambridge.*

"I consider Mr. Hamblin Smith's Mathematical Works to be a very valuable series for beginners. His Algebra in particular I think is the best book of its kind for schools and for the ordinary course at Cambridge."—*F. Pattrick, M.A., Fellow and Tutor of Magdalen College, Cambridge.*

"The series is a model of clearness and insight into possible difficulties."—*Rev. J. F. Blake, St. Peter's College, Clifton, York.*

"I can say with pleasure that I have used your books extensively in my work at Haileybury, and have found them on the whole well adapted for boys."—*Thomas Pitts, M.A., Assistant Mathematical Master at Haileybury College.*

"I can strongly recommend them all."—*W. Henry, M.A., Sub-Warden, Trinity College, Glenalmond.*

"I consider Mr. Smith has supplied a great want, and cannot but think that his works must command extensive use in good schools."—*J. Henry, B.A., Head-Master, H.M. Dockyard School, Sheerness, and Instructor of Engineers, R.N.*

"We have used your Algebra and Trigonometry extensively at this School from the time they were first published, and I thoroughly agree with every mathematical teacher I have met, that, as school text-books, they have no equals. We are introducing your Euclid gradually into the School."—*Rev. B. Edwardes, sen., Mathematical Master at the College, Hurstpierpoint, Sussex.*

"I consider them to be the best books of their kind on the subject which I have yet seen."—*Joshua Jones, D.C.L., Head-Master, King William's College, Isle of Man.*

"I have very great pleasure in expressing an opinion as to the value of these books. I have used them under very different circumstances, and have always been satisfied with the results obtained."—*C. H. W. Biggs, Editor of the 'Educational Times,' and the 'Monthly Journal of Education.'*

LONDON, OXFORD, AND CAMBRIDGE.

RIVINGTONS' MATHEMATICAL SERIES—continued.

ELEMENTARY ALGEBRA.

> *By* J. HAMBLIN SMITH, M.A., *of Gonville and Caius College, and late Lecturer at St. Peter's College, Cambridge.*

Small 8vo.   3*s.*   Without Answers, 2*s. 6d.*   A KEY.   Crown 8vo.   9*s.*

EXERCISES ON ALGEBRA.

> *By* J. HAMBLIN SMITH, M.A.

Small 8vo.   2*s. 6d.*   (Copies may be had without the Answers.)

ALGEBRA.   Part II.

> *By* E. J. GROSS, M.A., *Fellow of Gonville and Caius College, Cambridge, and Secretary to the Oxford and Cambridge Schools Examination Board.*

Crown 8vo.   8*s. 6d.*

"We have to congratulate Mr. Gross on his excellent treatment of the **more** difficult chapters in Elementary Algebra. His work satisfies not only in every respect the requirements of a first-rate text-book on the subject, but is not open to the standing reproach of most English mathematical **treatises** for students, a minimum of teaching **and a** maximum of problems. The **hard** work **and** considerable thought which **Mr.** Gross has devoted to the book will be **seen on** every page by the experienced **teacher**; there is not a word too much, **nor is the** student left without genuine **assistance** where it is needful. The language is precise, clear, and to the point. The problems are not too numerous, and selected with much tact and judgment. The range of the book has been very rightly somewhat extended beyond that assigned to simpler treatises, and it includes the elementary principles of Determinants. This chapter especially will be read with satisfaction by earnest students, and the mode of exposition will certainly have the approval of teachers. Altogether we think that this *Algebra* will soon become **a** general text-book, and will remain so for a long time to come." — *Westminster Review.*

KINEMATICS AND KINETICS.

> *By* E. J. GROSS, M.A.

Crown 8vo.   5*s. 6d.*

A TREATISE ON ARITHMETIC.

> *By* J. HAMBLIN SMITH, M.A.

Small 8vo.   3*s. 6d.*   A KEY.   Crown 8vo.   9*s.*

(See Specimen Page, No. 7.)

EXAMINATION FOR TEACHERS' CERTIFICATES SUGGESTIONS FROM DR. McLELLAN.—"I therefore recommend all intending candidates to read carefully Hamblin Smith's Arithmetic. Some of this Author's works are already well and favourably known in Ontario; the Arithmetic is one of the **most** valuable of the series. It explains and illustrates the Unitary Method, showing how the elementary principles of pure science, without being disguised in multitudinous perplexing 'Rules,' can be applied to the solution of all classes of questions.

"If then candidates master (as they can easily do) the method of this book, and apply it to the excellent examples which the Author has supplied, and to those questions set from time to time by the Central Committee, there will be fewer failures at the next examination."—*Extract from Letter of Dr. J. A. McLellan, Senior High School Inspector for Canada, to the "Toronto Mail," November 22, 1876.*

LONDON, OXFORD, AND CAMBRIDGE.

RIVINGTONS' MATHEMATICAL SERIES—continued.

ELEMENTS OF GEOMETRY. Small 8vo. 3s. 6d.

> By J. HAMBLIN SMITH, M.A.
>
> Containing Books 1 to 6, and portions of Books 11 and 12, of EUCLID, with Exercises and Notes, arranged with the Abbreviations admitted in the Cambridge University and Local Examinations.
>
> Part I., containing Books 1 and 2 of Euclid, limp cloth, 1s. 6d., may be had separately.
>
> *(See Specimen Page, No. 8.)*

GEOMETRICAL CONIC SECTIONS. Crown 8vo. 4s. 6d.

> By G. RICHARDSON, M.A., *Assistant-Master at Winchester College, and late Fellow of St. John's College, Cambridge.*

TRIGONOMETRY. Small 8vo. 4s. 6d. A KEY. Crown 8vo. 7s. 6d.

> By J. HAMBLIN SMITH, M.A.

ELEMENTARY STATICS. Small 8vo. 3s.

> By J. HAMBLIN SMITH, M.A.

ELEMENTARY HYDROSTATICS. Small 8vo. 3s.

> By J. HAMBLIN SMITH, M.A.

BOOK OF ENUNCIATIONS FOR HAMBLIN SMITH'S GEOMETRY, ALGEBRA, TRIGONOMETRY, STATICS, AND HYDROSTATICS. Small 8vo. 1s.

The Principles of Dynamics.

An Elementary Text-book for Science Students.

> By R. WORMELL, D.Sc., M.A., *Head-Master of the City of London Middle-Class School.*
>
> Crown 8vo. 6s.

Arithmetic, Theoretical and Practical.

> By W. H. GIRDLESTONE, M.A., *of Christ's College, Cambridge, Principal of the Theological College, Gloucester.*
>
> New Edition. Crown 8vo. 6s. 6d.
>
> Also a School Edition. Small 8vo. 3s. 6d.

LONDON, OXFORD, AND CAMBRIDGE.

SCIENCE

Preparing for Publication,

SCIENCE CLASS-BOOKS

Edited by

The REV. ARTHUR RIGG, M.A.,

LATE PRINCIPAL OF THE COLLEGE, CHESTER.

These Volumes are designed expressly for School use, and by their especial reference to the requirements of a School Class-Book, aim at making Science-teaching a subject for regular and methodical study in Public and Private Schools.

AN ELEMENTARY CLASS-BOOK ON SOUND.

By GEORGE CAREY FOSTER, B.A., F.R.S., *Fellow of, and Professor of Physics at, University College, London.*

AN ELEMENTARY CLASS-BOOK ON ELECTRICITY.

By GEORGE CAREY FOSTER, B.A., F.R.S., *Fellow of, and Professor of Physics at, University College, London.*

BOTANY FOR CLASS-TEACHING.

With Exercises for Private Work.

By F. E. KITCHENER, M.A., F.L.S., *Assistant-Master at Rugby School, and late Fellow of Trinity College, Cambridge.*

ASTRONOMY FOR CLASS-TEACHING.

With Exercises for Private Work.

By WALLIS HAY LAVERTY, M.A., *late Fellow of Queen's College, Oxford.*

The knowledge of Mathematics assumed will be Euclid, Books I.–VI., and Quadratic Equations.

Other Works are in preparation.

LONDON, OXFORD, AND CAMBRIDGE.

A Year's Botany.

Adapted to Home and School Use.
By FRANCES ANNA KITCHENER.
Illustrated by the Author. Crown 8vo. 5*s.*
(*See Specimen Page, No. 2.*)

CONTENTS.

General Description of Flowers—Flowers with Simple Pistils—Flowers with Compound Pistils — Flowers with Apocarpous Fruits — Flowers with Syncarpous Fruits—Stamens and Morphology of Branches—Fertilisation—Seeds—Early Growth and Food of Plants—Wood, Stems, and Roots—Leaves—Classification—Umbellates, Composites, Spurges, and Pines—Some Monocotyledonous Families—Orchids—Appendix of Technical Terms—Index.

"One and only one English book do I know that might almost make a stupid man teach one science well; and that is Mrs. Kitchener's 'A Year's Botany' (Rivingtons). That happily does not teach facts only; but is the expression of the method of a first-rate teacher in such a form as to enable any one to follow it."— *J. M. Wilson, M.A., in "Nature" of April* 13, 1876.

An Easy Introduction to Chemistry.

For the use of Schools.
Edited by the Rev. ARTHUR RIGG, M.A., *late Principal of The College, Chester, and* WALTER T. GOOLDEN, B.A., *late Science Scholar of Merton College, Oxford; and Lecturer in Natural Science at Tonbridge School.*
New Edition, revised. With Illustrations. Crown 8vo. 2*s.* 6*d.*
(*See Specimen Page, No. 9.*)

Notes on Building Construction.

Arranged to meet the requirements of the syllabus of the Science and Art Department of the Committee of Council on Education, South Kensington Museum. Medium 8vo.

PART I.—FIRST STAGE, OR ELEMENTARY COURSE.
With 325 woodcuts, 10*s.* 6*d.*

PART II.—COMMENCEMENT OF SECOND STAGE, OR ADVANCED COURSE. With 277 woodcuts, 10*s.* 6*d.*

PART III.—ADVANCED COURSE.　　[*In the Press.*

REPORT ON THE EXAMINATION IN BUILDING CONSTRUCTION, HELD BY THE SCIENCE AND ART DEPARTMENT, SOUTH KENSINGTON, IN MAY, 1875.—"The want of a text-book in this subject, arranged in accordance with the published syllabus, and therefore limiting the students and teachers to the prescribed course, has lately been well met by a work published by Messrs. Rivingtons, entitled '*Notes on Building Construction*, arranged to meet the requirements of the Syllabus of the Science and Art Department of the Committee of Council on Education, South Kensington.'
June 18, 1875.　　(Signed)　H. C. SEDDON, Major, R.E."

"Something of the sort was very much needed. The whole series when published will be a great boon to young students."
　　　　　Builder.
"The text is prepared in an extremely simple and consecutive manner, advancing from rudimental and general statements to those which are comparatively advanced; it is a thoroughly coherent, self-sustained account."—*Athenæum.*

LONDON, OXFORD, AND CAMBRIDGE.

LATIN

Easy Latin Stories for Beginners.

With Vocabulary and Notes. Forming a First Latin Reading Book
for Junior Forms in Schools.

By G. L. BENNETT, M.A., *Assistant-Master at Rugby School;
formerly Fellow of St. John's College, Cambridge.*

Crown 8vo. 2s. 6d.

Elementary Rules of Latin Pronunciation.

By ARTHUR HOLMES, M.A., *late Senior Fellow and Dean of Clare
College, Cambridge.*

Crown 8vo. On a card, 9d.

Outlines of Latin Sentence Construction.

By E. D. MANSFIELD, B.A., *Assistant-Master at Clifton College.*

Demy 8vo. On a card, 1s.

Easy Exercises in Latin Prose.

By CHARLES BIGG, D.D., *Principal of Brighton College.*
Small 8vo. 1s. 4d.; sewed, 9d.

Latin Prose Exercises.

For Beginners, and Junior Forms of Schools.
By R. PROWDE SMITH, B.A., *Assist.-Master at Cheltenham College.*

New Edition. Crown 8vo. 2s. 6d.

An Elementary Latin Grammar.

By J. HAMBLIN SMITH, M.A., *of Gonville and Caius College, and
late Lecturer at St. Peter's College, Cambridge.*

Small 8vo. 3s. 6d.

Henry's First Latin Book.

By THOMAS KERCHEVER ARNOLD, M.A.

Twenty-third Edition. 12mo. 3*s.* TUTOR'S KEY, 1*s.*

Recommended in the *Guide to the Choice of Classical Books* by J. B. Mayor, M.A., Professor of Classical Literature at King's College, late Fellow and Tutor of St. John's College, Cambridge.

A Practical Introduction to Latin Prose Composition.

By THOMAS KERCHEVER ARNOLD, M.A.

Seventeenth Edition. 8vo. 6*s.* 6*d.* TUTOR'S KEY, 1*s.* 6*d.*

Cornelius Nepos.

With Critical Questions and Answers, and an Imitative Exercise on each Chapter.

By THOMAS KERCHEVER ARNOLD, M.A.

Fifth Edition. 12mo. 4*s.*

A First Verse Book.

Being an Easy Introduction to the Mechanism of the Latin Hexameter and Pentameter.

By THOMAS KERCHEVER ARNOLD, M.A.

Eleventh Edition. 12mo. 2*s.* TUTOR'S KEY, 1*s.*

Progressive Exercises in Latin Elegiac Verse.

By C. G. GEPP, B.A., *late Junior Student of Christ Church, Oxford, and formerly Assistant-Master at Tonbridge School.*

Third Edition, Revised. Crown 8vo. 3*s.* 6*d.* TUTOR'S KEY, 5*s.*

Recommended in the *Guide to the Choice of Classical Books* by J. B. Mayor, M.A., Professor of Classical Literature at King's College, late Fellow and Tutor of St. John's College, Cambridge.

Selections from Livy, Books VIII. and IX.

With Notes and Map.

By E. CALVERT, LL.D., *St. John's College, Cambridge; and* R. SAWARD, M.A., *Fellow of St. John's College, Cambridge; Assistant-Master at Shrewsbury School.*

Small 8vo. 2*s.*

LONDON, OXFORD, AND CAMBRIDGE.

New Edition, re-arranged, with fresh Pieces and additional References.

Materials and Models for Latin Prose Composition.

Selected and arranged by J. Y. SARGENT, M.A., *Fellow and Tutor of Magdalen College, Oxford; and* T. F. DALLIN, M.A., *Tutor, late Fellow, of Queen's College, Oxford.*

Crown 8vo. 6s. 6d.

(*See Specimen Page, No.* 10.)

Latin Version of (60) Selected Pieces from Materials and Models.

By J. Y. SARGENT, M.A.

Crown 8vo. 5s.

May be had by Tutors only, on direct application to the Publishers.

Stories from Ovid in Elegiac Verse.

With Notes for School Use and Marginal References to the PUBLIC SCHOOL LATIN PRIMER.

By R. W. TAYLOR, M.A., *Assistant-Master at Rugby School, late Fellow of St. John's College, Cambridge, and Head-Master elect of Kelly College, Tavistock.*

Crown 8vo. 3s. 6d.

(*See Specimen Pages, Nos.* 11 *and* 12.)

The Æneid of Vergil.

Edited, with Notes at the end, by FRANCIS STORR, B.A., *Chief Master of Modern Subjects at Merchant Taylors' School.*

BOOKS XI and XII.

Crown 8vo. 2s. 6d.

(*See Specimen Pages, Nos.* 13 *and* 14.)

Classical Examination Papers.

Edited, with Notes and References, by P. J. F. GANTILLON, M.A., *Classical Master at Cheltenham College.*

Crown 8vo. 7s. 6d.

Or interleaved with writing-paper, half-bound, 10s. 6d.

Eclogæ Ovidianæ.

From the Elegiac Poems. With English Notes.

By THOMAS KERCHEVER ARNOLD, M.A.

Fourteenth Edition, revised. 12mo. 2s. 6d.

LONDON, OXFORD, AND CAMBRIDGE.

Terenti Comoediae.

Edited by T. L. PAPILLON, M.A., *Fellow of New College, and late Fellow of Merton, Oxford.*

ANDRIA ET EUNUCHUS. 4s. 6d.

ANDRIA. New Edition, with Introduction on Prosody. 3s. 6d.

Crown 8vo.

Forming a Part of the " Catena Classicorum."

Juvenalis Satirae.

Edited by G. A. SIMCOX, M.A., *Fellow of Queen's College, Oxford.*

THIRTEEN SATIRES.

Second Edition, enlarged and revised. Crown 8vo. 5s.

Forming a Part of the " Catena Classicorum."

Persii Satirae.

Edited by A. PRETOR, M.A., *of Trinity College, Cambridge, Classical Lecturer of Trinity Hall, Composition Lecturer of the Perse Grammar School, Cambridge.*

Crown 8vo. 3s. 6d.

Forming a Part of the " Catena Classicorum."

Horati Opera.

By J. M. MARSHALL, M.A., *Under-Master at Dulwich College.*

VOL. I.—THE ODES, CARMEN SECULARE, AND EPODES.

Crown 8vo. 7s. 6d.

Forming a Part of the " Catena Classicorum."

Taciti Historiae. BOOKS I. and II.

Edited by W. H. SIMCOX, M.A., *Fellow of Queen's College, Oxford.*

Crown 8vo. 6s.

Forming a Part of the " Catena Classicorum."

Taciti Historiae. BOOKS III. IV. and V.

Edited by W. H. SIMCOX, M.A., *Fellow of Queen's College, Oxford.*

Crown 8vo. 6s.

Forming a Part of the " Catena Classicorum."

LONDON, OXFORD, AND CAMBRIDGE.

C

GREEK

A Primer of Greek Accidence for the Use of Schools.

By EVELYN ABBOTT, M.A., *Fellow and Tutor of Balliol College,*
Oxford; and E. D. MANSFIELD, B.A., *Assistant-Master at Clifton*
College. *With a Preface by* JOHN PERCIVAL, M.A., LL.D., *Head-*
Master of Clifton College, etc.

Crown 8vo. 2s. 6d.

Elements of Greek Accidence.

By EVELYN ABBOTT, M.A., *Fellow and Tutor of Balliol College,*
Oxford, and late Assistant-Master at Clifton College.

Crown 8vo. 4s. 6d.

"This is an excellent book. The com-
pilers of elementary Greek Grammars have
not before, so far as we are aware, made
full use of the results obtained by the
labours of philologists during the last
twenty-five years. Mr. Abbott's great
merit is that he has; and a comparison
between his book and the *Rudimenta* of
the late Dr. Donaldson—a most excellent
volume for the time at which it was pub-
lished—will show how considerable the
advance has been; while a comparison
with the works in ordinary use, which have
never attained anything like the standard
reached by Dr. Donaldson, will really sur-
prise the teacher."—*Athenæum.*

An Introduction to Greek Prose Composition, with Exercises.

By ARTHUR SIDGWICK, M.A., *Assistant-Master at Rugby School,*
and formerly Fellow of Trinity College, Cambridge.

Crown 8vo. 5s.   A KEY. [*Nearly Ready.*

Zeugma; or, Greek Steps from Primer to Author.

By *the* Rev. LANCELOT SANDERSON, M.A., *Principal of Elstree*
School, late Scholar of Clare College, Cambridge; and the Rev. F. B.
FIRMAN, M.A., *Assistant-Master at Elstree School, late Scholar of*
Jesus College, Cambridge.

Small 8vo. 1s. 6d.

A Table of Irregular Greek Verbs.

Classified according to the arrangement of Curtius's Greek Grammar.
By FRANCIS STORR, B.A., *Chief-Master of Modern Subjects at*
Merchant Taylors' School, late Scholar of Trinity College, Cambridge,
and Bell University Scholar.

On a Card. 1s.

Selections from Lucian.
With English Notes.
By EVELYN ABBOTT, M.A., *Fellow and Tutor of Balliol College,
Oxford, and late Assistant-Master at Clifton College.*
Small 8vo. 3s. 6d.

Alexander the Great in the Punjaub.
Adapted from Arrian, Book V. An easy Greek Reading Book.
Edited, with Notes and a Map, by the Rev. CHARLES E. MOBERLY,
M.A., *Assistant-Master at Rugby School, and formerly Scholar of
Balliol College, Oxford.*
Small 8vo. 2s.

Stories from Herodotus.
The Tales of Rhampsinitus and Polycrates, and the Battle of Mara-
thon and the Alcmæonidae. *In Attic Greek.*
Edited by J. SURTEES PHILLPOTTS, M.A., *Head-Master of Bedford
Grammar School; formerly Fellow of New College, Oxford.*
Crown 8vo. 1s. 6d.

Iophon: an Introduction to the Art
of Writing Greek Iambic Verses.
By the WRITER *of* " *Nuces* " *and* " *Lucretilis.* "
Crown 8vo. 2s.

The First Greek Book.
On the plan of *Henry's First Latin Book.*
By THOMAS KERCHEVER ARNOLD, M.A.
Sixth Edition. 12mo. 5s. TUTOR'S KEY, 1s. 6d.

A Practical Introduction to Greek
Accidence.
By THOMAS KERCHEVER ARNOLD, M.A.
Ninth Edition. 8vo. 5s. 6d.

A Practical Introduction to Greek
Prose Composition.
By THOMAS KERCHEVER ARNOLD, M.A.
Twelfth Edition. 8vo. 5s. 6d. TUTOR'S KEY, 1s. 6d.

LONDON, OXFORD, AND CAMBRIDGE.
C 2

SCENES FROM GREEK PLAYS
RUGBY EDITION
Abridged and adapted for the use of Schools, **by**
ARTHUR SIDGWICK, M.A.,
ASSISTANT-MASTER AT RUGBY SCHOOL, AND FORMERLY FELLOW OF
TRINITY COLLEGE, CAMBRIDGE.

Small 8vo. 1s. 6d. each.

*A*RISTOPHANES.

THE CLOUDS. **THE FROGS.** THE KNIGHTS. PLUTUS.

*E*URIPIDES.

IPHIGENIA IN TAURIS. THE CYCLOPS. ION.
ELECTRA. ALCESTIS. BACCHÆ. HECUBA.

Recommended in the *Guide to the Choice of Classical Books,* by J. B.
Mayor, M.A., Professor of Classical Literature at King's College, late
Fellow and Tutor of St. John's College, Cambridge.

Homer without a Lexicon, for Beginners.

ILIAD, Book VI.

Edited, with Notes giving the meanings of all the less common words,
by J. Surtees Phillpotts, M.A., *Head Master of Bedford Grammar*
School, formerly Fellow of New College, Oxford.

Small 8vo, 2s.

Xenophon's Memorabilia.

Book I., with a few omissions. *Edited, with an Introduction and*
Notes, by the Rev. C. E. Moberly, *Assistant-Master at Rugby School,*
and formerly Scholar of Balliol College, Oxford.

Small 8vo. 2s.

LONDON, OXFORD, AND CAMBRIDGE.

The Anabasis of Xenophon.

Edited, with Introduction, Maps, Syntax Rules and Notes, by R. W. TAYLOR, M.A., *Assistant-Master at Rugby School, late Fellow of St. John's College, Cambridge, and Head Master elect of Kelly College, Tavistock.*

> Books I. and II., forming one volume.
> Books III. and IV., forming a second volume.
> Crown 8vo.   [*In the Press.*

Homer's Iliad.

Edited, with Notes at the end for the Use of Junior Students, by ARTHUR SIDGWICK, M.A., *Assistant-Master at Rugby School, and formerly Fellow of Trinity College, Cambridge.*

> Books I. and II. forming one Volume, Books III. and IV. forming a second Volume.   Crown 8vo.   [*In preparation.*

Homer for Beginners.

ILIAD, Books I.—III. With English Notes.
> *By* THOMAS KERCHEVER ARNOLD, M.A.
> Fifth Edition.   12mo.   3s. 6d.

The Iliad of Homer.

From the Text of Dindorf. With Preface and Notes.
> *By* S. H. REYNOLDS, M.A., *Fellow and Tutor of Brasenose College, Oxford.*
> Books I.—XII. Crown 8vo. 6s.
> *Forming a Part of the "Catena Classicorum."*

The Iliad of Homer.

With English Notes and Grammatical References.
> *By* THOMAS KERCHEVER ARNOLD, M.A.
> Fifth Edition.   12mo. Half-bound, 12s.

A Complete Greek and English Lexicon for the Poems of Homer and the Homeridæ.

By G. CH. CRUSIUS.   *Translated from the German.   Edited by* T. K. ARNOLD, M.A.
> New Edition.   12mo. 9s.

LONDON, OXFORD, AND CAMBRIDGE.

Classical Examination Papers.

Edited, with Notes and References, by P. J. F. GANTILLON, M.A., sometime Scholar of St. John's College, Cambridge; Classical Master at Cheltenham College.

Crown 8vo. 7s. 6d.

Or interleaved with writing-paper, half-bound, 10s. 6d.

Recommended in the *Guide to the Choice of Classical Books*, by J. B. Mayor, M.A., Professor of Classical Literature at King's College, late Fellow and Tutor of St. John's College, Cambridge.

Demosthenes.

Edited, with English Notes and Grammatical References, by THOMAS KERCHEVER ARNOLD, M.A.

12mo.

OLYNTHIAC ORATIONS. Third Edition. 3s.
PHILIPPIC ORATIONS. Third Edition. 4s.
ORATION ON THE CROWN. Second Edition. 4s. 6d.

Demosthenis Orationes Privatae.

Edited by ARTHUR HOLMES, M.A., late Senior Fellow and Dean of Clare College, Cambridge, and Preacher at the Chapel Royal, Whitehall.

Crown 8vo.

DE CORONA. 5s.

Forming a Part of the "Catena Classicorum."

Demosthenis Orationes Publicae.

Edited by G. H. HESLOP, M.A., late Fellow and Assistant-Tutor of Queen's College, Oxford; Head-Master of St. Bees.

Crown 8vo.

OLYNTHIACS, 2s. 6d. } or, in One Volume, 4s. 6d.
PHILIPPICS, 3s.
DE FALSA LEGATIONE, 6s.

Forming Parts of the "Catena Classicorum."

Isocratis Orationes.

Edited by JOHN EDWIN SANDYS, M.A., Fellow and Tutor of St. John's College, Cambridge, and Public Orator of the University.

Crown 8vo.

AD DEMONICUM ET PANEGYRICUS. 4s. 6d.

Forming a Part of the "Catena Classicorum."

The Greek Testament.

With a Critically Revised Text ; a Digest of Various Readings ;
Marginal References to Verbal and Idiomatic Usage ; Prolegomena ;
and a Critical and Exegetical Commentary. For the use of Theo-
logical Students and Ministers.

By HENRY ALFORD, D.D., *late Dean of Canterbury.*

New Edition. 4 vols. 8vo. 102*s*.

The Volumes are sold separately, as follows :—

Vol.   I.—The FOUR GOSPELS. 28*s*.
Vol. II.—ACTS to 2 CORINTHIANS. 24*s*.
Vol. III.—GALATIANS to PHILEMON. 18*s*.
Vol. IV.—HEBREWS to REVELATION. 32*s*.

The Greek Testament.

With Notes, Introductions, and Index.

By CHR. WORDSWORTH, D.D., *Bishop of Lincoln.*

New Edition. 2 vols. Impl. 8vo. 60*s*.

The Parts may be had separately, as follows :—

The GOSPELS. 16*s*.
The ACTS. 8*s*.
St. Paul's EPISTLES. 23*s*.
GENERAL EPISTLES, REVELATION, and INDEX. 16*s*.

Notes on the Greek Testament.

By the Rev. ARTHUR CARR, M.A., *Assistant-Master at Wellington
College, late Fellow of Oriel College, Oxford.*

THE GOSPEL ACCORDING TO S. LUKE.

Crown 8vo. 6*s*.

(*See Specimen Page, No.* 15.)

Madvig's Syntax of the Greek Language, especially of the Attic Dialect.

For the use of Schools.

Edited by THOMAS KERCHEVER ARNOLD, M.A.

Second Edition. Imperial 16mo. 8*s*. 6*d*.

Recommended by the Cambridge Board of Classical Studies for the
Classical Tripos.

LONDON, OXFORD, AND CAMBRIDGE.

Sophocles.

With English Notes from SCHNEIDEWIN.

Edited by T. K. ARNOLD, M.A., ARCHDEACON PAUL, *and* HENRY BROWNE, M.A.

12mo.

AJAX. 3*s*. PHILOCTETES. 3*s*. ŒDIPUS TYRANNUS. 4*s*. ŒDIPUS COLONEUS. 4*s*.

Sophoclis Tragoediae.

Edited by R. C. JEBB, M.A., *Professor of Greek at the University of Glasgow, late Fellow and Assistant-Tutor of Trinity College, Cambridge.*

Crown 8vo.

ELECTRA. Second Edition, revised. 3*s*. 6*d*.
AJAX. 3*s*. 6*d*.

Forming Parts of the "Catena Classicorum."

Aristophanis Comoediae.

Edited by W. C. GREEN, M.A., *late Fellow of King's College, Cambridge; Assistant-Master at Rugby School.*

Crown 8vo.

THE ACHARNIANS and THE KNIGHTS. 4*s*.
THE CLOUDS. 3*s*. 6*d*.
THE WASPS. 3*s*. 6*d*.

An Edition of "THE ACHARNIANS and THE KNIGHTS," revised and especially prepared for Schools. 4*s*.

Forming Parts of the "Catena Classicorum."

Herodoti Historia.

Edited by H. G. WOODS, M.A., *Fellow and Tutor of Trinity College, Oxford.*

Crown 8vo.

BOOK I. 6*s*. BOOK II. 5*s*.

Forming Parts of the "Catena Classicorum."

A Copious Phraseological English-Greek Lexicon.

Founded on a work prepared by J. W. FRÄDERSDORFF, Ph.D., *late Professor of Modern Languages, Queen's College, Belfast.*

Revised, Enlarged, and Improved by the late THOMAS KERCHEVER ARNOLD, M.A., *and* HENRY BROWNE, M.A.

Fifth Edition. 8vo. 21*s*.

Thucydidis Historia. Books I. and II.

Edited by CHARLES BIGG, D.D., *late Senior Student and Tutor of Christ Church, Oxford; Principal of Brighton College.*

Crown 8vo. 6*s*.

Forming a Part of the "Catena Classicorum.

Thucydidis Historia. Books III. and IV.

Edited by G. A. SIMCOX, M.A., *Fellow of Queen's College, Oxford.*

Crown 8vo. 6*s*.

Forming a Part of the "Catena Classicorum."

An Introduction to Aristotle's Ethics.

Books I.—IV. (Book X., c. vi.—ix. in an Appendix). With a Continuous Analysis and Notes. Intended for the use of Beginners and Junior Students.

By the Rev. EDWARD MOORE, B.D., *Principal of S. Edmund Hall, and late Fellow and Tutor of Queen's College, Oxford.*

Crown 8vo. 10*s*. 6*d*.

Aristotelis Ethica Nicomachea.

Edidit, emendavit, crebrisque locis parallelis e libro ipso, aliisque ejusdem Auctoris scriptis, illustravit JACOBUS E. T. ROGERS, A.M. Small 8vo. 4*s*. 6*d*. Interleaved with writing-paper, half-bound. 6*s*.

LONDON, OXFORD, AND CAMBRIDGE.

CATENA CLASSICORUM

Crown 8vo.

Sophoclis Tragoediae.   By R. C. JEBB, M.A.
THE ELECTRA.   3s. 6d.   THE AJAX.   3s. 6d.

Juvenalis Satirae.   By G. A. SIMCOX, M.A.   5s.

Thucydidis Historia.—Books I. & II.
By CHARLES BIGG, D.D.   6s.

Thucydidis Historia.—Books III. & IV.
By G. A. SIMCOX, M.A.   6s.

Demosthenis Orationes Publicae.   By G. H. HESLOP, M.A.
THE OLYNTHIACS.   2s. 6d.   }
THE PHILIPPICS.   3s.   } or, in One Volume, 4s. 6d.
DE FALSA LEGATIONE.   6s.   }

Demosthenis Orationes Privatae.
By ARTHUR HOLMES, M.A.
DE CORONA.   5s.

Aristophanis Comoediae.   By W. C. GREEN, M.A.
THE ACHARNIANS AND THE KNIGHTS.   4s.
THE WASPS.   3s. 6d.   THE CLOUDS.   3s. 6d.
An Edition of THE ACHARNIANS AND THE KNIGHTS, revised and especially adapted
for use in Schools.   4s.

Isocratis Orationes.   By JOHN EDWIN SANDYS, M.A.
AD DEMONICUM ET PANEGYRICUS.   4s. 6d.

Persii Satirae.   By A. PRETOR, M.A.   3s. 6d.

Homeri Ilias.   By S. H. REYNOLDS, M.A.
BOOKS I. TO XII.   6s.

Terenti Comoediae.   By T. L. PAPILLON, M.A.
ANDRIA AND EUNUCHUS.   4s. 6d.
ANDRIA.   New Edition, with Introduction on Prosody.   3s. 6d.

Herodoti Historia.   By H. G. WOODS, M.A.
BOOK I., 6s.   BOOK II., 5s.

Horati Opera.   By J. M. MARSHALL, M.A.
VOL. I.—THE ODES, CARMEN SECULARE, AND EPODES.   7s. 6d.

Taciti Historiae.   By W. H. SIMCOX, M.A.
BOOKS I. AND II.   6s.   BOOKS III., IV., and V.   6s.

DIVINITY
MANUALS OF RELIGIOUS INSTRUCTION

Edited by

JOHN PILKINGTON NORRIS, B.D.,

CANON OF BRISTOL, AND EXAMINING CHAPLAIN TO THE BISHOP OF MANCHESTER.

Three Volumes. Small 8vo. 3*s*. 6*d*. each.

Or each Book in Five Parts. 1*s*. each Part.

"Contain the maximum of requisite information within a surprising minimum of space. They are the best and fullest and simplest compilation we have hitherto examined on the subject treated."

Standard.

"Carefully prepared, and admirably suited for their purpose, they supply an acknowledged want in Primary Schools, and will doubtless be in great demand by the teachers for whom they are intended."

Educational Times.

THE OLD TESTAMENT.

By the Rev. E. I. GREGORY, M.A., *Vicar of Halberton.*

PART I. The Creation to the Exodus. PART II. Joshua to the Death of Solomon. PART III. The Kingdoms of Judah and Israel. PART IV. Hebrew Poetry—The Psalms. PART V. The Prophets of the Captivity and of the Return—The Maccabees—Messianic Teaching of the Old Testament.

THE NEW TESTAMENT.

By C. T. WINTER.

PART I. St. Matthew's Gospel. PART II. St. Mark's Gospel. PART III. St. Luke's Gospel. PART IV. St. John's Gospel. PART V. The Acts of the Apostles.

THE PRAYER BOOK.

By JOHN PILKINGTON NORRIS, B.D., *Canon of Bristol, &c.*

PART I. The Catechism to the end of the Lord's Prayer—The Order for Morning and Evening Prayer. PART II. The Catechism, concluding portion — The Office of Holy Baptism — The Order of Confirmation. PART III. The Theology of the Catechism—The Litany—The Office of Holy Communion. PART IV. The Collects, Epistles, and Gospels, to be used throughout the year. PART V. The Thirty-Nine Articles.

LONDON, OXFORD, AND CAMBRIDGE.

Rudiments of Theology.

A First Book for Students.

By JOHN PILKINGTON NORRIS, B.D., *Canon of Bristol, and Examining Chaplain to the Bishop of Manchester.*

Crown 8vo. 7s. 6d.

"We can recommend this book to theological students as a useful and compendious manual. It is clear and well arranged. . . . We venture to believe that, on the whole, he is a very fair exponent of the teaching of the English Church, and that his book may be profitably used by those for whom it is chiefly intended—that is, candidates for ordination."—*Spectator.*

"This is a work of real help to candidates for ordination, and to the general student of theology."—*Standard.*

A Manual of Devotion, chiefly for the use of School-boys.

By the Rev. WILLIAM BAKER, D.D., *Head-Master of Merchant Taylors' School.*

With Preface by J. R. WOODFORD, D.D., *Lord Bishop of Ely.*

Crown 16mo. 2s. 6d.

A Companion to the Old Testament.

Being a plain Commentary on Scripture History down to the Birth of our Lord.

Small 8vo. 3s. 6d.

Household Theology.

A Handbook of Religious Information respecting the Holy Bible, the Prayer Book, the Church, the Ministry, Divine Worship, the Creeds, &c., &c.

By the Rev. JOHN HENRY BLUNT, M.A.

New Edition. Small 8vo. 3s. 6d.

The Young Churchman's Companion to the Prayer Book.

By the Rev. J. W. GEDGE, M.A., *Diocesan Inspector of Schools for the Archdeaconry of Surrey.*

Part I.—Morning and Evening Prayer and Litany.
Part II.—Baptismal and Confirmation Services.

18mo. 1s. each, or in Paper Cover, 6d.

Recommended by the late and present LORD BISHOPS OF WINCHESTER.

LONDON, OXFORD, AND CAMBRIDGE.

Easy Lessons Addressed to Candidates for Confirmation.

By JOHN PILKINGTON NORRIS, B.D., *Canon of Bristol, and sometime Vicar of S. George's, Brendon Hill.*

Small 8vo. 1s. 6d.

A Manual of Confirmation.

With a Pastoral Letter instructing Catechumens how to prepare themselves for their First Communion.

By EDWARD MEYRICK GOULBURN, D.D., *Dean of Norwich.*

Ninth Edition. Small 8vo. 1s. 6d.

The Way of Life.

A Book of Prayers and Instruction for the Young at School. With a Preparation for Holy Communion.

Compiled by a Priest. Edited by the Rev. T. T. CARTER, M.A., *Rector of Clewer, Berks.*

Imperial 32mo, 1s. 6d.

Keys to Christian Knowledge.

Small 8vo. 2s. 6d. each.

" Of cheap and reliable text-books of this nature there has hitherto been a great want. We are often asked to recommend books for use in Church Sunday schools, and we therefore take this opportunity of saying that we know of none more likely to be of service both to teachers and scholars than these *Keys.*" — *Churchman's Shilling Magazine.*

" Will be very useful for the higher classes in Sunday schools, or rather for the fuller instruction of the Sunday-school teachers themselves, where the parish Priest is wise enough to devote a certain time regularly to their preparation for their voluntary task."—*Union Review.*

By J. H. BLUNT, M.A., Editor of the *Annotated Book of Common Prayer.*

THE HOLY BIBLE.

THE BOOK OF COMMON PRAYER.

THE CHURCH CATECHISM.

CHURCH HISTORY, ANCIENT.

CHURCH HISTORY, MODERN.

By JOHN PILKINGTON NORRIS, B.D., *Canon of Bristol.*

THE FOUR GOSPELS.

THE ACTS OF THE APOSTLES.

LONDON, OXFORD, AND CAMBRIDGE.

MISCELLANEOUS

A German Accidence for the Use of Schools.

By J. W. J. VECQUERAY, *Assistant-Master at Rugby School.*
New Edition, revised. 4to. 3s. 6d.

First German Exercises.

Adapted to Vecqueray's "German Accidence for the Use of Schools."
By E. F. GRENFELL, M.A., *late Assistant-Master at Rugby School.*
Crown 8vo. 2s.

Le Maréchal de Villars, from Sainte-Beuve's "Causeries du Lundi."

Edited, with English Notes at the end, for use in Schools, by H. W.
EVE, M.A., *Head-Master of University College School, London.*
[*In preparation.*

The Campaigns of Napoleon.

The Text (in French) from M. THIERS' "*Histoire de la Révolution
Française,*" *and* "*Histoire du Consulat et de l'Empire.*" *Edited, with
English Notes, for the use of Schools, by* EDWARD E. BOWEN, M.A.,
Master of the Modern Side, Harrow School.

With Maps. Crown 8vo.

ARCOLA. 4s. 6d.   MARENGO. 4s. 6d.
JENA. 3s. 6d.   WATERLOO. 6s.

LONDON, OXFORD, AND CAMBRIDGE.

Selections from Modern French Authors.

Edited, with English Notes and Introductory Notice, by HENRI VAN LAUN, *Translator of Taine's* HISTORY OF ENGLISH LITERATURE.

Crown 8vo. 3s. 6d. each.

HONORÉ DE BALZAC. H. A. TAINE.

Selections from La Fontaine's Fables.

Edited, with English Notes at the end, for use in Schools, by P. BOWDEN-SMITH, M.A., *Assistant-Master at Rugby School.*

[*In preparation.*

The First French Book.

By T. K. ARNOLD, M.A.

Sixth Edition. 12mo. 5s. 6d. KEY, 2s. 6d.

The First German Book.

By T. K. ARNOLD, M.A., and J. W. FRÄDERSDORFF, Ph.D.

Seventh Edition. 12mo. 5s. 6d. KEY, 2s. 6d.

The First Hebrew Book.

By T. K. ARNOLD, M.A.

Fifth Edition. 12mo. 7s. 6d. KEY, 3s. 6d.

The Chorister's Guide.

By W. A. BARRETT, Mus. Bac., Oxon., *of St. Paul's Cathedral,* *Author of* "*Flowers and Festivals,*" &c.

Second Edition. Crown 8vo. 2s. 6d.

these too far apart, and **the intercourse of the defenders** with an army of relief under the Count of **Clermont** at Blois **was not** broken off. Early in the following year, this army hoped to raise the siege by **falling on a** large body of provisions coming **to** the besiegers from *Battle of the* Paris under Sir John Fastolf. The attack was made at *Herrings.* Rouvray, but Fastolf had made careful preparations. The waggons were arranged in a square, and, with the stakes of the archers, formed a fortification on which the disorderly attack of the French made but little impression. Broken in the assault, they fell **an** easy prey **to** the English, **as they** advanced beyond their **lines.** The skirmish is known by the name of **the** Battle of the Herrings. This victory, which deprived the besieged of hope of external succour, seemed to render the capture of the city certain.

Already **at** the French King's court at Chinon there was talk **of a** *Danger of* hasty withdrawal to Dauphiné, Spain, **or even** Scotland; *Orleans.* when **suddenly there arose one of those** strange effects of enthusiasm which sometimes set **all calculation at** defiance.

In Domrémi, a village belonging to the **duchy of** Bar, the inhabitants of which, though in the midst of Lorraine, a province under **Burgundian influence,** were of patriotic views, lived a village maiden called **Joan of Arc. The** period was one of great mental excitement ; **as in other** times of wide prevailing misery, prophecies **and** mystical **preachings were** current. Joan of Arc's mind was particularly susceptible to such influences, and from the time she *Joan of Arc.* was thirteen years old, she had fancied that she heard voices, and had even seen forms, sometimes of the Archangel Michael, sometimes of St. **Catherine** and St. Margaret, **who called her to** the assistance of the Dauphin. She persuaded herself that she was destined **to fulfil an** old prophecy which said that the kingdom, destroyed **by a woman—meaning, as she** thought, Queen Isabella,—should be **saved by a maiden of Lorraine.** The burning of Domrémi in the summer of 1428 by a troop of Burgundians **at** length gave a practical **form to her** imaginations, and early in the following year she succeeded in persuading Robert of Baudricourt to send her, armed and accompanied by a herald, to Chinon. She there, as it is said by **the** wonderful knowledge she displayed, convinced the court of the truth **of her mission. At** all events, it was thought wise to take advantage **of the infectious enthusiasm** she displayed, and in April she was **intrusted with an army of** 6000 or 7000 men, which was to march up **the river from Blois to the relief of Orleans.** When she appeared **upon the scene of war,** she supplied exactly that element of success

of all of them open by two slits turned towards the centre of the flower. Their stalks have expanded and joined together, so as to form a thin sheath round the central column (fig. 12). The dust-

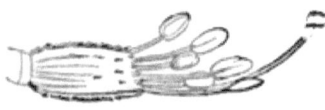

Fig. 12.
Dust-spikes of gorse (*enlarged*).

spikes are so variable in length in this flower, that it may not be possible to see that one short one comes between two long ones, though this ought to be the case.

The *seed-organ* is in the form of a longish rounded pod, with a curved neck, stretching out beyond the dust-spikes. The top of it is sticky, and if you look at a bush of gorse, you will see it projecting beyond the keel in most of the fully-blown flowers, because the neck has become more curved than in fig. 12. Cut open the pod; it contains only one cavity (not, as that of the wall-flower, two separated by a thin partition), and the grains are suspended by short cords from the top (fig. 13). These grains may be plainly seen in the seed-organ of even a young flower. It is evident that they are the most important part of the plant, as upon them depends its diffu-

Fig. 13.
Split seed-pod of gorse.

sion and multiplication. We have already seen how carefully their well-being is considered in the matter of their perfection, how even insects are pressed into their service for this purpose! Now let us glance again at our flower, and see how wonderfully contrivance is heaped upon contrivance for their protection!

First (see fig. 10, p. 14), we have the outer covering, so covered with hairs, that it is as good for keeping out rain as a waterproof cloak; in the buttercup, when you pressed the bud, it separated into five leaves; here there are five leaves, just the same, but they are so tightly joined that you may press till the whole bud is bent without making them separate at all, and when the bud is older, they only separate into two, and continue to enfold the flower to a certain extent till it fades. When the flower pushes back its waterproof cloak, it has the additional shelter of the big

struction, and at last, after nearly twenty years of alternate
hopes and fears, of tedious negotiations, official evasions,
and sterile Parliamentary debates, it was effectually extin-
guished by the adverse report of a Parliamentary Com-
mittee, followed by the erection of the present Millbank
Penitentiary at a vastly greater expense and on a totally
different system.

Transportation.—In the meantime the common gaols
were relieved in a makeshift fashion by working gangs of
prisoners in hulks at the seaports; but the resource mainly
relied on for getting rid of more dangerous criminals was
the old one of transportation, Botany Bay having suc-
ceeded to America. As at first employed, there was no
mistake as to the reality of the punishment; the mis-
fortune was that the worst elements in the real were not
so made known as to form any part of the apparent
punishment. If the judge, in sentencing the convict,
had thought fit to explain, for the warning of would-be
offenders, exactly what was going to be done with their
associate, the sentence would have been something of
this sort: "You shall first be kept, for days or months
as it may happen, in a common gaol, or in the hulks, in
company with other criminals better or worse than your-
self, with nothing to do, and every facility for mutual
instruction in wickedness. You shall then be taken on
board ship with similar associates of both sexes, crammed
down between decks, under such circumstances that
about one in ten of you will probably die in the course
of the six months' voyage. If you survive the voyage
you will either be employed as a slave in some public
works, or let out as a slave to some of the few free
settlers whom we have induced to go out there. In
either case you will be under very little regular inspection,
and will have every opportunity of indulging those natural

wealth into the treasury. Churches remained open day and night, and frequent addresses kept up the enthusiasm to a high pitch. It was (for the moment) a genuine "revival" or reawakening of the whole Roman world. The occasion, too, appeared favourable. Italy was quiet, and the Exarchate at peace with its neighbours. Clotaire the Frank was no enemy to Heraclius, and in common with his clergy (being orthodox and not Arian) might be expected to sympathise in so holy a cause.

Treachery of the Avars—A.D. 616.—In one quarter only was there room for fear. The Avars were on the Danube, and the turbulence of the Avars was only equalled by their perfidy. Already, in A.D. 610, they had fallen suddenly on North Italy, and pillaged and harassed those same Lombards whom they had before helped to destroy the Gepidæ. Previous to an absence, therefore, of years from his capital, it was essential for the Emperor to sound their intentions, and, if possible, to secure their neutrality. His ambassadors were welcomed with apparent cordiality, and an interview was arranged between the Chagan and Heraclius. The place was to be Heraclea. At the appointed time the Emperor set out from Selymbria to meet the Khan, decked with Imperial crown and mantle to honour the occasion. The escort was a handful of soldiers; but there was an immense cortége of high officials and of the fashionable world of Constantinople, and the whole country side was there to see. Presently some terrified peasants were seen making their way hurriedly towards Heraclius. They urged him to flee for his life; for armed Avars had been seen in small bodies, and might even now be between him and the capital. Heraclius knew too much to hesitate. He threw off his robes and fled, and but just in time. The Chagan had laid a deep plot. A large mass of men had been told off in small detachments

I say the pulpit (in the sober use
Of its legitimate peculiar pow'rs)
Must stand acknowledg'd, while the world shall stand,
The most important and effectual guard,
Support and ornament of virtue's cause.
There stands the messenger of truth : there stands
The legate of the skies; his theme divine,
His office sacred, his credentials clear.
By him, the violated law speaks out   340
Its thunders, and by him, in strains as sweet
As angels use, the Gospel whispers peace.
He stablishes the strong, restores the weak,
Reclaims the wand'rer, binds the broken heart,
And, arm'd himself in panoply complete
Of heav'nly temper, furnishes with arms
Bright as his own, and trains, by ev'ry rule
Of holy discipline, to glorious war,
The sacramental host of God's elect.
Are all such teachers? would to heav'n all were!   350
But hark—the Doctor's voice—fast wedged between
Two empirics he stands, and with swoln cheeks
Inspires the news, his trumpet. Keener far
Than all invective is his bold harangue,
While through that public organ of report
He hails the clergy; and, defying shame,
Announces to the world his own and theirs.
He teaches those to read, whom schools dismiss'd,
And colleges, untaught; sells accent, tone,
And emphasis in score, and gives to pray'r   360
Th' *adagio* and *andante* it demands.
He grinds divinity of other days
Down into modern use; transforms old print
To zigzag manuscript, and cheats the eyes
Of gall'ry critics by a thousand arts.—
Are there who purchase of the Doctor's ware?
Oh name it not in Gath!—it cannot be,
That grave and learned Clerks should need such aid.
He doubtless is in sport, and does but droll,
Assuming thus a rank unknown before,   370
Grand caterer and dry-nurse of the church.

I venerate the man whose heart is warm,
Whose hands are pure, whose doctrine and whose life.

[COWPER'S TASK—*See Page* 6.]

gether as with a close seal. . . . . The flakes of his flesh are joined together : they are firm in themselves ; they cannot be moved."

Hobbes, in his famous book to which he gave the title *Leviathan*, symbolised thereby the force of civil society, which he made the foundation of all right.

315-325 Cowper's limitation of the province of satire—that it is fitted to laugh at foibles, not to subdue vices—is on the whole well-founded. But we cannot forget Juvenal's famous "facit indignatio versum," or Pope's no less famous—

> "Yes, I am proud : I must be proud to see
> Men not afraid of God, afraid of me :
> Safe from the bar, the pulpit, and the throne,
> Yet touched and shamed by ridicule alone."

326-372 *The pulpit, not satire, is the proper corrector of sin. A description of the true preacher and his office, followed by one of the false preacher, " the reverend advertiser of engraved sermons."*
330 *Strutting and vapouring.* Cf. *Macbeth*, v. 5.

> "Life's but a walking shadow, a poor player,
> That struts and frets his hour upon the stage,
> And then is heard no more ; it is a tale
> Told by an idiot, full of sound and fury,
> Signifying nothing."

> "And what in real value's wanting,
> Supply with vapouring and ranting."—HUDIBRAS.

331 *Proselyte.* προσήλυτος, a new comer, a convert to Judaism.
338 *His theme divine.* Nominative absolute.
343 *Stablishes.* Notice the complete revolution the word has made—stabilire, établir, establish, stablish ; cf. state, &c.
346 *Of heavenly temper.* Cf. *Par. Lost*, i. 284, " his ponderous shield etherial temper." See note on *Winter Morning Walk*, l. 664.
349 *Sacramental.* Used in the Latin sense. Sacramentum was the oath of allegiance of a Roman soldier. The word in its Christian sense was first applied to baptism—the vow to serve faithfully under the banner of the cross. See *Browne on the Thirty-nine Articles*, p. 576.
350 *Would to heaven.* A confusion between " would God " and " I pray to heaven."
351 A picture from the life of a certain Dr Trusler, who seems to have combined the trades of preacher, teacher of elocution, writer of sermons, and literary hack.
352 *Empirics.* ἱμπειρικός, one who trusts solely to experience or practice instead of rule, hence a quack. The accent is the same as in Milton (an exception to the rule. See note on *Sofa*, l. 52).

thus : **if** the articles had cost £1 each, the **total cost** would have been £2478 ;

∴ as they cost ⅙ of £1 each, the cost will be £~~2478~~, or £413.

The process may be written thus :

3s. 4d. is ⅙ of £1 | £2478 = cost of the articles at £1 each.

£413 = cost .... at 3s. 4d. ...

Ex. (2). Find the cost of 2897 articles at £2. 12s. 9d. each.

£2 is 2 × £1	2897 . 0 . 0 = cost at £1 each.
10s. is ½ of £1	5794 . 0 . 0 = ... £2 ....
2s. is ⅕ of 10s.	1448 . 10 . 0 = ... 10s.....
8d. is ⅓ of 2s.	289 . 14 . 0 = ... 2s. ....
1d. is ⅛ of 8d.	96 . 11 . 4 = ... 8d. ....
	12 . 1 . 5 = ... 1d. ....

£7640 . 16 . 9 = ... £2. 12s. 9d. each.

NOTE.—A shorter method would be to take the parts thus :

10s. = ½ of £1 ; 2s. 6d. = ¼ of 10s. ; 3d. = 1/10 of 2s. 6d.

Ex. (3).   Find the cost of 425 articles at £2. 18s. 4d. each.

Since £2. 18s. 4d. is the difference between £3 and 1s. 8d. (which is 1/12 of £1), the shortest course is to find the cost at £3 each, and to *subtract from it* the cost at 1s. 8d. each, thus :

	£ s, d.
£3 is 3 × £1	425 . 0 . 0 = cost at £1 each.
1s. 8d. is 1/12 of £1	1275 . 0 . 0 = ... £3 ....
	35 . 8 . 4 = ... 1s. 8d. each.

£1239 . 11 . 8 = ... £2. 18s. 4d. each.

PROPOSITION XLI.   THEOREM.

If a parallelogram and a triangle be upon the same base, and between the same parallels, the parallelogram is double of the triangle.

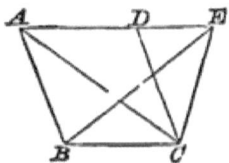

Let the ▱ *ABCD* and the △ *EBC* be on the same base *BC* and between the same ∥s *AE*, *BC*.

Then must ▱ *ABCD* be double of △ *EBC*.

Join *AC*.

Then △ *ABC* = △ *EBC*, ∵ they are on the same base and between the same ∥s ;   I. 37.

and ▱ *ABCD* is double of △ *ABC*, ∵ *AC* is a diagonal of *ABCD* ;   I. 34.

∴ ▱ *ABCD* is double of △ *EBC*.

Q. E. D.

Ex. 1. If from a point, without a parallelogram, there be drawn two straight lines to the extremities of the two opposite sides, between which, when produced, the point does not lie, the difference of the triangles thus formed is equal to half the parallelogram.

Ex. 2. The two triangles, formed by drawing straight lines from any point within a parallelogram to the extremities of its opposite sides, are together half of the parallelogram.

[J. HAMBLIN SMITH'S GEOMETRY—*See Page* 11.]

Sometimes carbonic anhydride is produced in wells, and, being so much heavier than air, it remains at the bottom. If a man goes down into such a well, he will have no difficulty at first, because the air is good; but when he is near the bottom, where the gas has accumulated, he will gasp for breath and fall; and if anyone, not understanding the cause of his trouble, goes down to assist him, he too will fall senseless, and both will quickly die. The way to ascertain whether carbonic anhydride has accumulated at the bottom of a well is to let a light down into it. If it goes out, or even burns very dimly, there is enough of the gas to make the descent perilous. A man going down a well should always take a candle with him, which he should hold a considerable distance below his mouth. If the light burns dimly, he should at once stop, before his mouth gets any lower and he takes some of the gas into his lungs.

When this gas is in a well or pit, of course it must be expelled before a man can descend. There are several expedients for doing this. One is to let a bucket down frequently, turning it upside down, away from the mouth of the well, every time it is brought up, a plan which will remind you of the experiment represented in Fig. 24.

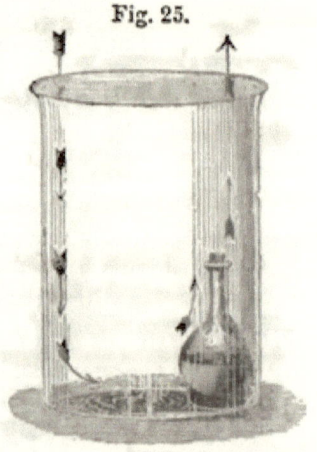

Fig. 25.

But a better way is to let down a bundle of burning straw or shavings, so as to heat the gas. Now heated bodies expand, gases very much more than solids or liquids, and, in expanding, the weight of a certain volume, say of a gallon, becomes lessened. So that if we can heat the carbonic anhydride enough to make a gallon of it weigh less than a gallon of air, it will rise out of the well just as hydrogen gas would do. Fig. 25 shows how you may perform this experiment upon a small scale.

DISASTROUS RETREAT OF THE ENGLISH FROM CABUL.

IT took two days of disorder, suffering, and death to carry the army, now an army no more to the jaws of the fatal pass. Akbar Khan, who appeared like the Greeks' dread marshal from the spirit-land at intervals upon the route, here demanded four fresh hostages. The demand was acquiesced in. Madly along the narrow defile crowded the undistinguishable host, whose diminished numbers were still too numerous for speed : on every side rang the war-cry of the barbarians : on every side plundered and butchered the mountaineers : on every side, palsied with fatigue, terror, and cold, the soldiers dropped down to rise no more. The next day, in spite of all remonstrance, the general halted his army, expecting in vain provisions from Akbar Khan. That day the ladies, the children, and the married officers were given up. The march was resumed. By the following night not more than one-fourth of the original number survived. Even the haste which might once have saved now added nothing to the chances of life. In the middle of the pass a barrier was prepared. There twelve officers died sword in hand. A handful of the bravest or the strongest only reached the further side alive : as men hurry for life, they hurried on their way, but were surrounded and cut to pieces, all save a few that had yet escaped. Six officers better mounted or more fortunate than the rest, reached a spot within sixteen miles of the goal ; but into the town itself rode painfully on a jaded steed, with the stump of a broken sword in his hand, but one.

LIVY, xxi. c. 25, § 7-10.   xxxv. c. 30.   xxiii. c. 24.
CÆSAR, *Bell. Gall.* v. c. 35-37.

DEFEAT OF CHARLES THE BOLD AND MASSACRE OF HIS TROOPS AT MORAT.

IN such a predicament braver soldiers might well have ceased to struggle. The poor wretches, Italians and Savoyards, six thousand or more in number, threw away their arms and made

II.

ARIADNE'S LAMENT.

Madam, 'twas Ariadne passioning
For Theseus' perjury and unjust flight.
TWO GENTLEMEN OF VERONA, IV. 4, 172.

ARGUMENT.

ARIADNE *tells the story of her first waking, to find herself abandoned by
Theseus and left on an unknown island, exposed to a host of
dangers.*—(HEROIDES, x.)

*The story is beautifully told by Catullus, in the "Epithalamium Pelei
et Thetidos:" it also forms one of the episodes in Chaucer's "Legende of
Goode Women."*

---

*I woke before it was day to find myself alone, no trace of my companions
to be seen. In vain I felt and called for Theseus; the echoes alone gave
me answer.*

> QUAE legis, ex illo, Theseu, tibi litore mitto,
>   Unde **tuam** sine me vela tulere ratem :
> In quo me somnusque meus male prodidit et tu,
>   **Per** facinus somnis insidiate meis.   107
> Tempus erat, vitrea quo primum terra pruina   112
>   Spargitur et tectae fronde queruntur aves :
> Incertum vigilans, a somno languida, movi   97
>   Thesea prensuras semisupina manus :
> **Nullus erat**, referoque manus, iterumque retempto,
> 10   Perque torum moveo brachia : nullus erat.
> Excussere metus somnum : conterrita surgo,
>   Membraque sunt viduo praecipitata toro.   123
> **Protinus** adductis **sonuerunt** pectora palmis,   111
>   Utque erat e somno turbida, rapta coma est.
> **Luna** fuit : specto, siquid nisi litora cernam ;
>   Quod **videant**, oculi nil nisi litus habent.   150
> **Nunc huc**, nunc **illuc**, et utroque sine ordine curro ;
>   Alta puellares tardat arena pedes.
> Interea toto clamanti litore " Theseu ! "   121
> 20   Reddebant nomen concava saxa tuum,
> Et quoties ego te, toties locus ipse vocabat :
>   Ipse locus miserae ferre volebat opem.   106 3

[TAYLOR'S OVID—*See Page* 16.]

STORIES FROM OVID.

174. **Punica poma,** pomegranates.

178. **Taenarum,** at the southern extremity of Peloponnesus, was one of the numerous descents to Tartarus. Cf. Virgil, Georg. IV. 467 :

Taenarias etiam fauces, alta ostia Ditis.

179. **Factura fuit.** This periphrasis for *fecisset* is to be noted ; it is the one from which the oblique forms are all constructed, *e.g., facturam fuisse,* or *factura fuisset.*

183. **Cessatis,** one of a goodly number of intransitive verbs of the first conjugation which have a passive participle. Cf. **erratas,** above, 139, **clamata,** 35. So Horace, regnata Phalanto rura (Odes, II. 6, 12) ; triumphatae gentes (Virgil).

II.—IV.

ARIADNE.

THIS and the two following extracts, though taken from different works, form a definite sequence. Ariadne, daughter of Minos, king of Crete, has helped Theseus to conquer the Minotaur, by giving him a clew to the maze in which the monster was hid, and, being in love with him, has fled in his company. They put in for the night to the island of Dia, and Theseus on the next morning treacherously sails away, leaving the poor girl alone. The first extract is part of an epistle which she is supposed to write on the day when she discovers his perfidy.

The name Dia, which belonged properly to a small island off the north coast of Crete, was also a poetical name for Naxos, one of the largest of the Cyclades. It may have been this fact which led to the further legend which is recounted in the next extract, how Ariadne, lorn of Theseus, becomes the bride of Bacchus ; for Naxos was the home of the Bacchic worship. As the completion of the legend she is raised to share in Bacchus' divine honours, and as the Cretan Crown becomes one of the signs of the heavens.

II.

ARIADNE'S LAMENT.

1. **Illo,** sc. *Diae.*

4. **Per facinus,** criminally.

5. Describing apparently the early dawn, or the hour that precedes it, when the night is at its coldest, and the birds, half-awake, begin to stir in their nests. **Pruina** hints that it is autumn.

7. A beautifully descriptive line—But half-awake, with all the languor of sleep still on me.

A somno=after, as the *result* of.

8. **Semisupina,** on my side, lit., half on my back, describes the motion of a person thus groping about on waking. Cf. Chaucer :

Ryght in the dawenynge awaketh shee,
And gropeth in the bed, and fonde ryghte noghte.

55 haec mea magna fides? at non, Euandre, pudendis
   volneribus pulsum aspicies, nec sospite dirum
   optabis nato funus pater. ei mihi, quantum
   praesidium Ausonia, et quantum tu perdis, Iule!
      Haec ubi deflevit, tolli miserabile corpus
60 imperat, et toto lectos ex agmine mittit
   mille viros, qui supremum comitentur honorem,
   intersintque patris lacrimis, solacia luctus
   exigua ingentis, misero set debita patri.
   haut segnes alii crates et molle feretrum
65 arbuteis texunt virgis et vimine querno,
   extructosque toros obtentu frondis inumbrant.
   hic iuvenem agresti sublimem stramine ponunt;
   qualem virgineo demessum pollice florem
   seu mollis violae, seu languentis hyacinthi,
70 cui neque fulgor adhuc, nec dum sua forma recessit;
   non iam mater alit tellus, viresque ministrat.
   tunc geminas vestes auroque ostroque rigentis
   extulit Aeneas, quas illi laeta laborum
   ipsa suis quondam manibus Sidonia Dido
75 fecerat, et tenui telas discreverat auro.
   harum unam iuveni supremum maestus honorem
   induit, arsurasque comas obnubit amictu;
   multaque praeterea Laurentis praemia pugnae
   aggerat, et longo praedam iubet ordine duci.
80 addit equos et tela, quibus spoliaverat hostem.
   vinxerat et post terga manus, quos mitteret umbris
   inferias, caeso sparsuros sanguine flammam;
   indutosque iubet truncos hostilibus armis
   ipsos ferre duces, inimicaque nomina figi.
85 ducitur infelix aevo confectus Acoetes,
   pectora nunc foedans pugnis, nunc unguibus ora;
   sternitur et toto proiectus corpore terrae.

[Storr's Vergil—*See Page* 16.]

Comp. *Geor.* ii. 80, *Nec longum tempus et . . . exiit . . . arbos,* C.
But as these are the only two instances of the construction adduced it is
perhaps safer to take *et* = even.

51 **nil iam,** etc.] The father is making vows to heaven in his son's
behalf, but the son is gone where vows are neither made nor paid.

55 **haec mea magna fides**] 'Is this the end of all my promises?'
Magna may be taken as 'solemn,' or 'boastful.'

pudendis volneribus] All his wounds are on his breast.

56 **dirum optabis funus** = *morti devovebis.* Compare the meaning of
dirae, xii. 845.

59-99] A description of the funeral rites. Aeneas bids his last farewell.

59 **Haec ubi deflevit**] 'His moan thus made.' *De* in composition has
two opposite meanings : (1) cessation from or removal of the fundamental
ideas, as in *decresco, deloceo,* etc.; (2) (as here) in intensifying, as *debello,*
demiror, desaevio.

61 **honorem**] *Honos* is used by V. for (1) a sacrifice, iii. 118; (2) a
hymn, *Geor.* ii. 393; (3) beauty, *Aen.* x. 24; (4) the 'leafy honours' of
trees, *Geor.* ii. 404; (5) funeral rites, vi. 333, and here. See below, *l.* 76.

63 **solatia**] In apposition to the whole sentence ; whether it is nom. or
acc. depends on how we resolve the principal sentence ; here, though
solatia applies to the whole sentence, its construction probably depends on
the last clause, which we may paraphrase, *ut praesentes* (τὸ μετεῖναι) *sint*
solatia ; therefore it is nom.

64 **crates et molle feretrum**] The bier of pliant osier : cf. *l.* 22.

66] Cf. Statius, *Theb.* vi. 55, *torus* et puerile feretrum.

obtentu frondis] 'A leafy canopy.' C. understands 'a layer of leaves.'

67 **agresti stramine**] 'The rude litter.'

68] Cf. ix. 435 ; *Il.* viii. 306,

> μήκων δ' ὡς ἑτέρωσε κάρη βάλεν, ἥτ ἐνὶ κήπῳ
> καρπῷ βριθομένη νοτίῃσί τε εἰαρινῇσιν·
> ὡς ἑτέρωσ' ἤμυσε κάρη πήληκι βαρυνθέν,

> 'Even as a flower,
> Poppy or hyacinth, on its broken stem
> Languidly raises its encumbered head.'—MILMAN.

69 **languentis hyacinthi**] The rhythm is Greek. The 'drooping hya-
cinth' is probably the Lilium Martagon or Turk's-cap lily, 'the sanguine
flower inscribed with woe.'

70] 'That hath not yet lost its gloss nor all its native loveliness.' *Re-*
cessit must apply to both clauses. 'If we suppose the two parts of the
line to contain a contrast, the following line will lose much of its force,'
C. Compare the well-known lines from the *Giaour,* 'He who hath bent
him o'er the dead,' etc.

71] Contrast the force of *neque adhuc, nec dum,* and *non iam :* 'the
brightness not all gone,' 'the lines where beauty lingers,' and 'the support
and nurture of mother earth cut off once and for all.'

36. ἵνα φάγῃ] In modern Greek, which properly speaking has no infinitive, the sense of the infinitive is expressed by νά (ἵνα) with subjunctive (as in this passage), *e.g.* ἐπιθυμῶ νὰ γράφῃ, 'I wish him to write;' see Corfe's *Modern Greek Grammar*, p. 78. This extension of the force of ἵνα to oblique petition, and even to consecutive clauses, may be partly due to the influence of the Latin *ut;* cf. ch. xvi. 27, ἐρωτῶ οὖν, πάτερ, ἵνα πέμψῃς : see note on ch. iv. 3.

The following incident is recorded by St. Luke alone. Simon the Pharisee is not to be identified with Simon the leper, Matt. xxvi., Mark xiv. 3.

ἀνεκλίθη] The Jews had adopted the Roman, or rather Greek, fashion of reclining at meals—a sign of advancing luxury and of Hellenism, in which however even the Pharisee acquiesces.

37. γυνή] There is no proof that this woman was Mary Magdalene. But mediæval art has identified the two, and great pictures have almost disarmed argument in this as in other incidents of the gospel narrative.

38. ἀλάβαστρον] The neuter sing. is Hellenistic. The classical form is ἀλάβαστρος with a heteroclite plural ἀλάβαστρα, hence probably the late sing. ἀλάβαστρον. The grammarian stage of a language loves uniformity, Herod. iii. 20; Theocr. xv. 114:

Συρίω δὲ μύρω χρύσει᾽ ἀλάβαστρα.

στᾶσα παρὰ τοὺς πόδας αὐτοῦ] This would be possible from the arrangement of the triclinium.

39. ἐγίνωσκεν ἂν] 'Would (all the while) have been recognising.'

40. χρεωφειλέται] A late word; the form varies between χρεωφειλέται and χρεοφειλέται.

41. δηνάρια] The denarius was a silver coin originally containing ten ases (deni), afterwards, when the weight of the as was reduced, sixteen ases. Its equivalent modern value is reckoned at 7½d. But such calculations are misleading; it is more to the point to regard the denarius as an average day's pay for a labourer.

42. μὴ ἐχόντων] Because *he saw that* they had not. ἐχαρίσατο] Cf. *v.* 21.

INDEX

	PAGE		PAGE
HISTORY	1	LATIN	14
ENGLISH	6	GREEK	18
MATHEMATICS	9	CATENA CLASSICORUM	26
SCIENCE	12	DIVINITY	27

MISCELLANEOUS 30

	PAGE		PAGE
ABBOTT (E.), Selections from Lucian	19	Crusius' Homeric Lexicon, by T. K.	
—— Elements of Greek Accidence	18	Arnold	21
—— and Mansfield's Primer of		Curteis (A.M.), The Roman Empire	3
Greek Accidence	18		
Alford (Dean), Greek Testament	23	DAVYS (Bishop), Hist. of England	5
Anson (W. R.), Age of Chatham	4	Demosthenes, by T. K. Arnold	22
—— Age of Pitt	4	—— by G. H. Heslop	22, 26
Aristophanes, by W. C. Green	24, 26	—— by Arthur Holmes	22, 26
—— Scenes from, by Arthur			
Sidgwick	20	ENGLISH SCHOOL CLASSICS, edited	
Aristotle's Ethics, by Edward Moore	25	by Francis Storr	6, 7
—— by J. E. T. Rogers	25	Euclid, by J. Hamblin Smith	11
Arnold (T. K.), Cornelius Nepos	15	Euripides, Scenes from, by Arthur	
—— Crusius' Homeric Lexicon	21	Sidgwick	20
—— Demosthenes	22		
—— Eclogæ Ovidianæ	16	FIRMAN (F. B.), and Sanderson (L.),	
—— English-Greek Lexicon	25	Zeugma	18
—— First French Book	31	Foster (George Carey), Electricity	12
—— First German Book	31	—— Sound	12
—— First Greek Book	19	Frädersdorff (J. W.) English-Greek	
—— First Hebrew Book	31	Lexicon	25
—— First Verse Book	15		
—— Greek Accidence	19	GANTILLON (P. G. F.), Classical Ex-	
—— Greek Prose Composition	19	amination Papers	16, 22
—— Henry's First Latin Book	15	Gedge (J. W.), Young Churchman's	
—— Homer for Beginners	21	Companion to the Prayer Book	28
—— Homer's Iliad	21	Gepp (C. G.), Latin Elegiac Verse	15
—— Latin Prose Composition	15	Girdlestone (W. H.), Arithmetic	11
—— Madvig's Greek Syntax	23	Goolden (W. T.), and Rigg (A.),	
—— Sophocles	24	Chemistry	13
		Goulburn (Dean), Manual of Con-	
BAKER'S (W.) Manual of Devotion		firmation	29
for School-boys	28	Greek Testament, by Dean Alford	23
Barrett (W. A.), Chorister's Guide	31	—— by Chr. Wordsworth	23
Bennett (G. L.), Easy Latin Stories	14	Green (W. C.), Aristophanes	24, 26
Bigg (Ch.), Exercises in Latin Prose	14	Grenfell's (E. F.) First German Exer-	
—— Thucydides	25, 26	cises	30
Blunt (J. H.), Household Theology	28	Gross (E. J.), Algebra, Part II.	10
—— Keys to Christian Knowledge:		—— Kinematics and Kinetics	10
The Holy Bible, The Prayer Book,			
Church History, (Ancient and		HERODOTUS (Stories from), by J.	
Modern), Church Catechism	29	Surtees Phillpotts	19
Bowen (E.), Napoleon's Campaigns	30	—— by H. G. Woods	24, 26
Bridge (C.), French Literature	4	Heslop (G. H.), Demosthenes	22, 26
Bright (J. Franck), English History	1	Historical Biographies, edited by M.	
—— Hist. of French Revolution	4	Creighton	5
Browning (Oscar), Great Rebellion	4	Historical Handbooks, edited by	
—— Historical Handbooks	2-4	Oscar Browning	2-4
Building Construction, Notes on	13	Holmes (Arthur), Demosthenes	22, 26
		—— Rules for Latin Pronunciation	14
CALVERT (E.), Selections from Livy	15	Homer for Beginners, by T. K.	
Carr (A.), Notes on Greek Testament	23	Arnold	21
Companion to the Old Testament	28	Homer's Iliad, by T. K. Arnold	21
Cornelius Nepos, by T. K. Arnold	15	—— by S. H Reynolds	21, 26
Crake (A.D.), History of the Church	5	—— Books I.–IV., by A.	
Creighton (M.), Historical Bio-		Sidgwick	21
graphies	5	—— Book VI., by J. S.	
		Phillpotts	20
		Horace, by J. M. Marshall	17, 26

PAGE

IOPHON 19
Isocrates, by J. E. Sandys . . . 22, 26
JEBB (R. C.), Sophocles . . . 24, 26
——— Supremacy of Athens . 4
Juvenal, by G. A. Simcox . . 17, 26
KEYS TO CHRISTIAN KNOWLEDGE 29
Kitchener (F. E.), Botany for Class
Teaching 12
——— (F. A.), a Year's Botany 13
LA FONTAINE'S FABLES, by P.
Bowden-Smith 30
Latham (R. G.) Dictionary of the
English Language 8
Laun (Henri Van), French Selections 31
Laverty's (W. H.), Astronomy . 12
Livy, Selections from, by R. Saward
and E. Calvert 15
Lucian, by Evelyn Abbott . . . 19
MADVIG'S GREEK SYNTAX, by T. K.
Arnold 23
Mansfield (E. D.), Latin Sentence
Construction 14
Manuals of Religious Instruction . 27
Marshall (J. M.) Horace . . . 17, 26
Moberly (Charles E.), Shakspere . 8
——— Arrian's Alexander the
Great in the Punjaub 19
——— Xenophon's Memorabilia,
Book I. 20
Moore (Edward), Aristotle's Ethics. 25
NORRIS (J. P.), Key to the Gospels 29
——— to the Acts . 29
——— Manuals of Religious
Instruction 27
——— Rudiments of Theology 28
——— Easy Lessons to Candi-
dates for Confirmation 29
OVID, Stories from, by R. W. Taylor 16
Ovidianæ Eclogæ, by T. K. Arnold 16
PAPILLON (T. L.), Terence . . 17, 26
Pearson (Charles), English History
in the XIVth Century 2
Pelham (H. F.), The Roman Revo-
lution 4
Phillpotts (J. Surtees), Stories from
Herodotus 19
——— Shakspere's Tempest. . 8
——— Homer's Iliad, Book VI. 20
Pretor (A.), Persii Satirae . . 17, 26
REID (J. S.), History of Roman
Political Institutions 4
Reynolds (S. H.), Homer's Iliad . 21, 26
Richardson (G.), Conic Sections . 11
Rigg (A.), and Goolden (W. T.),
Introduction to Chemistry . . 13
——— Science Class-books. . 12
Rivington's Mathematical Series . 9
Rogers (J. E. T.), Aristotle's Ethics 25
STE. BEUVE'S Maréchal de Villars,
by H. W. Eve 30
Sanderson (L.), and Firman (F. B.),
Zeugma 18
Sandys (J. E.), Isocrates . . . 22, 26
Sargent (J. Y.) and Dallin (T. F.),
Materials and Models, &c. . . 16

PAGE

Sargent (J.Y.) Latin Version of (60)
Selected Pieces 16
Saward (R.), Selections from Livy . 15
Science Class Books 12
Shakspere's As You Like It, Mac-
beth, Hamlet, and King Lear, by
C. E. Moberly 8
——— Coriolanus, by R. Whitelaw 8
——— Tempest, by J. S. Phillpotts 8
——— Merchant of Venice, by R. W.
Taylor 8
Sidgwick (Arthur), Scenes from
Greek Plays 20
——— Greek Prose Composition . 18
——— Homer's Iliad, Books I.–IV. 21
Simcox (G. A.), Juvenal . . . 17, 26
——— Thucydides . . . 25, 26
Simcox (W. H.), Tacitus . . . 17, 26
Smith (J. H.), Arithmetic . . . 10
——— Key to Arithmetic . 10
——— Elementary Algebra . 10
——— Key to Algebra . . 10
——— Enunciations . . . 11
——— Exercises on Algebra. 10
——— Hydrostatics . . . 11
——— Geometry 11
——— Statics 11
——— Trigonometry . . . 11
——— Key to Trigonometry 11
——— Latin Grammar . . 14
——— English Grammar . . 8
——— (P. Bowden), La Fontaine's
Fables 31
——— (Philip V.), History of English
Institutions 2
——— (R. Prowde), Latin Prose Ex-
ercises 14
Sophocles, by T. K. Arnold . . . 24
——— by R. C. Jebb . . . 24, 26
Storr (F.), English School Classics 6, 7
——— Greek Verbs . . 18
——— Vergil's Aeneid,
Books XI. XII. 16
TACITUS, by W. H. Simcox . . . 17, 26
Taylor (R. W.), Stories from Ovid . 16
——— Merchant of Venice . 8
——— Anabasis of Xenophon. . 21
Terence, by T. L. Papillon . . 17, 26
Thiers' Campaigns of Napoleon, by
E. E. Bowen 30
Thucydides, by C. Bigg . . . 25, 26
——— by G. A. Simcox . . 25, 26
VECQUERAY (J. W. J.), First Ger-
man Accidence 30
Vergil's Aeneid, Books XI. XII., by
F. Storr 16
WAY OF LIFE 29
Whitelaw (Robert), Coriolanus . . 8
Willert (F.), Reign of Lewis XI. . 2
Wilson (R. K.), History of Modern
English Law 3
Woods (H. G.), Herodotus . . 24, 26
Wordsworth (Bp.), Greek Testament 23
Wormell (R.), Dynamics 11
XENOPHON'S Memorabilia, Book I.,
by C. E. Moberly 20
YOUNG (Sir G.), History of the United
States 4

www.ingramcontent.com/pod-product-compliance
Lightning Source LLC
Chambersburg PA
CBHW020017030726
47500CB00002B/633